建築設計教室
新訂二版

建築設計教育研究会 編著

彰国社

『建築設計教室』（初版）

著　者

小 谷 喬 之 助

寺 田 秀 夫

三 宅 敏 郎

『建築設計教室＜新訂二版＞』

編著者

建築設計教育研究会

　勝 又 英 明

　宮 下　　勇

　本 杉 省 三

編集・執筆協力者

　青　　洋 一

　稲 熊 大 輔

　岩 満　　勇

　大 縄 順 一

　小 川 枝 美 子

　角 田 泰 孝

　黒 岩　　聖

　河 野 有 悟

　小 松 亮 太 郎

　竹 中　　司

　田 中 宏 明

　長 岡 卓 也

　中 原 慶 之

　村 西 瑞 穂

　服 部 美 亜

　山 竹 哲 史

　弓 削 誠 志 郎

　渡 辺 佳 代 子

序

　本書は，建築設計・製図を中心とした表現技術について初めて学ぼうとする人たちを対象とした入門書である。

　建築教育では，初期段階から専門領域を学ぶ傾向があり，建築設計が関連する多様な専門領域を基礎として成立していることを考えると，教育する側も学ぶ側も非常に難しい問題に直面せざるをえない。それは，建築教育が体系づけられた課程を踏んで知識を広げていくだけでは十分でない面が多いからである。しかし，建築設計を学ぶに当たっての基本的な考え方と知識があることも事実で，その辺を手掛りに，種々の専門的な学習を進めていくことは可能であり，これらの知識を演習しながら総合していくことが期待されよう。

　このような観点に立って本書は企画されたものである。内容は大別して，設計の基本的な考え方，知識，資料，表現技術となっており，学習する順序に従って配列してある。しかし，これはあくまで便宜上のものであって，利用される方々がそれぞれの状況に応じて組み替えるなど，適宜自由にお使いいただきたい。本書が，設計というきわめて広範な領域に入っていく手掛かりとして役立てば幸いである。

　初版は，1973年に小谷喬之助・寺田秀夫・三宅敏郎の三氏によって編まれ，長年に亘って多くの読者に好評を得てきた。新訂版は，初版の長所を生かしながら全面的に改訂を行った。主な改訂点は，事例等の図版を最新のものに変更したこと，解説の対象を住宅設計に特化して書き換えたことである。また，5章では新たにCADなども加えて，多様な表現方法について事例をもとに解説した。本書の主要部である6章から11章の住宅各部の設計では，「タイプ」，「スペース」，「設計例」の3部構成とした。すなわち，初めに住宅各部のプランタイプの分類を行い，次いで，単位空間，動作寸法，家具・備品寸法等について述べ，設計を行うに当たって基本的に知っておくべき資料をまとめた。そして最後に，各種プランタイプ別の設計事例を挙げることによって，それぞれに特色を生かした考え方の可能性があることを示した。また15章として，新たに主要な住宅作品の事例編を設けた。

　本書の執筆に当たり，数多くの方々から資料の提供をいただいた。ここに厚く御礼申し上げたい。

1998年9月　　　　　　　　　　　　　　　　　　　　　　　編著者しるす

新訂二版によせて

1973年に初版を発行以来，1998年にCADの項目の増補，基準等の改正，新しい資料の追加などを行い，新訂版とした。今回，その後の製図，建築製図関係のJISの改訂に伴い，関連事項の見直しを行い，ここに新訂二版として刊行する。

2001年1月　　　　　　　　　　　　　　　　　　　　　　　　　編集部

目　次

1　計画と設計 ……………………………………………6
　1-1　はじめに　6
　1-2　設計について　6
　1-3　設計のプロセス　8

2　全体の計画 …………………………………………10
　2-1　全体と部分　10
　2-2　構想　11
　2-3　具体化　12
　2-4　住宅のゾーニング　16
　2-5　住宅の多様性　17
　2-6　住宅の動線　18
　2-7　動線のいろいろなパターン　19
　2-8　住宅の安全計画　20

3　製図の約束 …………………………………………22
　3-1　設計の手段　22
　3-2　製図記号　22
　3-3　図面について　27

4　設計の道具・文字 …………………………………28
　4-1　紙とその種類　28
　4-2　描く・消す道具　29
　4-3　製図の道具　30
　4-4　仕上げの道具　32

　4-5　文字の種類と大きさ　34
　4-6　オーバーレイ　35
　4-7　模型の材料と道具　36

5　表現の方法 …………………………………………38
　5-1　スケッチ　39
　5-2　明度と陰影　40
　5-3　コントラストと奥行　41
　5-4　立体の作図　42
　5-5　外観パース　44
　5-6　内観パース　45
　5-7　いろいろな構図を描く　46
　5-8　アクソノメトリックとアイソメトリック　47
　5-9　模型：いろいろな素材　48
　5-10　模型：いろいろな意図の表現　49
　5-11　コンピューター・グラフィックス　50
　5-12　モンタージュ　51

6　居間と食事室の計画 ………………………………52
　6-1　居間と食事室の種類　52
　6-2　居間と食事室に必要なスペース　54
　6-3　居間の設計例　58

7　厨房とユーティリティ ……………………………60
　7-1　厨房　60

  7-2 厨房とユーティリティの設計 64
  7-3 設計例 66

8 寝室と収納 ……………………………………68
  8-1 寝室と家族室のゾーニング 68
  8-2 寝室のスペース 70
  8-3 収納のスペース 72
  8-4 寝室と収納の設計例 74

9 浴室と便所の計画 ……………………………76
  9-1 浴室の種類 76
  9-2 浴室・便所のスペース 78

10 階段の計画 ……………………………………80
  10-1 階段の種類 80
  10-2 階段の設計 82
  10-3 階段の寸法 83
  10-4 階段の設計例 84

11 外部空間の計画 ………………………………88
  11-1 外部空間と内部空間のつながり 88
  11-2 外部空間の種類 90
  11-3 外部空間の設計例 94

12 住宅の環境 ……………………………………96

  12-1 日照調整 96
  12-2 採光 97
  12-3 通風 98
  12-4 高気密・高断熱 99
  12-5 パッシブソーラー 100
  12-6 床暖房 101

13 住宅の構造 ……………………………………102
  13-1 分類 102
  13-2 各種構法 103
  13-3 設計例 106

14 設計のプロセス：エスキースからプレゼンテーションまで
  ……………………………………108
  14-1 敷地を分析する 108
  14-2 設計条件の整理と案の構想 109
  14-3 可能性のスタディと案の決定 110
  14-4 案の発展 112
  14-5 実施案の設計 113
  14-6 詳細のスタディ 114
  14-7 完成 115

15 作品事例集 ……………………………………116
  15-1 国内編 116
  15-2 海外編 124

1　計画と設計

1-1　はじめに

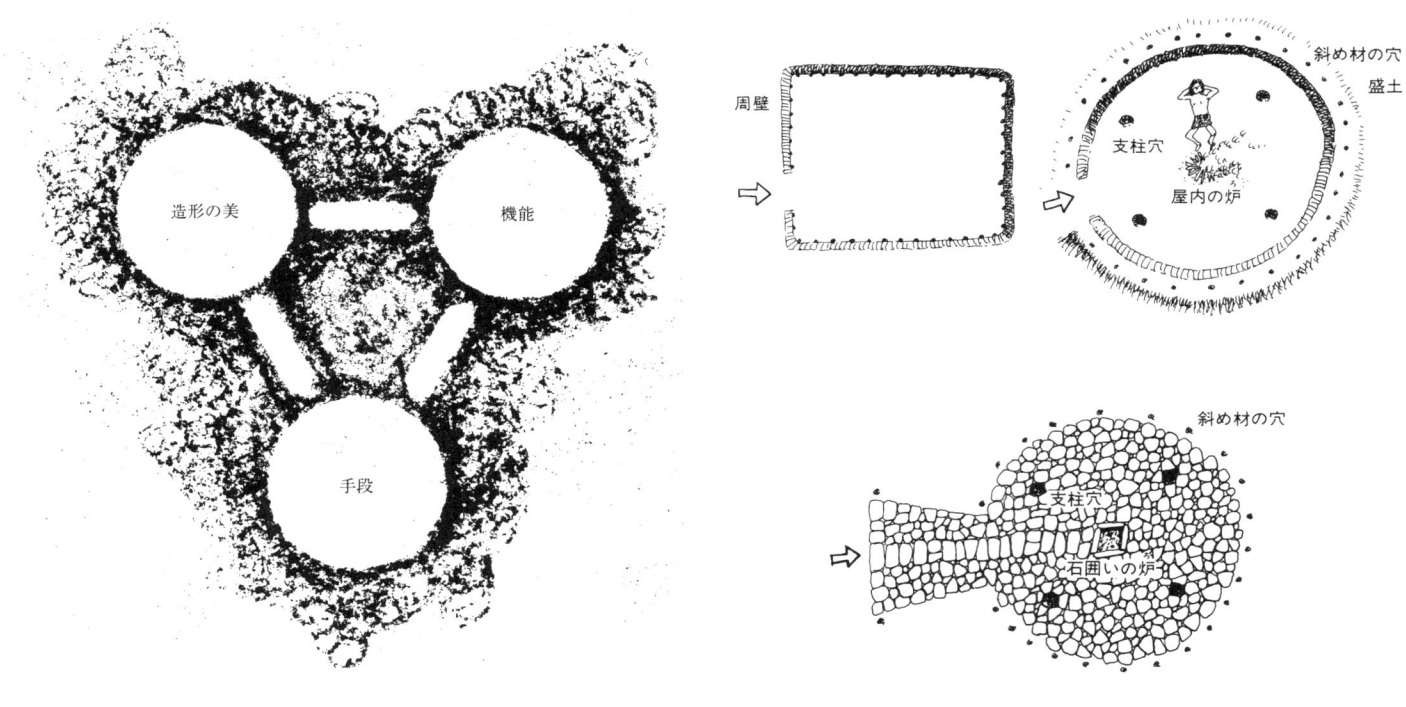

建築がもつ3つの側面　　　　　　　　　　　　先史時代の住居の平面

1-1　はじめに

新しい技術の展開，都市の膨張，人口の集中，……そしてそれらから派生する不可避な状況，どれも，われわれが当面する問題は非常に困難なものである。マスプロ化されるコンポーネント（構成部品），プレファブ工法，多様化，複合化する建築物，新しい材料の開発，……は，そのような状況の具体的な現われであり，もはや否定すべくもないある傾向が確立されている。

われわれが建築をどう理解し，どのように計画や設計を進めてゆくべきかという問題は，まずわれわれが置かれている状況との深い係わりで考えなくてはならないことは明らかであろう。過去から現在，そして未来に向かって，歴史の流れはますます幅を広げ，急激に変動しつつある。そのなかにあってわれわれの対象とする建築が，一体どんな現実であるかを，なんらかの具体的な形としてつかまえなければ，観点をもつことはできないし，したがって，計画や設計の今日的な意義も，見いだすことはできないであろう。しかし，このような観点は，それ自体，容易に得られるものではない。さらにわれわれの勉強の対象がそれだけではないことも確かである。つまり一方には問題を把握するための勉強があり，他方にはそれに対して解答するための勉強があるということである。残念ながら，そのどちらを先に片づけて，次にとりかかるべきだというわけにはゆかない。おそらく多くの疑問を抱えながら，種々の試みを繰り返してゆくより仕方なかろう。その間に技術的な知識もしっかりと身につけてゆかねばなるまい。勉強には，つねに地道な努力が必要であり，もともとそれは時間がかかるものなのである。

さて，このように設計・計画の勉強はやりにくいのであるが，それは一つには，完全に体系づけられた理論になっていないことと，次には非常に多くの領域にわたる知識を総合しなければならないからである。体系づけられていないことは糸口が見つけにくいことでもある。また総合するには習うだけでなく慣れることも大切である。だからこそ時間がかかるのであるが，少なくとも問題の基本的なところを把握することと，出発点を正しく選ぶことは，これから始める勉強をより効果的に進めてくれるはずである。私たちは，以上のような考えで，いわば，初心者のための手引としてこの本を意義づけてみた。内容的には，必要な基本事項は一応網羅してあるから，読者は本書を学習した後も，それを基礎としてより深めてゆくよう望みたい。

1-2　設計について

ものをつくることは，何も人間に限ったことではない。多くの動物は自然が与えた造巣本能をもっており，なかにはわれわれが驚くような素晴らしい構築をするものだってある。だがつくり方において人間と動物では非常な違いがある。それは動物たちがおそらく本能的につくるのにひきかえ，人間は事前に対象物をイメージし，その結果を判断し，つくる手段を考えてから実行に移すという点である。つまり，この実行以前の過程で行なわれることが計画，あるいは設計だとしてよかろう。しかも，建築の場合にはこの過程で，多くの個人，グループが，対象の部分，あるいは全体に参与して非常に複雑な分担が行なわれている。われわれが勉強しようと目指しているところが，この過程にあることは確かであるが，はじめに述べたように問題を把握し，解答を求めるにはどうすればよいだろうか。ここでまず，われわれの対象である建築がもつ特質について考えてみよう。

1-2 設計について

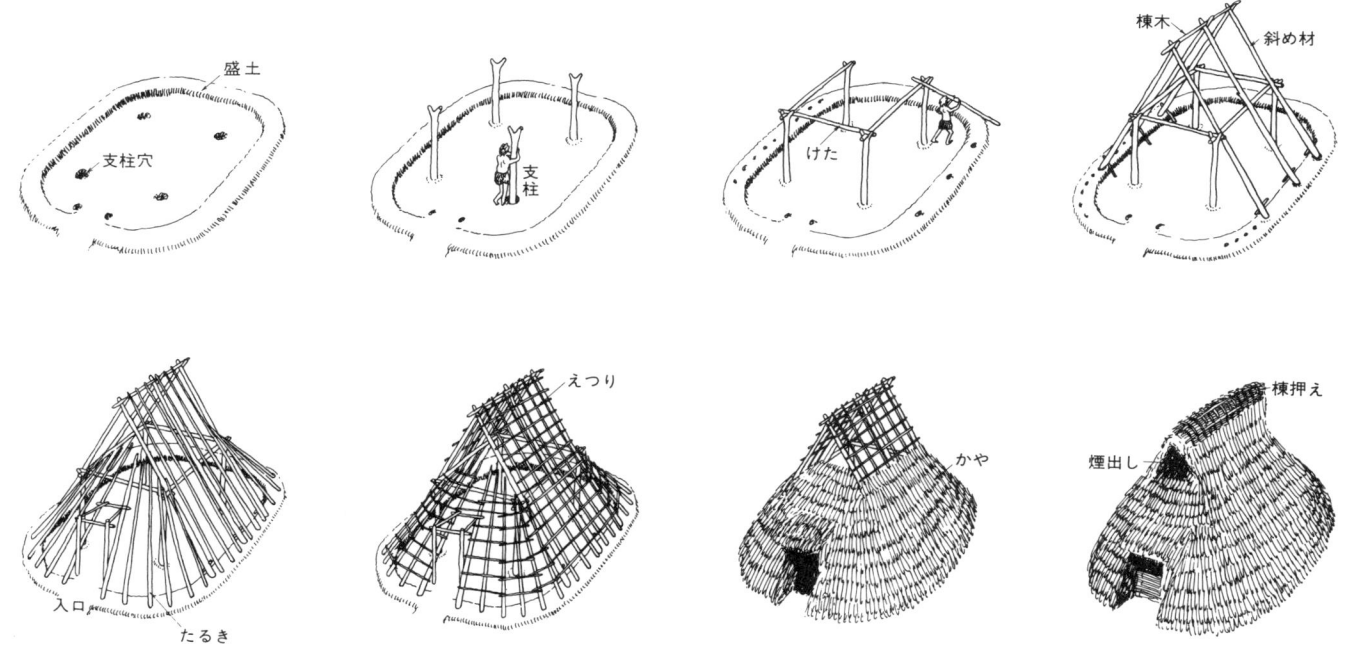

竪穴住居ができるまで

建築は多くの特質をもっているが、これらを設計者・計画者の立場から見るなら、次のような三つの基本的な側面が浮かび上がってこよう。

造形としての美的な側面 建築は人間に対して、空間的環境を与えるものであるから、それは単に物理的な条件だけで規定できるものではない。相手が人間であるからこそ、建築の芸術性が意義づけられるし、また人間にとって建築は、生活するための単なる機械的装置でもない。この側面は、建築のもつ機能に係わるものには違いないが、ここでは、次に述べる機能とは区別しておく。

機能的側面 建物は目的をもっている以上、装置としても、完全にそれを果たすものでなければならない。すなわち、建物全般については、人工的に内部の物理的環境を造るにはどうすればよいか。あるいは個別的に住宅・事務所・学校・病院……など、それぞれ特別の使用目的に対し、それを必要な装置として仕組みをどうするかが、つねに問題になる。

手段的側面 建築には、造る手段の裏づけが必要なことは言うまでもない。それは材料や、経済的、技術的なすべての条件である。さらに、建物が土地に固定されることを条件として考えるなら、土地もこの条件の一つと考えられよう。

以上三つの側面は、一般には互いに矛盾する場合が多いことを特に注意しておく。またいずれかの側面を強調しすぎた建築も、やはり不完全なものであることは確かである。

建築は、以上のような側面をもちながら、人間と係わり合ってゆくのであるが、そこでもまた問題が生ずる。それは、人間の営みは実に多様であり、また時間とともに、つねに流動してゆくものであるとすれば、建築との結び目をどのように調整するかが、三つの側面とそれが置かれている環境との間にある問題と考えられよう。

ここで、計画や設計の活動の場における具体的な問題を次に要約しておく。

対象の理解 先に述べた種々の側面と、その置かれている環境から建築を理解することは、何をどのように計画、設計するかという問題のよりどころになるはずで、建築全般、あるいは個々の実際の対象についての研究が必要である。

方法論の研究 分析、総合の理論的な方法は、昔から行なわれている古典的なもので、われわれのプロセスにもたいへん有効である。しかし従来のように、それが個人のなかであまり確認されないままに終わるのでは、われわれは設計や計画の技術をつくり出すことはできない。設計の場において技術や手続がプロセスに結びついた方法として確立されなければ、今日的な複雑な設計条件を処理することはもはや困難になりつつある。

組織体制、場、道具 設計活動を体制的にどのように組織するか、そしてその活動のプロセスを組織のなかでどのように経由させるか、そこでの分担と責任の体制をどうするか、管理方式をどうするか、……などが、実際の作業を進める場としての問題である。このほか、作業には場所、設備、道具、……などが必要である。特に、従来は紙と鉛筆があればなんとか間に合った設計も、CADやコンピューターネットワークを駆使したものに変わりつつある。道具の新しい開発は、また新しい手段を誘発し、ほかに影響してゆくであろう。

本書では以上の問題のうち、特に前二つに内容の重点を置いている。最後の問題については、ある程度進んだ段階で勉強する方が妥当であると考えたからである。

1-3 設計のプロセス

設計プロセス構造図(R. D. Watts)*

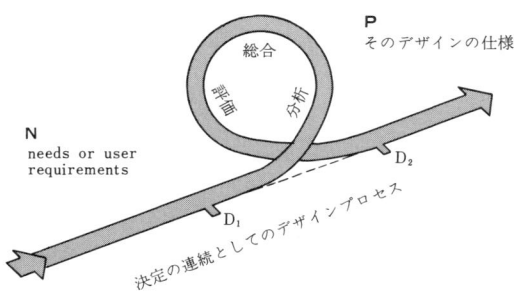

最も簡単なデザインプロセスで，各項目が一度しか行なわれない。

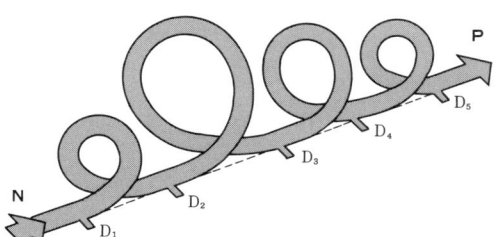

初めの概念的な構想がつづけて三回の検討過程を通って十分展開させられる。

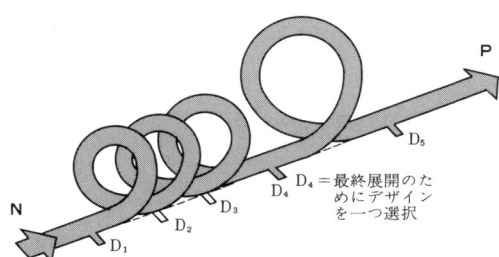

最初に数個の概観的な構想を手元にもち，十分に展開されたのちに一つが選び出される。

D_4＝最終展開のためにデザインを一つ選択

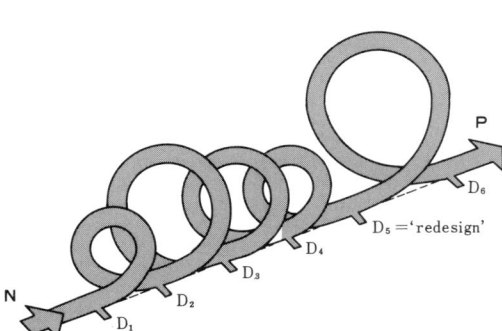

最終段階で設計を大きく修正する。

D_5＝'redesign'

デザインのエレメント

環境の中でのデザインのプロセスを図に示したもの。設計が進むにつれ具体化されていくが分析・総合・評価のサイクルを同一空間で繰り返しながら次元は高まる。
△：デザインチーム
(E)：環境
D：ドキュメント
N：人間の要求
P：デザインチームから環境に向かうコミュニケーション
m次元のドキュメント D_m と次の段階のドキュメント D_n の関係によってデザインの存否が問われる(下図)。

＊R. D. Watts : Element of Design, AJ. 1965-11-24., The Design method by S. Gregory.

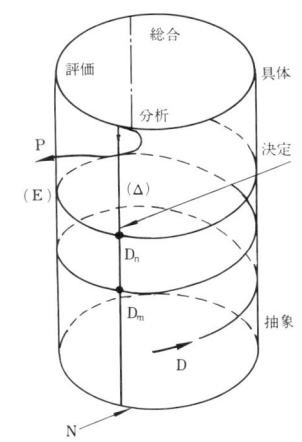

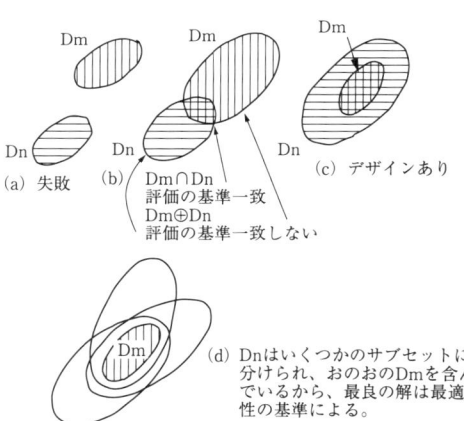

(a) 失敗
(b) $D_m \cap D_n$ 評価の基準一致
$D_m \oplus D_n$ 評価の基準一致しない
(c) デザインあり
(d) D_n はいくつかのサブセットに分けられ，おのおのの D_m を含んでいるから，最良の解は最適性の基準による。

1-3 設計プロセス

われわれが計画や設計をするのは，建築をつくるためである。さて，この計画と設計とは，どう違うのだろうか。

英語の"design"という言葉は，狭義には外側を装飾すること，あるいは図案することであるが，今日では，それ以上に対象物のもつべき機能や材料や製作技術まで，総合した造形的活動を意味するようになっている。"design"の相当語として片仮名のデザインではなく，わざわざ"設計"を用いることも多い。用語的な是非はとにかく，設計はそのような活動としてとらえるべきである。

一方"plan"に対する相当語は"計画"である。上述のような意味で，設計は具体的な形，あるいは結果を示すことで，実際的に，つくる対象を具体的に規定することになる，と考えてよい。これに対して計画とは，何かをしようとするとき，あらかじめ方法，手順，経路などを決めることで，そこでは時間的な順序が考慮されていることが多い。

しかし，計画と設計を完全に区別することは，実際にはなかなか困難であるし，またそうする必要もない。ただ設計活動の中に計画の段階が，なんらかの形で存在しているのが普通であるし，それを理解することは，われわれが設計プロセスを考えるうえで，大切なのだと言っておこう。

そこで今後，特に断わりなく設計プロセスというときは，計画まで含んでいることにする。

1-3 設計のプロセス

設計プロセスパターン／日本建築学会*

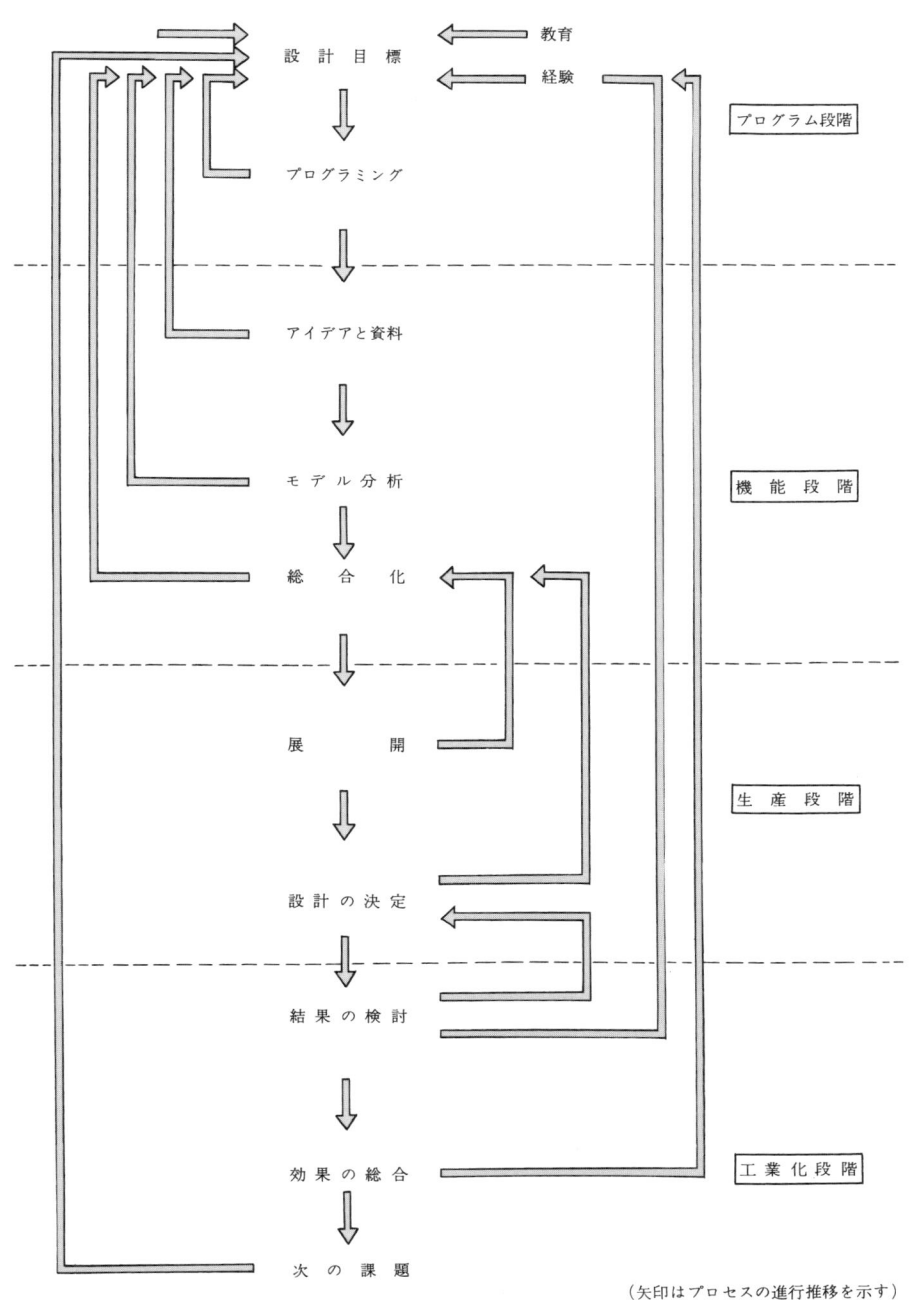

（矢印はプロセスの進行推移を示す）

矢印はプロセスの進行推移を示す

設計目標：設計に対する条件を収集整理して、実現すべき対策を規定することが設計の目標となろう。これらの条件には経験や知識も当然含まれている。

プログラミング：目標を達成するためには、設計活動をシステマティックに、そしてクリエイティブに行ない、設計に対する条件に解答を与えてゆかなくてはならない。このような活動の手順を時間的に計画することである。

アイディアと資料：設計に関するいろいろなアイディア（全般的であれ、部分的であれ）や資料を収集する。

モデル分析：最も簡単には、図面をつくって条件が満足されるかどうかを検討することであるが、種々のモデル（模型）で実験したり演習する技術が最近非常な進展をみせている。

総合化：従来いわゆる基本設計といわれていたものと思ってよい。内容的には図面だけでなく、目標との照合やその後の段階に対する指標としての意味を明確にする必要がある。

展開：この段階からあとは生産プロセスに対する設計で、普通、詳細設計と呼ばれているものである。

設計の決定：設計が完了しても直ちにそれが決定されるとは限らない。従来この点がたいへんルーズに行なわれていたが、対象を実現させるべき生産システムが具体的に裏づけられることが確認されなくてはならないはずである。

結果の検討：設計プロセスには実現された結果についての検討による改善・修正までが含まれる。

*日本建築学会編：設計方法，彰国社，1972

設計プロセスのパターン　設計プロセスとは、与えられた条件から始まって、製作者に指示できる具体的な解答を作成するまでの道筋だといってよい。この最初の段階で、与えられたなまの条件は、一般にそのまま解答に結びつくようなものではない。このような条件を与条件と呼ぶことにする。

そこでわれわれは与条件を修正し、不足条件を補って解答可能な形にしなくてはならない。このような条件を設計条件と呼ぶことにする。次に設計条件から解答を導くプロセス、さらに得られた解答を指示できる具体的な形にして、全プロセスが完結される。

たいへん大雑把にいってしまったが、このプロセスは決して一様でも、また一本道でもない。多くの活動が複雑にからみ合っており、そこで多少とも手もどりや修正、試行錯誤が必ずあるに違いない。実際にこのようなプロセスを観察してみると、われわれの思考パターンは、目的に沿って分析し、その結果を総合して結論してゆくことの繰り返しとなっている。この思考パターンはきわめて常識的なもので、何もことさら目新しいものでもない。

しかしそれが設計行為での手順として、プロセスのなかにはっきり位置づけられたとき、われわれはそれを設計方法の技術として一層確実なものにすることができよう。

2 全体の計画

2-1 全体と部分

構成のダイアグラム

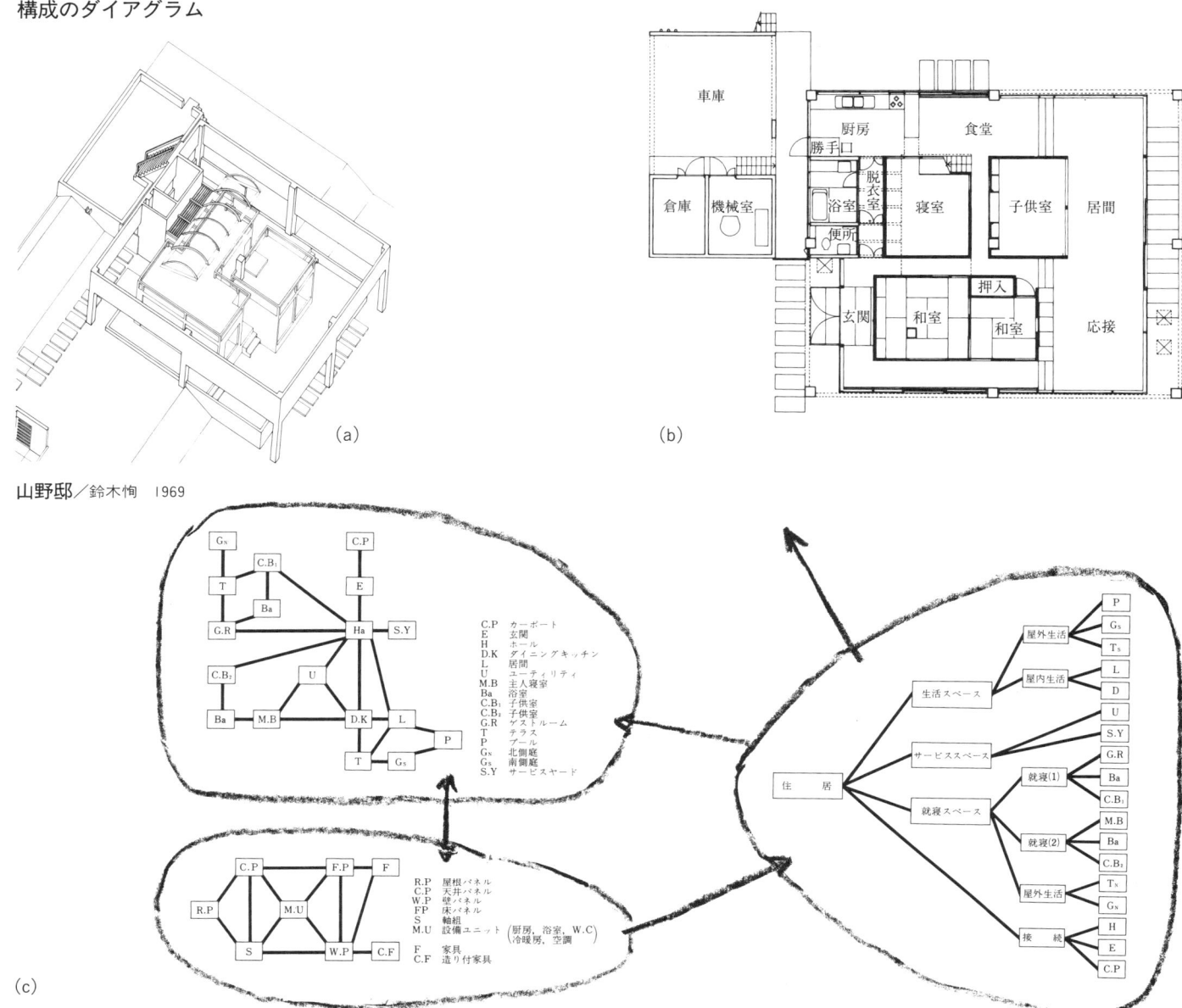

山野邸／鈴木恂 1969

2-1 全体と部分

私たちがある対象を理解しようとするときは，全体と部分（たとえば住宅の計画で言うならば，全体とは部屋と部屋のつながりを考えどのような住まい方をするか，どのような空間構成を計画などすることであり，部分とは居間や食事室，厨房の材料，寸法，家具などの配置や構成を計画などすることである），さらにその間にあるつながり方を様々な方向から考えることが大切である。特にこれから何かをつくりだそうとする場合には，そこが糸口になっているようである。この全体とか部分とかいっても，それは文字どおり相対的であるから，それらの関係についてはいくらでも広げて考えることができる。しかし，ある範囲を越えてしまっては，無意味となることはもちろんで（たとえば建築物の部分として原子や分子の構造まで考えることなど），私たちは全体と部分そしてその間のつながりをある範囲のなかで考えている。この範囲が設計条件から意味づけられていることは明らかである。

このように，ある範囲で，全体と部分，それらのつながりを一つの有機的なものとして，具体化し，有形化してゆくことが設計なのだと思ってよいであろう。私たちの対象を以上のように，ある意味づけられた関連で，部分が全体として構成されたものと認められるとき，この対象はシステムをもつといわれる。システムの例は，天体の運行，地球上の自然現象，動物の体などの自然界から人工的につくり出されたもの，すなわち種々の機械装置，コミュニケーション，建築，都市，社会，経済，法律までいろいろと挙げられる。さらに自然界と人工的なものが結びついたシステムも当然考えられる。システムを理解したり伝えたりする方法はダイアグラムや表にして示すと，たいへん理解しやすい。

上の図の平面ダイアグラムは，それぞれの空間のもつ機能の関連を示している機能システムのダイアグラムである。またエレメント（構成要素）の関連は具体的な生産方法を示すダイアグラムであると考えられる。(c)図はこれらの条件や他の条件を加えて構成された一つの案である（これらのダイアグラムは例題として学生が作成したものである。(a)図は住宅をアクソノメトリック図としたものである。

2-2 構想

設計プロセス

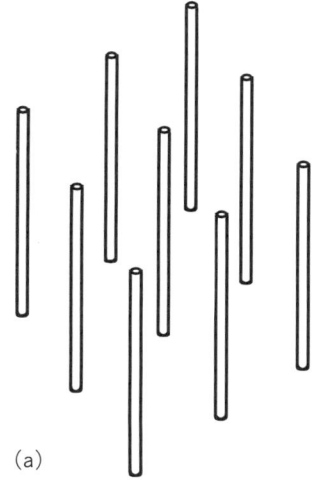
(a)

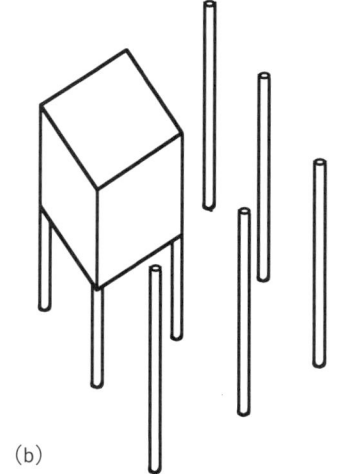
(b)

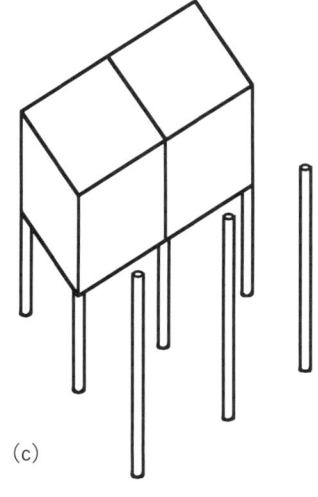
(c)

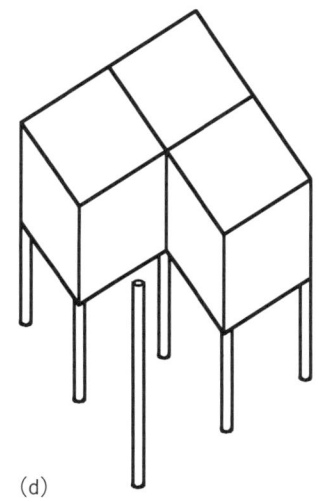
(d)

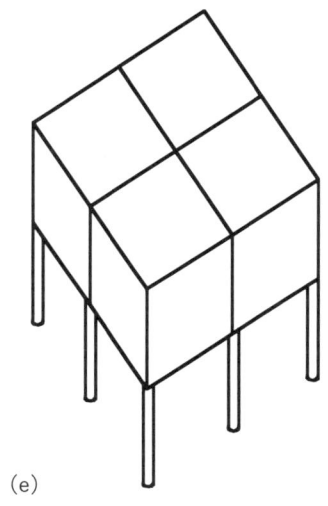
(e)

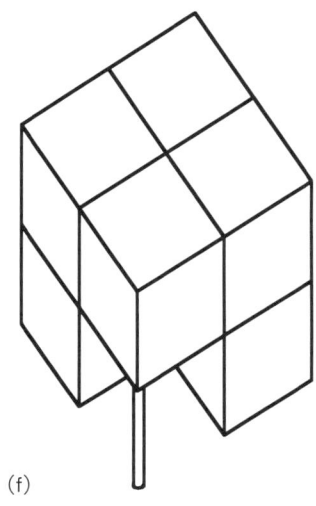
(f)

2-2 構想

私たちは，設計について最初に設計に対する条件(初期的条件)を与えられると，それを理解し，直ちに設計対象を頭のなかに描こうとする。構想はこのようにして始められ，設計プロセスを追って次第に精密さを増しながら補足され具体化されてゆく。しかし設計の問題は，数学の問題のように解答との完全な対応性をもっていない。つまり条件を満たす解答がたくさんあり得るということで，さらにそれらの優劣が論じられることにもなる。以上のような複雑な構想のしかたは，一般的な方法論として確立されてはいないが，実際の設計活動について観察し，整理してみると，いくつかの特徴が浮かび上がってくる。これらについて簡単に列記しておこう。

設計条件との対応 わたしたちはプロセスを追って，種々の初期的条件から相互間での関連性(矛盾か両立か)の度合と可能性を判断し改変しながら，次第に実現可能な設計条件として位置づけてゆく。

機能的にも，造形的にも構想がこの位置づけとの対応で生じていることは確かであろう。

構成の方法 実際の例から理解されるようにわれわれの対象がもつべきシステムは，多くのサブシステム*による階級的な構成となっている。この構成の方法について，全体を分割して部分を得るか，あるいはあらかじめ用意してある部分を集合させて全体を得るか，の二つの方向が考えられよう。もちろん，実際にはこれらが混じり合っているのが普通である。

構想の糸口 設計プロセスでは，構想も含めて試行錯誤は避けられない。したがってどこを糸口にしようと(たとえば全く視覚的なイメージ)，一向にさしつかえない。ただ結果として条件を満たしているかどうかの評価が必要である。

---

*サブシステム とらえ方で変わってくるが，例えば機能的には住宅全体に対しての居間，食事室，寝室などを，生産的には，ユニットバスや可動間仕切，障子，襖，畳などのひとまとまりの部分的なシステムをいう。上の図は住宅を設計する場合の対象を立体的ダイアグラムとして示したものであり，それぞれの空間の持つ意味やつながりを構想の過程で立体に置き換え，構造，構想の糸口を探すためのモデルである。

2-3 具体化

設計例

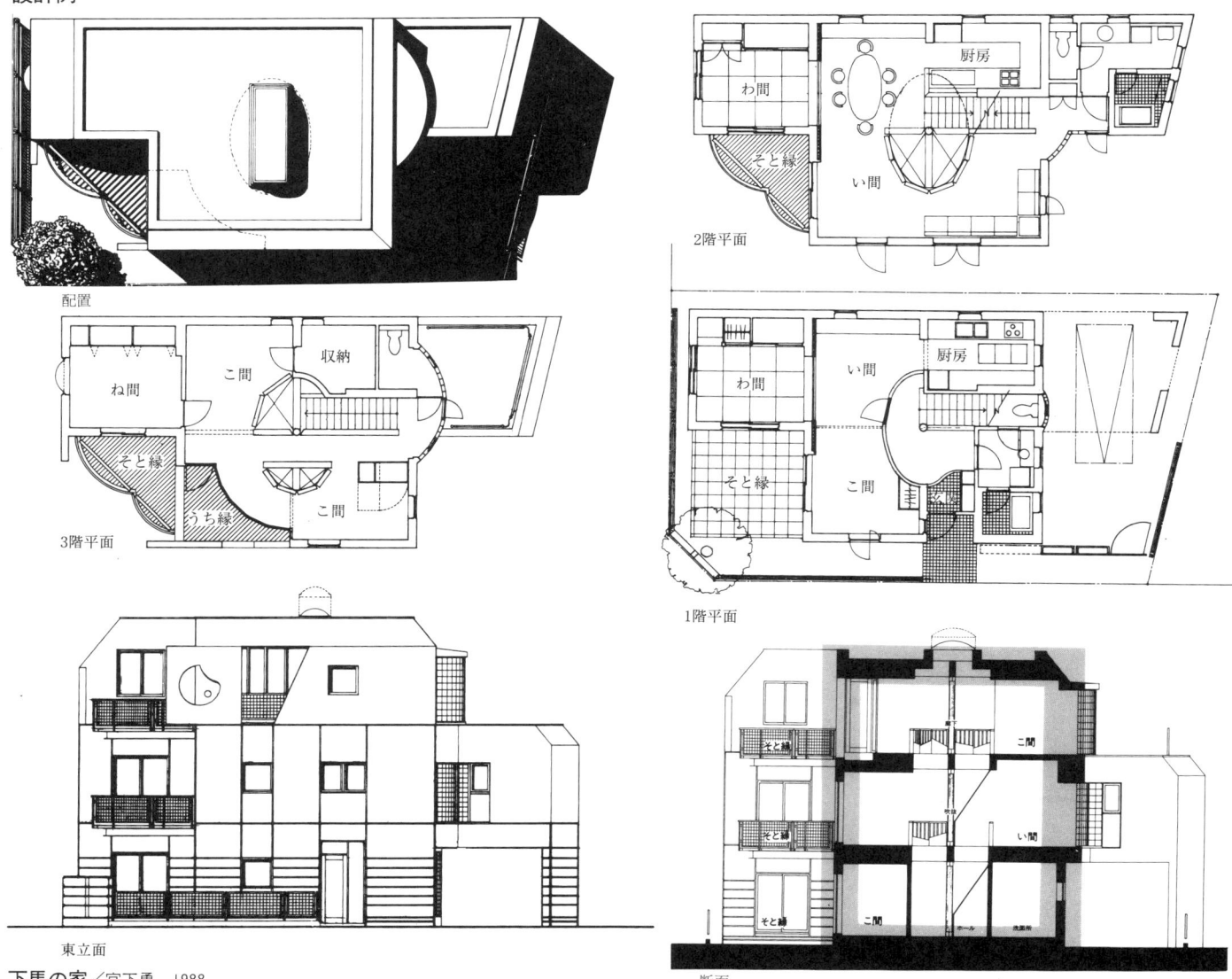

下馬の家／宮下勇　1988

2-3 具体化

私たちの設計に関する行為の答は、具体的に形を与えるものであることは言うまでもない。私たちは場合によっては矛盾する、あるいは可能なようで実は不可能な与条件から、最終的には対象を具体的*に決定しなければならないのである**。この設計プロセスにおいて、種々の条件から対象のシステムを決定することは、理づめに、場合によっては数学的な手法まで用いてかなりのところまで進められよう。しかし有形化するプロセスに関しては、決められたプロセスがあるわけでなく、多様な試みが模索されているのが現状であるが、その中で、具体化の手掛かりとしての方法を次に整理しておこう。

具体化に必要な資料　対象がもつべきシステム構成、各部分が機能し得るだけの面積あるいは空間的大きさ、その他条件が要求する寸法的データなど、さらに具体化のための種々の構想や方針、これらの資料があらかじめ用意されていることが必要である。

ゾーニング　おおまかに設計対象を機能的、空間的に分類したりつなげたりすることであり、設計の意図を明快にすることである。対象がもつシステムは階級的にサブシステムで構成されるのが普通である。敷地およびその周辺の外部空間を含めて、このサブシステムに対応したゾーニングは、建物の形や配置についての機能的な構成ばかりでなく、空間的な演出にまで基本的な方針を与えることになる。この場合、規模の問題は非常におおまかに考えてよい。それは設計プロセスで次第に精密さを増してゆくべきものである。また、ゾーニングは平面的にだけでなく、当然立体的にも考えられる。

骨格の構造　システムを構成する機能的な関連は、たとえば住宅の場合、各部分(居間、玄関、浴室など)の位置的な相互関係とそれらを結ぶ動線(人・物の移動の経路)として具体化され同時に有形化される。この動線による関連は、廊下・階段・浴室のように特定の目的のための空間による場合あ

---

*　ここでは具体化という言葉に、"形を与える"という意味を特に付け加えておく。

**　このことは何らかの意味で定量化していることにほかならない。おそらくその定量化の程度は、そこでの人間の営みにかなりの制約を与えることになろう。そこに設計の対象がもつ範囲をどうするかという、たいへん重要な問題が存在している。

2-3 具体化

空間の構造とつながり

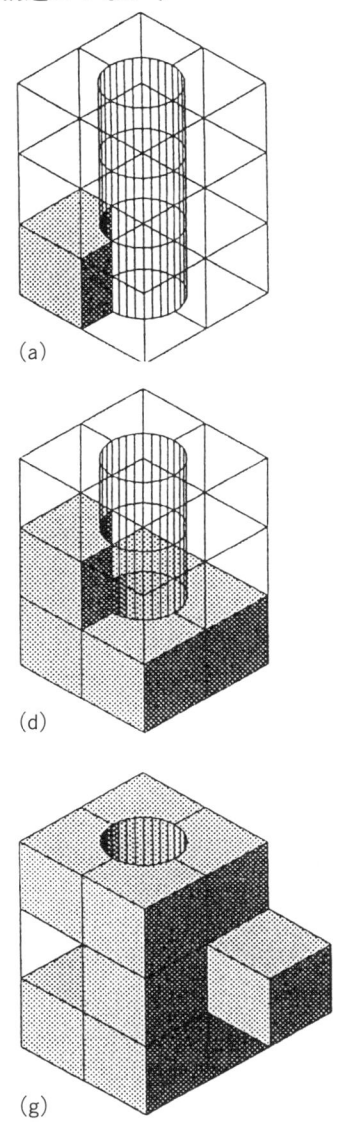
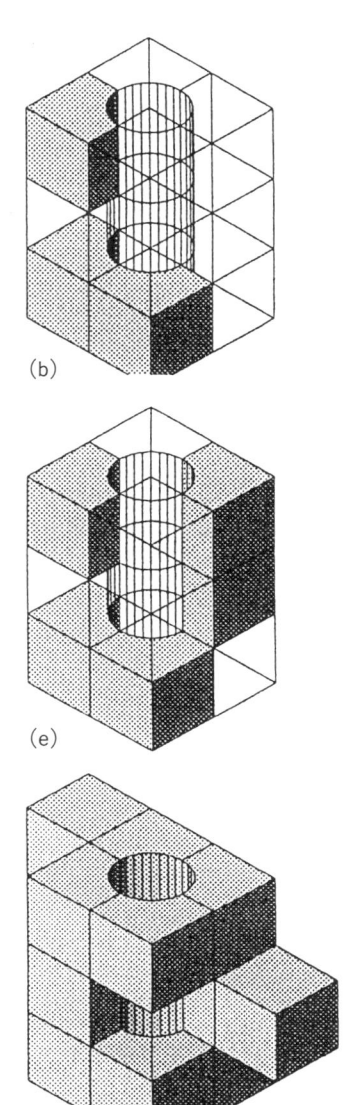
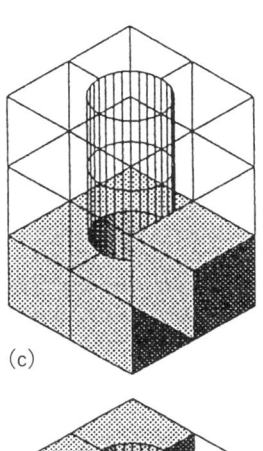
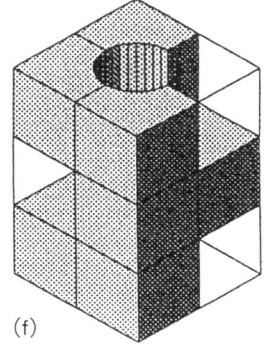
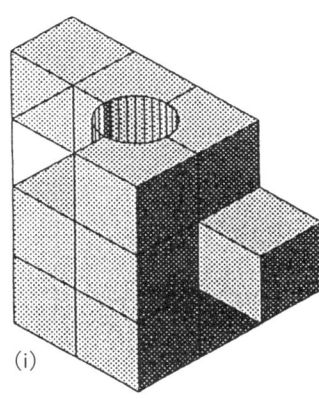
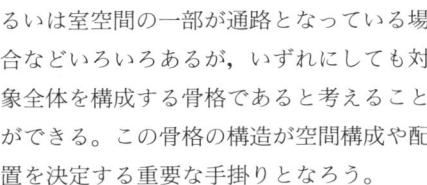

るいは室空間の一部が通路となっている場合などいろいろあるが，いずれにしても対象全体を構成する骨格であると考えることができる。この骨格の構造が空間構成や配置を決定する重要な手掛りとなろう。

エレメントの決定　エレメントはシステムを構成する最下位の要素として認識されるものである，建築空間を具体的に構成しているものは，壁・天井・床・窓・ドア，あるいは柱・梁などと呼ばれている種々の部分である。さらに照明や暖房などの設備器具も空間の構成に参与している。これらの部分は，機能や構法システムから考えれば，内外の物理的な条件について遮断や通過などを制御する機能的エレメント，あるいは工場生産の単位的部品つまり構法的エレメントということになろう。そして，出来上がった結果では，人間に環境を与える具体的な空間を構成する。しかし，以上のエレメントがそのまま空間のエレメントでないことは明らかである。空間のエレメントとは，たとえば住宅なら休息したり，くつろいだり，作業したり，など種々の生活行為の具体的な場所である。したがってこれらの性質の違ったエレメントを，うまく調整して一つのサブシステムにするか，あるいは別個に組み合わせて結果的に総合されるようにするかである。具体化の際には，それらが決定されて計画されなければならない。

空間的な領域とつながり　種々の空間（それがエレメントであったり，あるいは室としてまとまったものであったりする）は，物理的にも視覚的にも遮断され隔絶される場合から，全く仕切らずに何となく領域が区分される場合まで，あるいは物理的にか，視覚的にか，その何かについてのみ遮断されたり，つなげられたりしている。このような空間的な領域とつながりの範囲や程度を決めるものは，壁やドア・窓などの開口だけではない。ついたて・手摺・家具器具類・植込み・池などから，床や天井の高低差やテクスチュア（感触），あるいは光の当り具合や，色彩などによっても性格づけられる。これらは空間を演出する主な方法であるが，それは，機能的，構法的な裏づけがあって初めて存立するものである。

上の図は住宅（左図）の設計過程での各空間のユニットのつながりや機能のチェック，外観のスタディをしたものである。思考過程はどの図(a—i)から考えてもよい。作業過程としてコンピューターや模型などを使うと多様な展開ができる。

2-3 具体化

平面の設計例

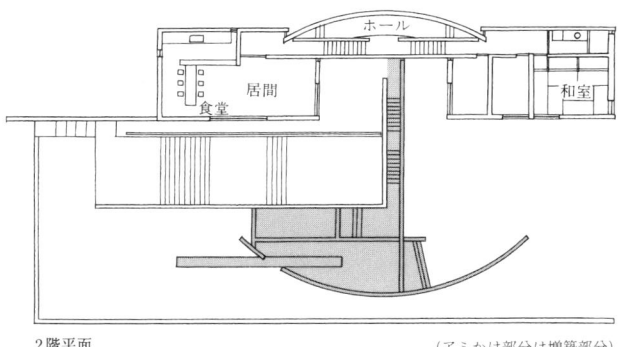

岩佐邸／安藤忠雄　1984

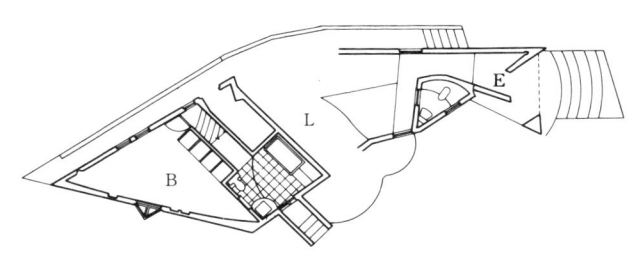

ドーモ・セラカント／象設計集団　1974

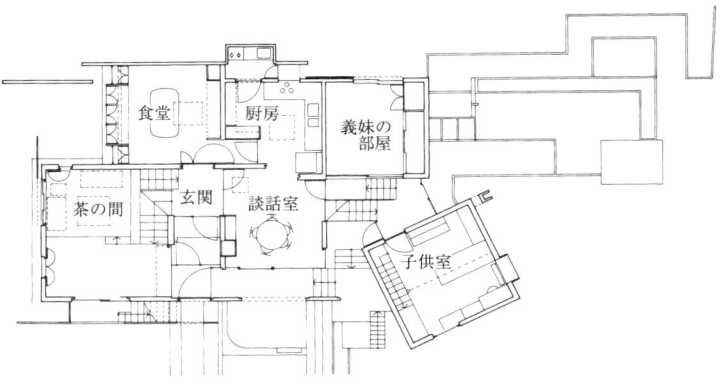

松ケ丘の家／池原義郎　1986

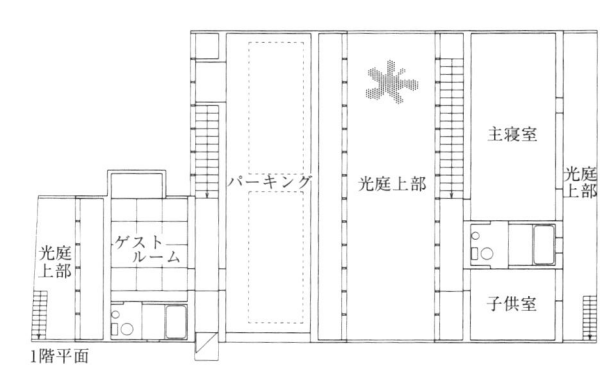

M-HOUSE／妹島和世　1997

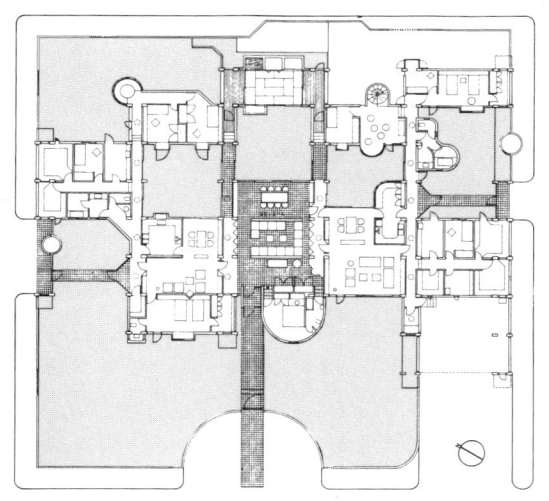

ROW-1／連立住居／竹山実　1974

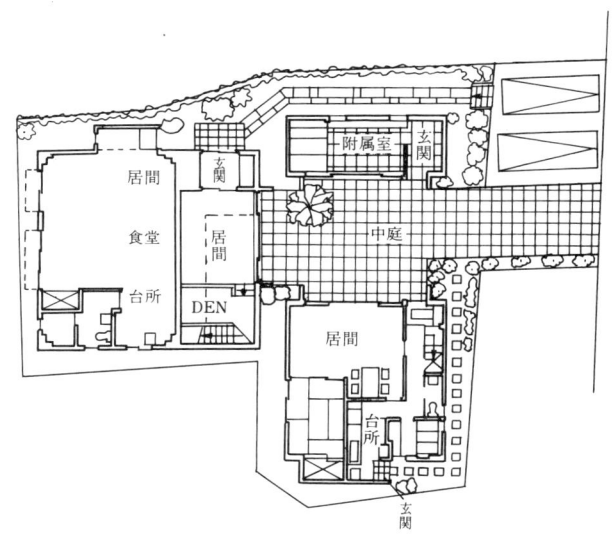

松川邸　1期・2期・3期／宮脇檀　1971．1978．1991

平面計画のスケッチ　平面を計画する際には，よく方眼紙が用いられている。これには，スケッチの便利さというより，構法的な技術に非常によく適合し，同時に，機能的要求にも耐えられるということ，さらにそのようにしてつくり出される空間が慣習的にも確立されていることなど，種々の理由を挙げることができる。最もポピュラーなものは直交型グリッド（格子）であるが，それ以外にもいろいろと試みられている。また全部が均質でなくてもよいはずである。

結局，非常にきびしいグリッドから，全く自由な曲線まで，そしてまた立体的空間にまで拡張して考えることができる。また空間の構成を理解したり多様に発展させたりする方法としてコンピューターや模型を使用する方法がある。

具体化のすすめ方　具体化が機能的なシステムを手掛りに進められることは，たしかに多く見受けられる。しかし具体化をどこから始めるべきだという法則などあり得ない。たとえば外観のイメージから出発しても，あるいは構造の技術的な興味から出発しても一向に構わない。手際のよしあしはあっても，とにかく始めなければ終わらないことは確かである。またエレメント一

2-3 具体化

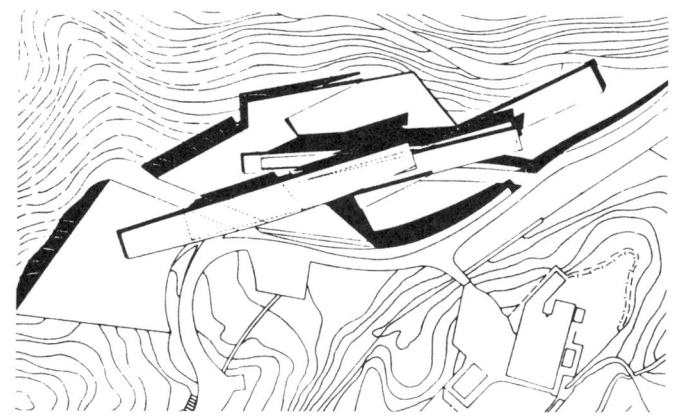

香港ピーク／ザハ・ハディド　1982

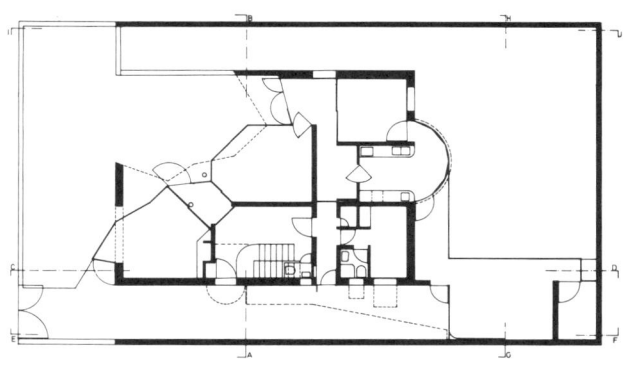

ベイレス邸／アルヴァロ・シザ　1976

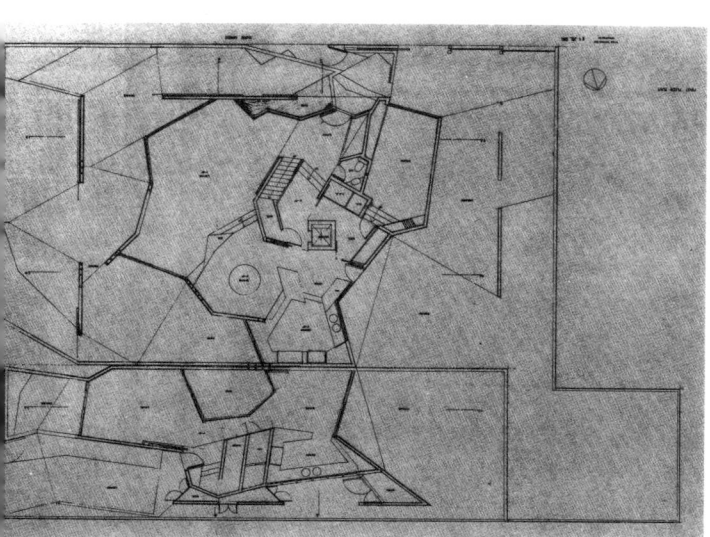

ロシュウエルク邸／トレース＆マルチネス　1993

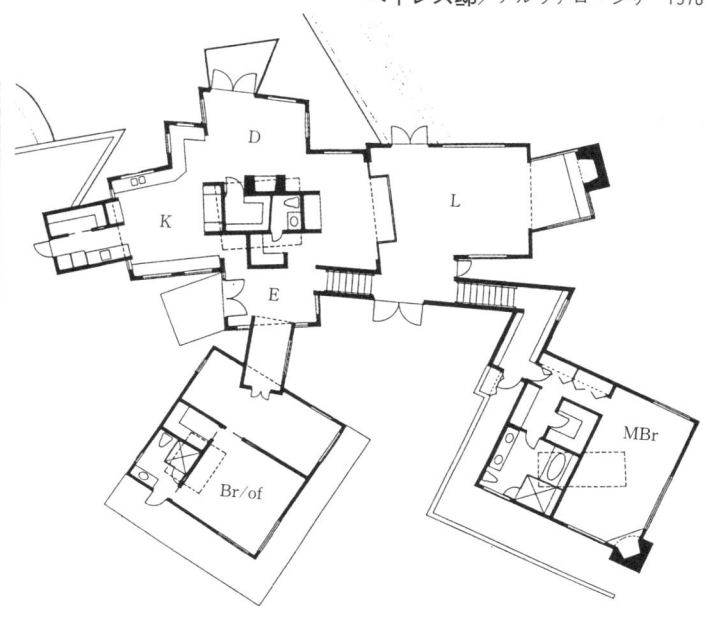

ピーターソン邸／フランク O.ゲーリー　1989

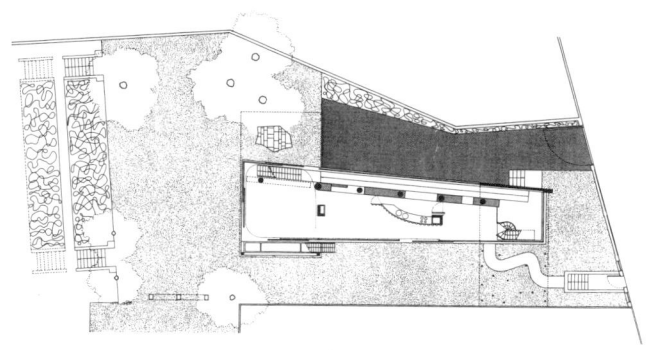

ドール邸／レム・クールハース　1991

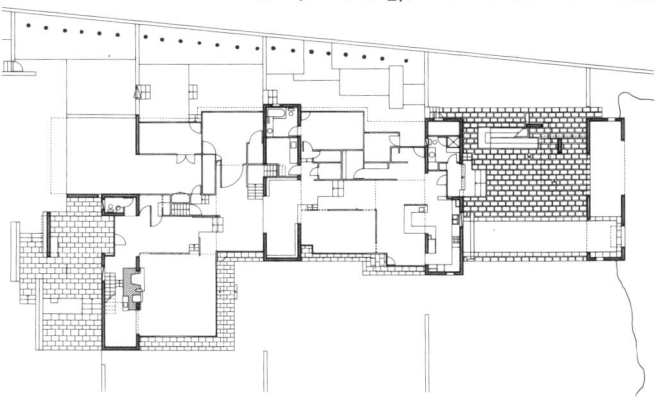

ストレットハウス／スティーブン・ホール　1992

サブシステム―全体という仕組みのどこに糸口（それは複数かもしれない）をおいてもよいし，具体化の進め方にも分割と集合の二つの方向があり得る。さらにこの仕組みを根―幹―枝―葉，幹―房，あるいは血管―心臓―肺，皮膚―筋―骨格などといった植物的，動物的なアナロジーで，性格づけがよく行なわれているが，それも場合によっては具体化にたいへん有効な考え方を提供しよう。

このように方法がいろいろとあることから，私たちはそのプロセスでの試行錯誤を当然のこととして認めざるを得ない。したがって，それをなるべく手際よく行なうにはどうすべきかということが，次の問題となろう。

これらは，今後私たちが設計について勉強しなくてはならない内容を，きわめて大雑把に述べたものである。

上の図は多様な形態をもつ住宅の平面図を示したものである。直線で構成されたもの，曲線で構成されたもの，軸線を持つもの，非対称のもの，ずらされたもの，平行なもの，つながれたもの，とさまざまな設計手法がつかわれ，またさまざまなアナロジーが読み取れる。

2-4 住宅のゾーニング

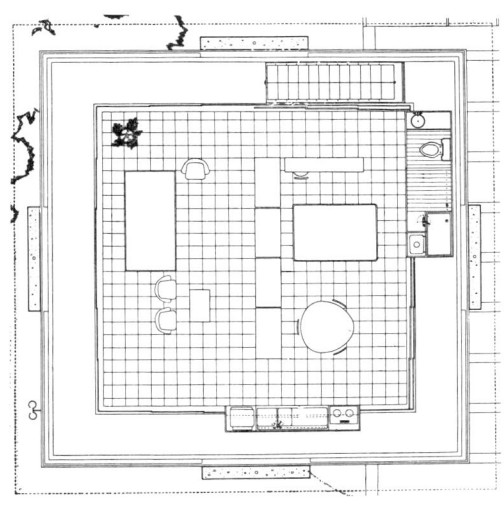

スカイハウス／菊竹清訓　1958

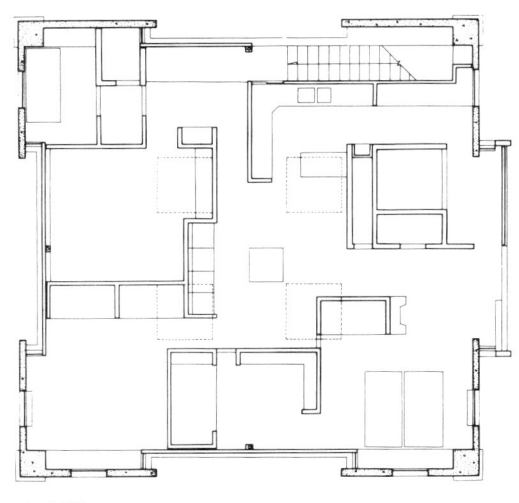

中山邸／磯崎新　1964

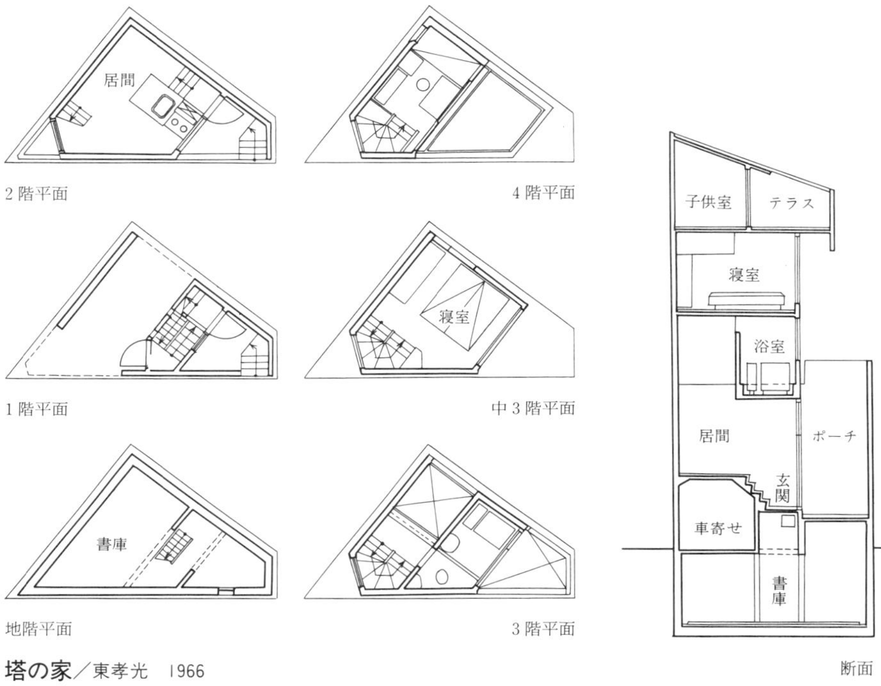

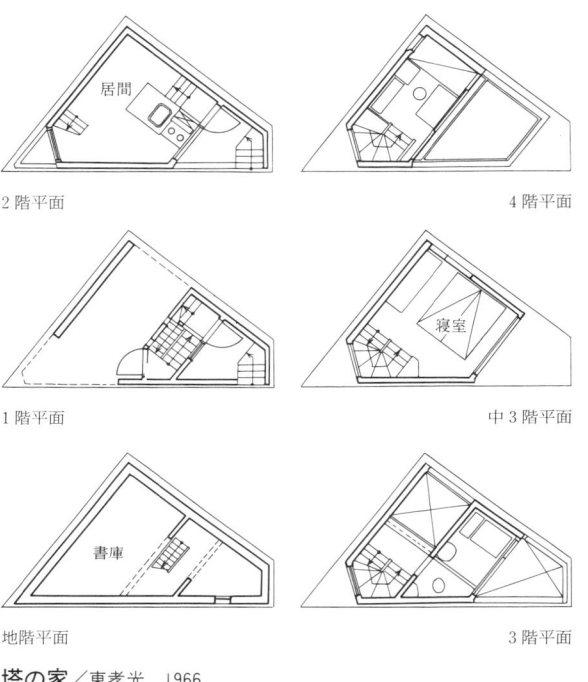

塔の家／東孝光　1966

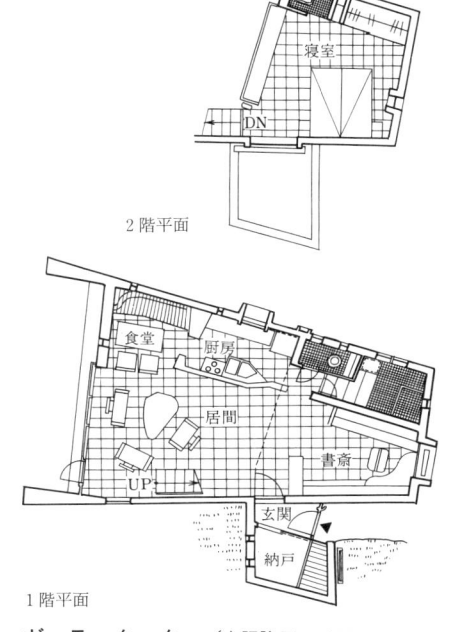

ヴィラ・クゥクゥ／吉阪隆正　1957

2-4 住宅のゾーニング

建築物は必ず何か目的をもっているはずであるが，すべての部分が目的に直接的であるとは限らない。これはシステムの構成を見れば明らかである。つまりどんな計画（規模の大小でなく）においても，ある目的を果たすためにサービスをされる部分と，サービスをする部分が考えられることになろう。

実際のゾーニングでは，この二つの部分がまず最初に区別されよう。しかし，ある目的を果たすためにと言ったが，この目的は多くの場合，決して単純ではあり得ないし，またシステム構成からも必ずしも同レベルではない。このようなわけでゾーニングをするには，なるべく少数の基本的な重要な部分と，それらの位置的関連を考えなくてはならない。それは住宅についても全く同様である。実際の住宅を観察してみると，たいていの場合，いわゆる居間，食事室を中心とするゾーン，就寝あるいは個人的生活のためのゾーン，そして家事作業，諸設備，収納のためのゾーンが不可欠なものとして認められよう。これらのゾーンは，ある場合には，たいへんはっきりと区画されていることもあるし，またある場合にはそれほど明瞭でないこともある。また平面的であったり立体的であったりする。

上の図はゾーニングを考えるうえで，比較的，特徴をもっている住宅の設計例を選んでみた。なおゾーニングは外部空間も含めて計画すべきであろう。

上の図の上の二つは平面的にゾーニングが展開するもの，下の二つは立体的にゾーニングが展開するものである。

2-5 住宅の多様性

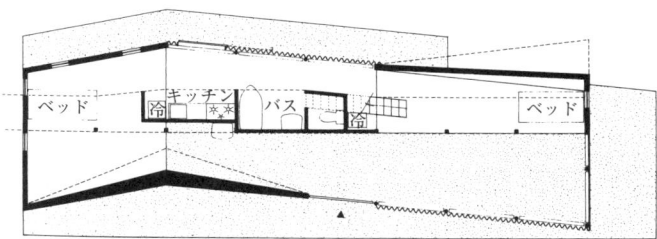

ドラキュラの家／石山修武 1995

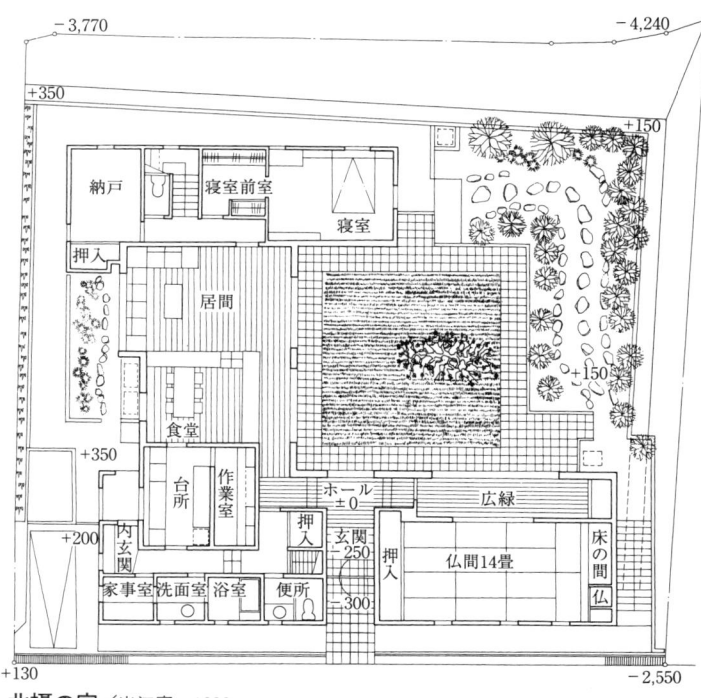

北摂の家／出江寛 1980

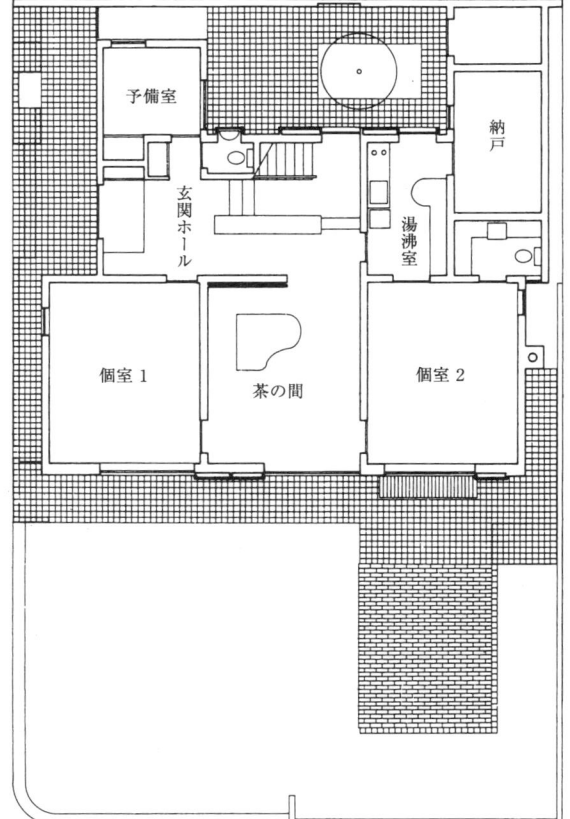

槇邸／槇文彦 1978

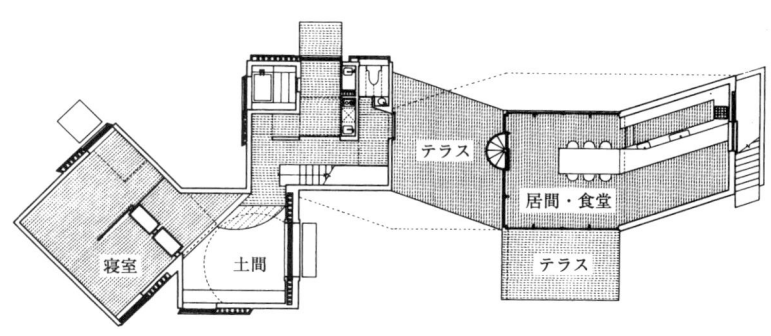

好日山荘／斎藤裕 1991

2-5 住宅の多様性

住宅には様々な住みかたによって、生活がそこに展開されている。その結果住宅のかたちも多様化なものになっている。具体的な条件としては、風土(北の風土、南の風土)、土地(固い土地、柔らかい土地)、環境(みどりの多い、みどりの少ない)、家族構成(3世帯、2世帯、核家族)、趣味(釣り、車、舞踊、カラオケ)、和風、洋風、3LDK、2DK、構造(コンクリート造、木造、ツーバイフォー、ブロック造)、高断熱、高気密、パッシブソーラー、暖房、冷房、システムキッチン、家具、畳、床の間など、種々であるが、どれ一つをとっても住宅の設計を決定するためのキーワードとなっている。また住む人の職業によっても住宅は多様化する。

農家、サラリーマンの家庭、商家、仕事場をもつ家、また機能的には説明できない、透明感、ぬくもりのある空間、内包的、開放的、明るい、陰影のある、有機的、無機的など、情緒的な設計意図が存在している。これらが互いに絡み合い影響しあっているところに住宅の多様性がみられる。

上の図は和風のものであったり、多面的であったり、直線的であったりする多様さを持つ住宅の例である。上の図の縮尺は同一でないことを付記しておく。

2-6 住宅の動線

移動部分 ─ 水平移動　玄関　廊下　ホール
　　　　　　　　　　勝手口　ロビー
　　　　　　垂直移動　階段　ホール
　　　　　　　　　　動線階段

動線図

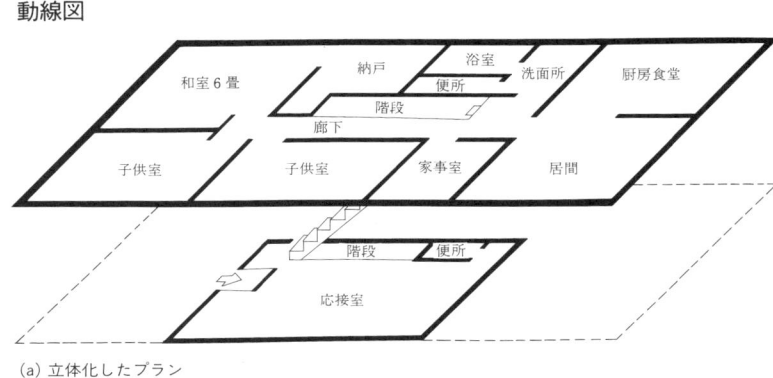

(a) 立体化したプラン

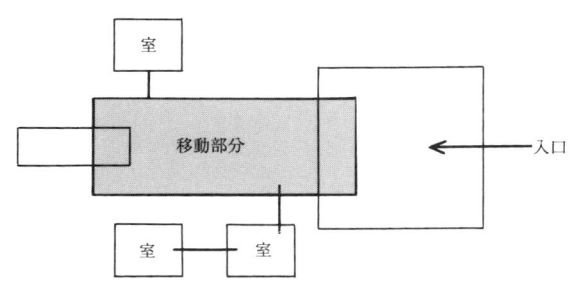

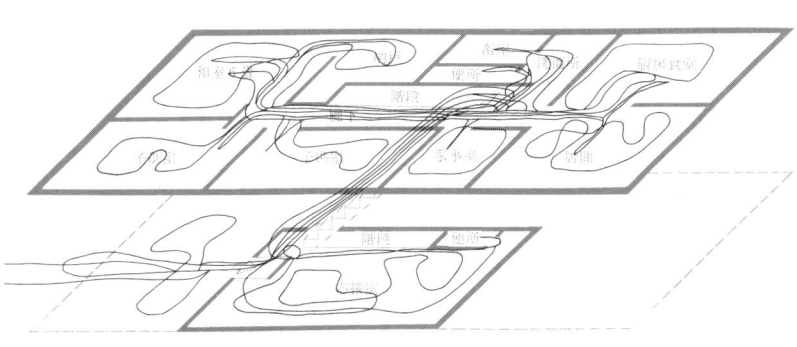

(b) 人の歩いた線を書き入れると

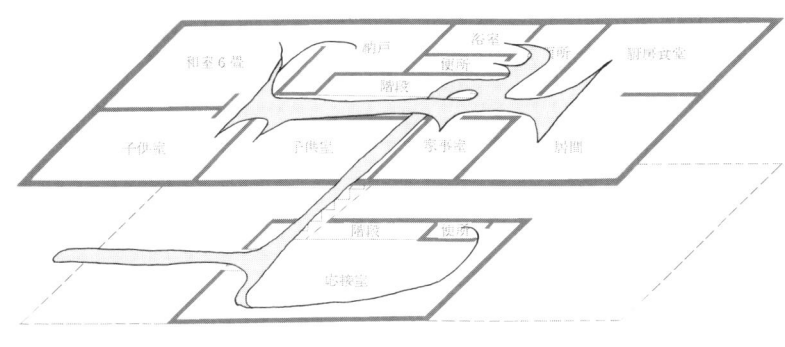

(c) 動線をまとめると

2-6 住宅の動線

住宅の動線を考えるとき、内部を次のように分けることができる。

人が使う空間―使用目的がはっきりしている室（目的室）

室をつなぐ空間（移動部分）―部屋と部屋をつなぐ役目で、人や物を移動させる場所

設備を入れる空間（設備室）―常時人がいない室

移動部分　簡単にいえば、廊下、階段、それにつづくホールのような場所を総称した呼び方である。建築用語にはこのような部分を一口で言い表す言葉は定着していないが、このような部分は、普通の室と同じように、やはり目的にそって、人や物の移動、すなわち動くための空間として設計される。

住宅では、玄関から廊下やホールを通って部屋に至るまでの空間がある。そして途中に二階への階段があったり、また裏口などがあったりする。人が水平に動く場所と、上下に垂直に移動する場合とでは、かなりその扱いも違ってくるので移動部分をさらに分けて考える必要がある。

動線　移動部分ばかりでなく、住宅のなかで居住者が動き回る足跡をたどってゆくと、上の図の(b)図のようになる。これをま

2-7 動線のいろいろなパターン

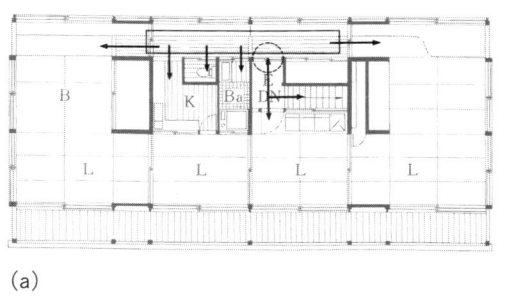
(a)

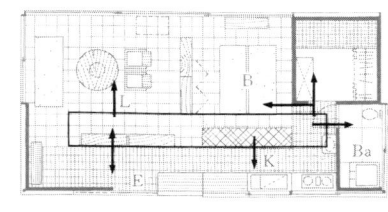
(b)

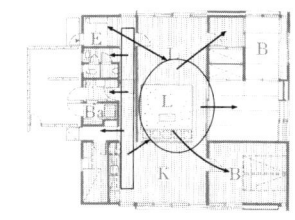
(c)

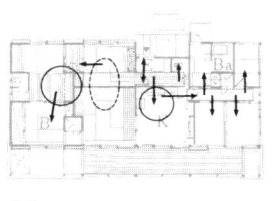
(d)

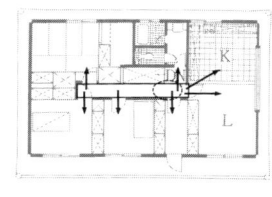
(e)

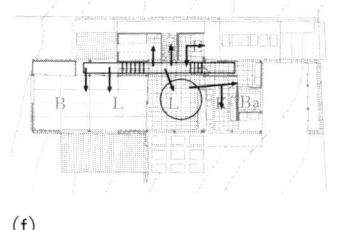
(f)

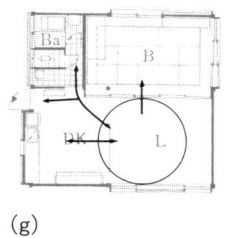
(g)

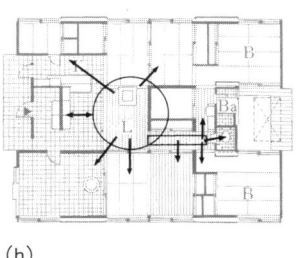
(h)

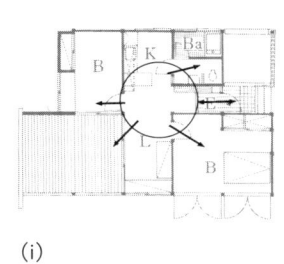
(i)

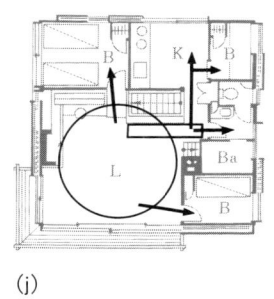
(j)

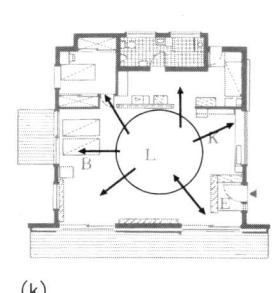
(k)

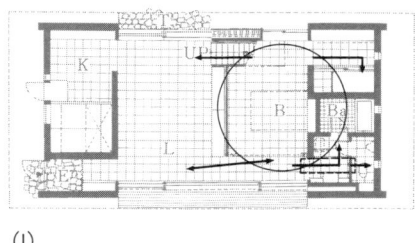
(l)

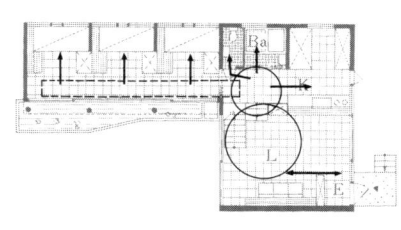
(m)

(a) 片廊下で各室をつなぐ
(b) 廊下状の動線
(c) ホールの他に廊下をとる
(d) プライベートな廊下をとる
(e) 中廊下で各室をつなぐ
(f) ホールと廊下の併用
(g) ホールと浴室・便所の廊下
(h) ホールの一部が廊下になる
(i) ホールで各室をつなぐ
(j) ホールと階段
(k) ホールだけ
(l) サブホールで廊下とホールをつなぐ
(m) ホールが寝室まで延長

とめてその系統を明示すると前ページの動線図，(c)図が描ける。これを住宅の動線という。

住宅のプランを考えるとき動線の経路や量を意識的に設計に織りこむこともできる。各室の目的にそって動線を計画することは，住宅の設計にはもっとも大切なことである。

2-7 動線のいろいろなパターン

動線は廊下や階段のような移動部分ばかりでなく，部屋のなかにも動線が存在する。部屋の組合せ方によっては，動線は長くなったり短くもなる。各室を直結していくと廊下は不要になるが，動線が各室を通り抜け，各部屋に落ちつきがなくなり混乱を生ずる。これを通過動線といっている。廊下のような動線専用の部分をつくれば，全体の面積を増やすか，あるいは各室を狭くするかということになる。上の図にその実例をいくつか示した。このような計画をどうするかによって住宅の使いやすさや室の雰囲気が違ってくる。特に食事室と居間を一室にする場合，ダイニングキッチンにする場合，寝室と便所・浴室を配置する場合，それぞれの「動線」をどう計画するかが住宅の設計にとって大切な注意事項になる。

2-8 住宅の安全計画

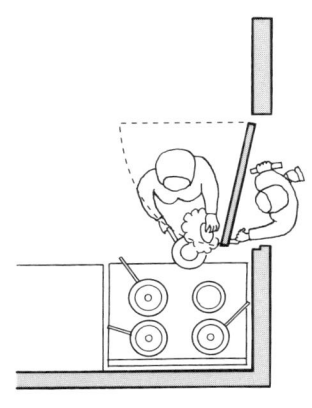

(a) 戸口にレンジを置くのは危ない

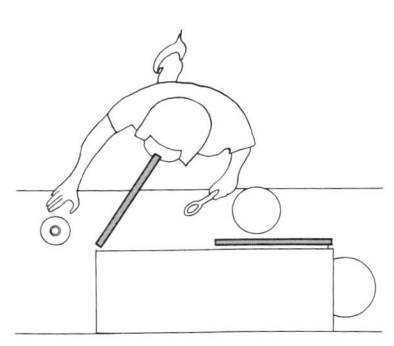

(b) 吊棚の扉に顔が当たる

(c) とりやすい棚の高さを考える

(e) こういう段は危ない

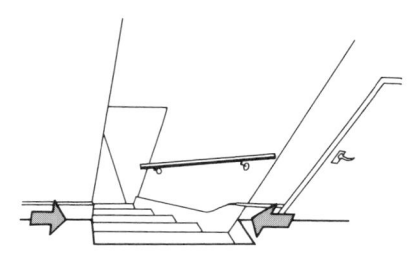

(d) 切り込んだ階段上は危険

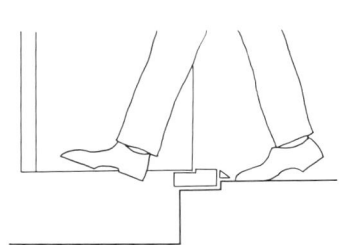

(f) 扉を開いてすぐ段差があるのは危ない

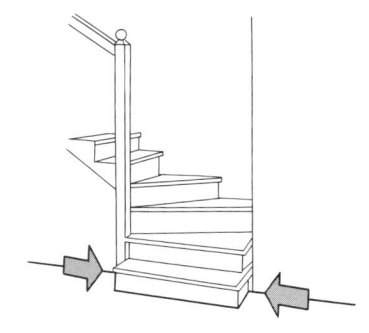

(g) つきでている階段は危ない

2-8 住宅の安全計画

住宅を設計する上で安全計画はややもすると副次的なものとして扱われやすいが、安全は生活のなかで暮らしを守る大切な要素である。このことを忘れて、形や、住み具合、便利さなどに重点をおき、「安全かどうか」を軽視しがちであるが、安全計画を制約と考えないで、必要なものとして認識すべきである。

住宅の安全は

- 日常の安全
- 非常時の安全

の二つに分けられよう。そして住宅を設計する際、非常時のことに重点をおくと、毎日の生活が不便になることが多い。不便だったり活動的でなかったりすることは、人の行動に支障をきたし、それが原因となって事故が発生しやすくなる。すなわち、日常の安全が保たれないで、かえって「日常の危険」が生ずることにもなる。「住宅の安全」についてどうしたらよいかを以下に列記してみる。

住宅で起きやすい事故

- 子供や老人の無知や無謀から生ずる個人的な原因によるもの
- 不完全な管理によるもの
- 設計の過失によるもの

精神的な原因のほかに肉体的な、目が悪いとか、平行感覚の喪失や突然のめまいなどの肉体的欠陥によるものが、住宅の日常には起こることを忘れてはならない。住宅は老若男女が生活すること、子供への安全の配慮、老人や身体障害者が住むことなどを予想して設計に当たらねばならない。

安全な住宅を設計するための留意点

- 家具や設備を活動しやすい配置にすることは無理な行動による事故を少なくする。
- 室に適切な、ゆとりある広さがないと事故が起きやすい。その点から家具の数を考えておくことが必要である。
- 家具やほかの道具を使うことも考えて住宅内の人の行動をよく知ることが必要である。

事故の起きやすい作業の種類と場所

厨房・台所　食事を用意するとき物の落下、火災やぼや・やけど、などが起きやすいことや、厨房用品および物の保管収納の位置に注意すること。厨房設計については作業の手順をよく知って、人が動きやすく

2-8 住宅の安全計画

(h) 掃除も家庭の人がすることを忘れないように

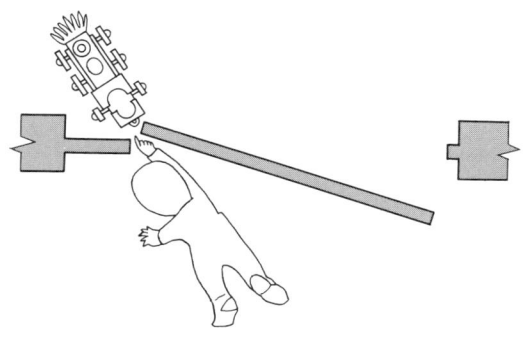
(i) 軸釣扉の釣元のすきに手をはさむ

(j) 子供は必ずよじのぼる

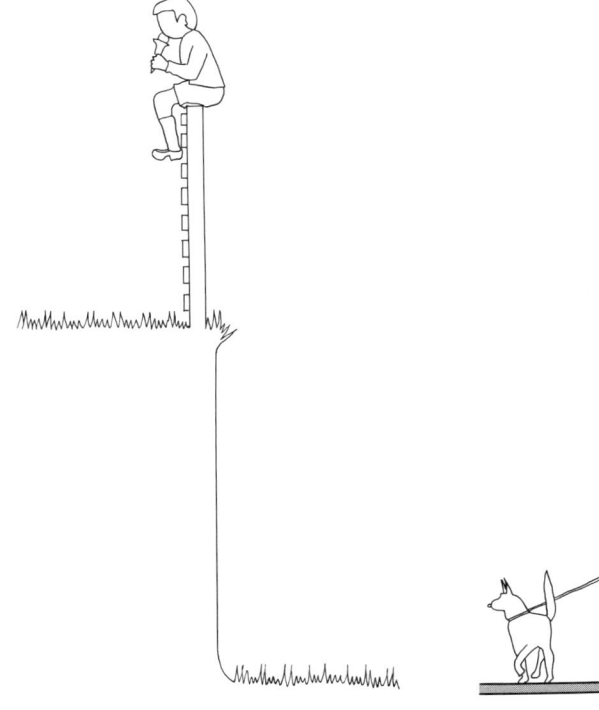
(k) ベランダ等でも同じ危険がある

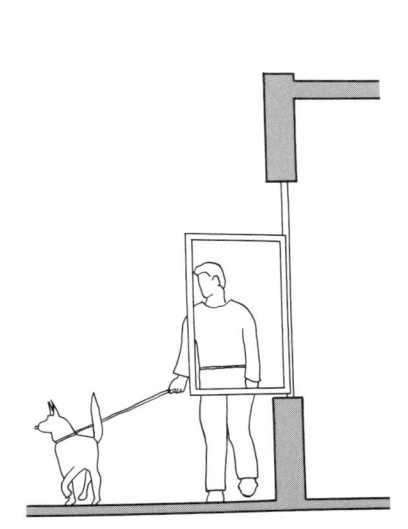
(l) 道路ぞいの窓はこんな危険も

するようにしたり，気が散らない設計が大切である。作業台，戸棚の高さ，調理台の上の取付けものの高さ，また照明で手暗がりにならないこと，窓の位置や毎日使うものが容易にとれる棚の高さ，食事室が離れているときはワゴンなどの通り道を考え，床を平らにしておくことなどに注意することである。

ユーティリティ　洗濯やアイロンかけや衣服整理が他の家事で中断されやすいことや，暖房や換気に気をつけること，また湿った所は不潔になりやすいので注意すること。床仕上ではぬれた場合のすべり止めが必要である。

その他の家事について　物置の通路などで敷石につまずかないなどの配慮が必要であり，燃料やゴミの置場にも注意がいる。

子供の遊び場　ベランダの手すりの転落事故が多いので注意すること。安全な遊び場をどこにするか考えておくこと。水槽や池・階段にも手すりなどが必要な幼児もいることを忘れないようにしたい。

就寝と身の回り　老人や幼児が夜に方向感覚がなくなることや，暗い中での電気のスイッチの位置も考慮したい。入浴中すべることに配慮し床の材料や手すりなどにも注意すべきである。

階段　老人や幼児，訪問者が利用することを忘れないで，手すりや勾配をできるだけゆるやかすること，一段だけの階段はできるだけ室内にはつくらないこと，階段は照明にも十分注意し，一様になることと，降りる人の影で段が暗くならないようにすることなどが必要である。

その他の危険な個所　敷居の段でつまずかないようにすること，回転ドアや軸づり扉の釣元で手をはさまないようにすること，床の仕上ですべらないようにすること，ドアマット用のくぼみでつまずかないようにすることなど出入口付近での事故が多いので注意する必要がある。

その他屋外の配慮　鋪床や歩道の材料は雨ですべりやすいものは避けることや車との関係も考慮してほしい。門扉は幼児がよじ登れないようにしたり，はずれない設計が必要である。

設備　特に電気や暖房での安全を考えた設計にすることが必要である。

3 製図の約束

3-1 設計の手段

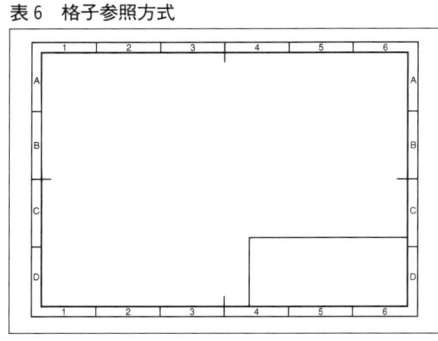

表1 表題欄の位置

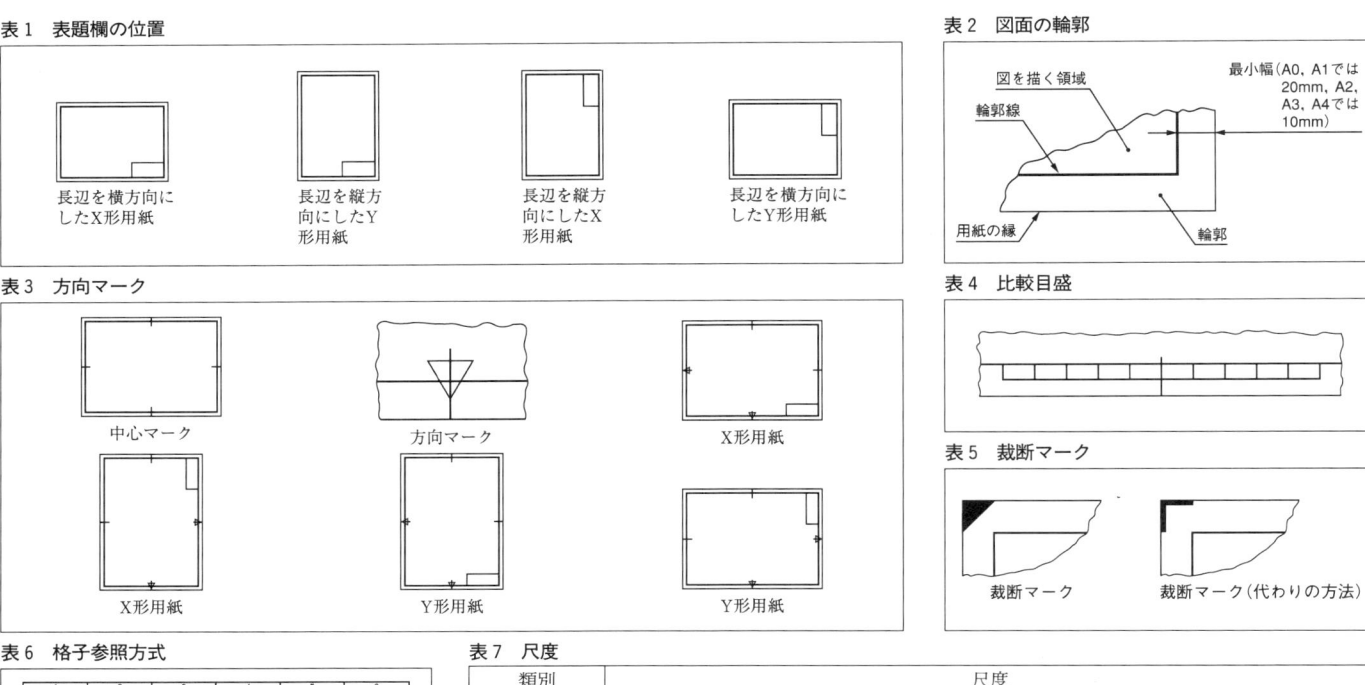

表2 図面の輪郭

表3 方向マーク

表4 比較目盛

表5 裁断マーク

表6 格子参照方式

表7 尺度

類別	尺度				
倍 尺 (推奨尺度)	50:1 5:1		20:1 2:1		10:1
現 尺	1:1				
縮 尺 (推奨尺度)	1:2 1:20 1:200 1:2000		1:5 1:50 1:500 1:5000		1:10 1:100 1:1000 1:10000
縮 尺 (中間の尺度)	1:1.5 1:15 1:150 1:1500	1:2.5 1:25 1:250 1:2500	1:3 1:30 1:300 1:3000	1:4 1:40 1:400 1:4000	1:6 1:60 1:600 1:6000

3-1 設計の手段

設計をする手段として図面を描く方法がある。今日，建築の設計をする，ということはすなわち，図面を描くこととして受けとられているけれども，決して図面を描くことが設計行為ではない。原稿用紙に文字を書いていても小説をつくることにはならないのと同じように，それは単なる手段である。建築設計を表現する方法として図面が最も適しているのであって，ほかに絵や模型による表現法もある。

練習方法 はじめから図面が上手に描けなくともよい。絵と同じように，練習と経験によってその技術は習得される。しかし，ある程度の約束は守らないと，人に見せる図面にはならない。はじめに製図の約束ごとを覚えてから，練習にかかる方がよい。建築の製図はいくら上手でも，他の人に自分の設計がわかってもらえなくては意味がないからである。建築をつくるためには，いろいろな人たちが関係する。この多数の人たちに図面を理解してもらうためには，

図面の描き方に共通した表現法がとられる必要がある。これが製図の約束である。

設計者である自分のために描く図面 自分で設計したものを図面化して自分で確かめ直し，手を入れて設計を完成する。この場合は多少わかりにくくても自分でわかればよいけれども，自分で間違わないように，正確に写実的に必要なところだけを描く。この場合，製図をすることが設計行為であるともいえる。

他の人に見せるための図面 自分の設計を他人に理解してもらうためには相手にわかる表現が必要であり，それは相手の人によって多少異なる（建築の専門家＝設計，見積，工事，保守，注文者などの専門外の人たち）。絵画などを使った意志伝達の技術が製図には必要となる。

3-2 製図記号

製図記号は設計における言語である。正しい言語を用いてコミュニケーションを行なわないと誤った情報が伝達されてしまう場合もある。図面を書く設計者の流儀により自己流で製図記号が書かれることがある。関係者が正確なコミュニケーションを行なうためには，自己の流儀，つまり自己流ではなく正しい言語，つまり製図記号を使用する必要がある。

日本ではJIS，国際的にはISOにおいて製図記号が定められている。現在，JISは国際規格であるISOへの改訂作業が行われている。1998，1999年に製図，建築製図関係のJISの改訂が行われた。この改訂の方針はJISとISOとISOをなるべく完全に整合させるというもので，旧JISの内容はほとんどISOの翻訳規格となった。

建築製図のJISは「JIS A 0150：1999 建築製図通則」がある。本書に示した図表は，この「建築製図通則」に掲載されているものである。「建築製図通則」には他の引用JIS（図面，文字［4-5］，尺度，線，寸法の表示）も示されており，本書では建築製図に関係の深いものを中心に掲載した。

3-2 製図記号

表8 線の種類

線の種類		定義	一般的な用途
A	————————	太い実線	A1 見える部分の外形線 A2 見える部分の稜を表す線 A3 仮想の相貫線
B	————————	細い実線(直線または曲線)	B2 寸法線 B3 寸法補助線 B4 引出線 B5 ハッチング B6 図形内に表す回転断面の外形 B7 短い中心線
C D	～～～～～ —\/—\/—\/—	フリーハンドの細い実線 細いジグザグ線(直線)	C1, D1 対象物の一部を破った境界,または一部を取り去った境界を表す線
E F	━ ━ ━ ━ ━ - - - - - - -	太い破線 細い破線	E1 隠れた部分の外形線 E2 隠れた部分の稜を表す線 F1 隠れた部分の外形線 F2 隠れた部分の稜を表す線
G	—・—・—・—	細い一点鎖線	G1 図形の中心を表す線(中心線) G2 対称を表す線 G3 移動した軌跡を表す線
H	━・—・—・━	細い一点鎖線で,端部および方向の変わる部分を太くしたもの	H1 断面位置を表す線
J	━ ・ ━ ・ ━	太い一点鎖線	J1 特別な要求事項を適用すべき範囲を表す線
K	—・・—・・—	細い二点鎖線	K1 隣接する部品の外形線 K2 可動部分の可動中の特定の位置または可動の限界の位置を表す線(想像線) K3 重心を連ねた線(重心線) K4 加工前の部品の外形線 K5 切断面の前方に位置する部品を表す線

表10 線の基本形(線形)

線形番号	線の基本形(線形)	呼び方
1	————————	実線
2	- - - - - - - -	破線
3	— — — — —	一点長鎖線
4	— — — — —	二点長鎖線
5	・・・・・・・・・	点線
6	—・—・—・—	一点鎖線
7	—・・—・・—	二点鎖線
8	—・—・—・—	一点短鎖線
9	—・・—・・—	二点短鎖線

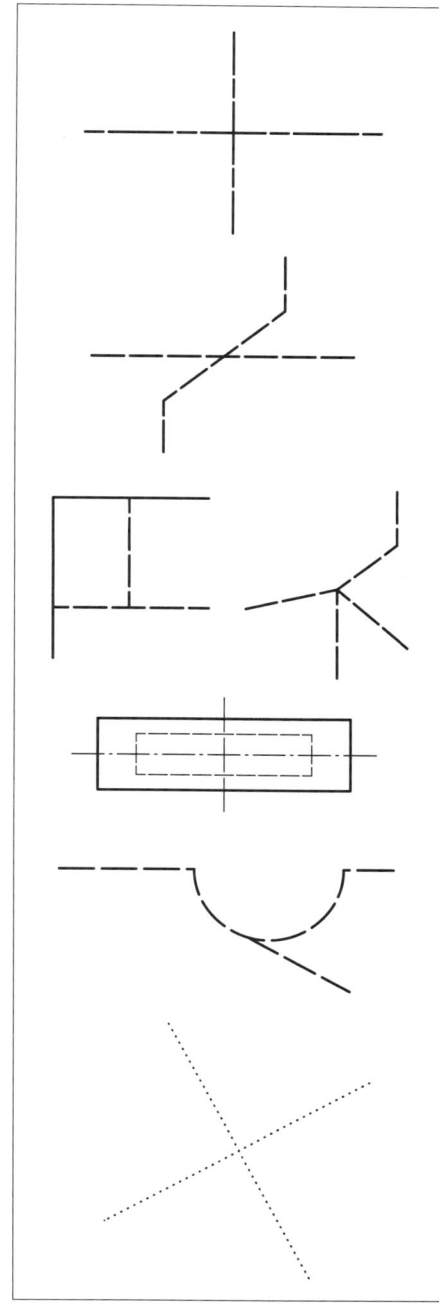

表9 線の交差

表11 線の要素と長さ

線の要素	線形番号	長さ
点	3,4,5,8,9	0.5 d 以下
すき間	2〜9	3 d
極短線	6,7	6 d
短線	2,8,9	12 d
長線	3,4,6,7	24 d

※dは線の太さ。線の太さは下記の通り。
0.13 mm, 0.18 mm, 0.25 mm, 0.35 mm, 0.5 mm,
0.7 mm, 1 mm, 1.4 mm, 2 mm
※極太線,太線および細線の太さの比は,4:2:1

表12 線の構成要素

呼び名	線の構成要素
破線	短線・すき間
一点鎖線	長線・すき間・極短線・すき間
二点鎖線	長線・すき間・極短線・すき間・極短線・すき間
長	長線
短	短線
点	すき間・点・すき間
二点	すき間・点・すき間・点・すき間

3-2 製図記号

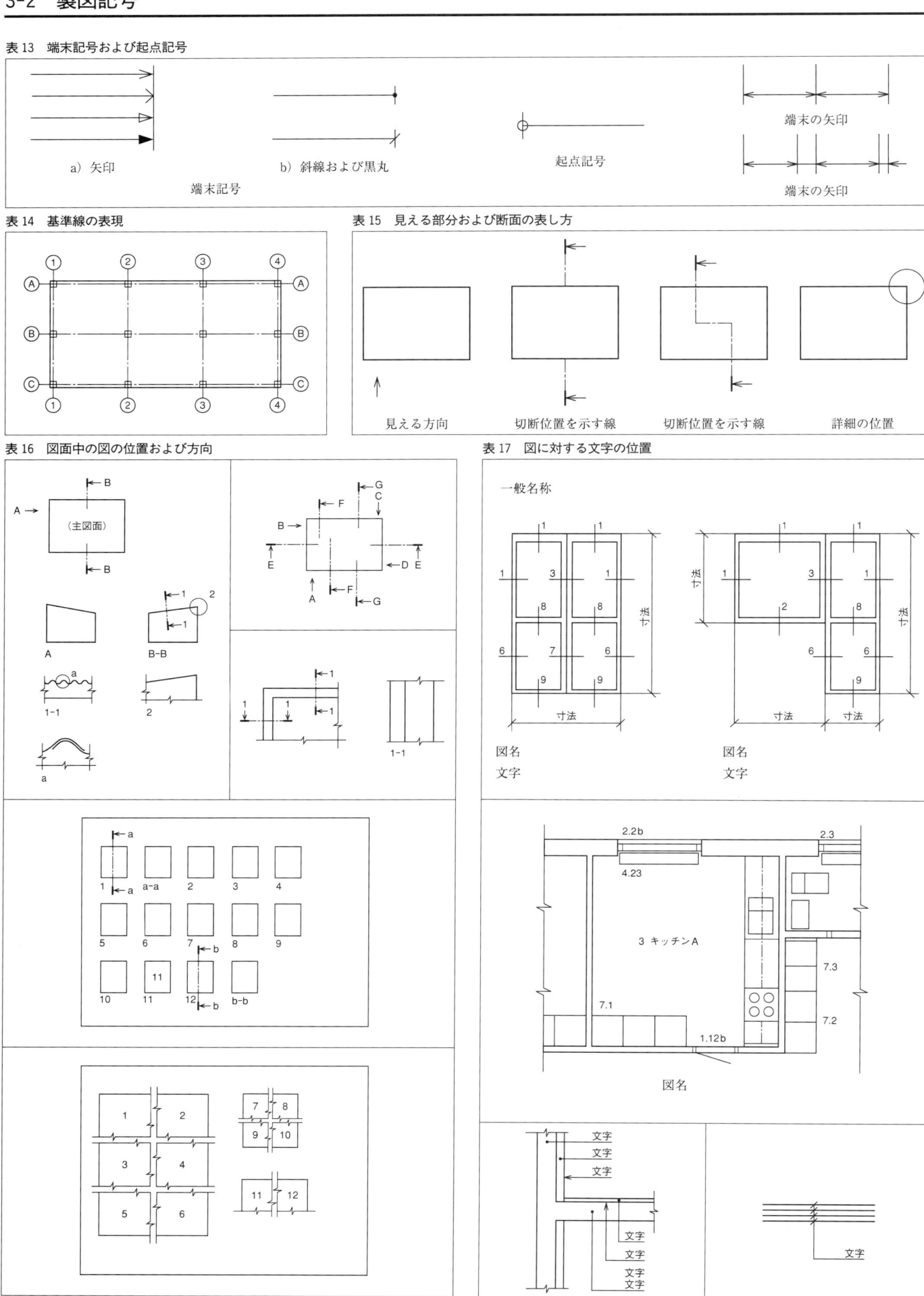

3-2 製図記号

表18 線の種類と表現

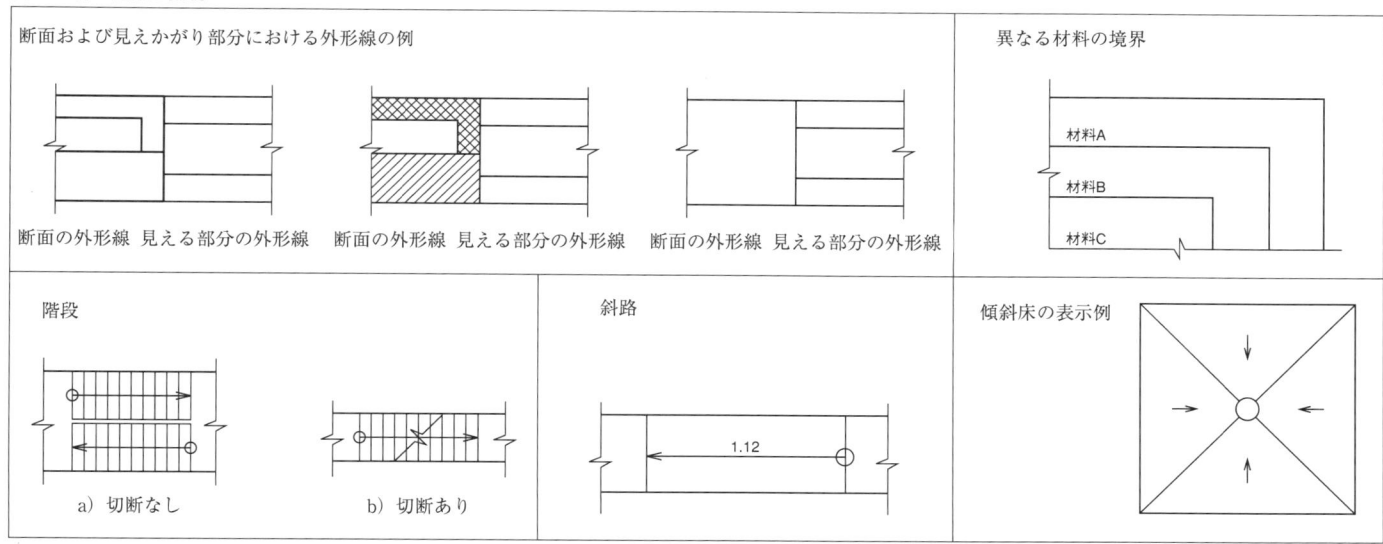

表19 大きな縮尺の平面図における戸および窓の例

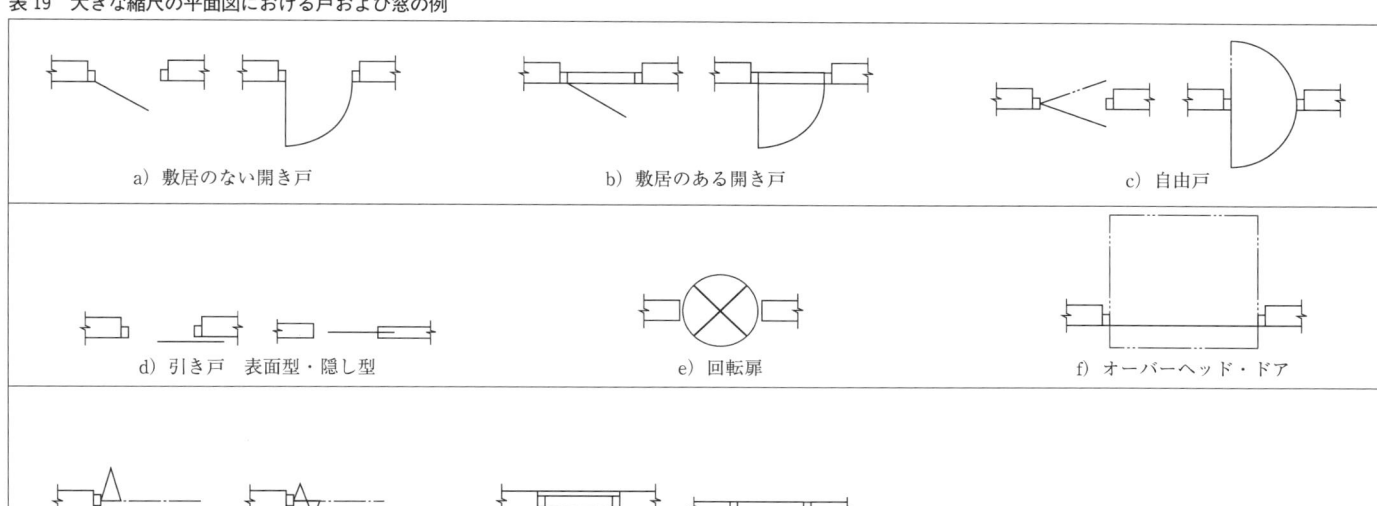

表20 小さな縮尺の図における戸および窓の例（慣行的な表現）

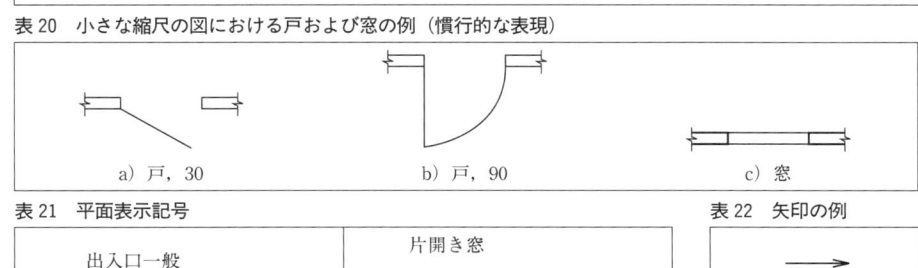

表21 平面表示記号

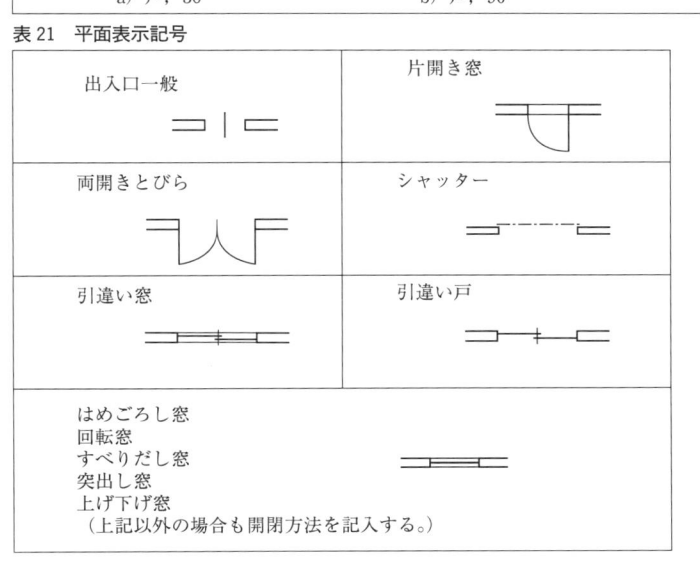

表22 矢印の例

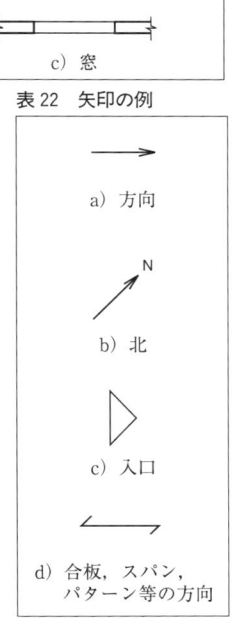

表23 つり天井，開口，穴およびくぼみ

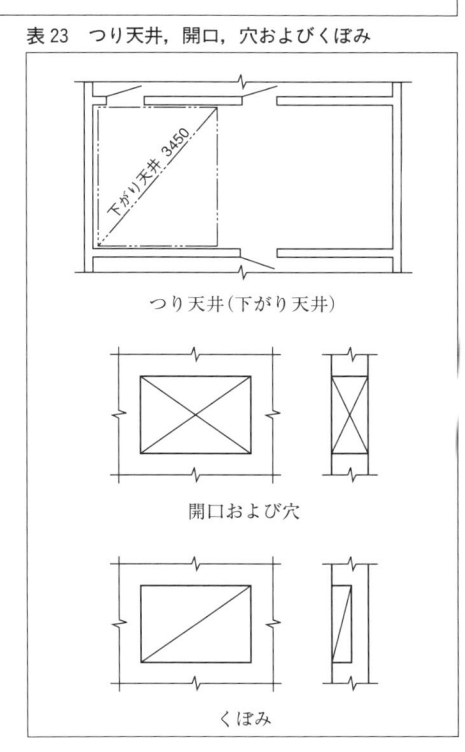

3-2 製図記号

表24 材料構造表示記号表（JIS）

表示事項	縮尺1:100または1:200程度の場合	縮尺1:20または1:50程度の場合（縮尺1:100または1:200程度の場合でも用いてよい）	現寸および縮尺1:2または1:5程度の場合（縮尺1:20, 1:50, 1:100または1:200程度の場合でも用いてよい）	表示事項	縮尺1:100または1:200程度の場合	縮尺1:20または1:50程度の場合（縮尺1:100または1:200程度の場合でも用いてよい）	現寸および縮尺1:2または1:5程度の場合（縮尺1:20, 1:50, 1:100または1:200程度の場合でも用いてよい）
壁一般				割栗			
コンクリートおよび鉄筋コンクリート				砂利, 砂		材料名を記入する	材料名を記入する
軽量壁一般				石材または, ぎ石		石材名またはぎ石名を記入する	石材名またはぎ石名を記入する
普通ブロック壁／軽量ブロック壁			実形をかいて材料名を記入する	左官仕上		材料名および仕上の種類を記入する	材料名および仕上の種類を記入する
				畳			
鉄骨				保温, 吸音材		材料名を記入する	材料名を記入する
木材および木造壁	真壁造 管柱, 片ふた柱, 通柱／真壁造 管柱, 片ふた柱, 通柱／大壁 管柱, 間柱, 通柱／（柱を区別しない場合）	化粧材／構造材／補助構造材	化粧材（年輪または木目を記入する）／構造材／補助構造材／合板	網		材料名を記入する	メタルラスの場合／ワイヤラスの場合／リブラスの場合
				板ガラス			
				タイルまたはテラコッタ		材料名を記入する	材料名を記入する
地盤				その他の材料		輪郭をかいて材料名を記入する	輪郭または実形をかいて材料名を記入する

3-3 図面について

表25 意匠図面

図面名称	縮尺	内容
表　　　紙	――	作品名，設計者名，設計期日を記入する．
建築概要書	――	建物の規模，階数，構造，設備の概要．
仕　様　書	――	工法や使用材料の種別・等級・方法，メーカーなどを表示．
面　積　表	――	建築面積，延床面積，建ぺい率，容積率などを記入．
仕　上　表	――	外部・内部の表面仕上材や色彩などの指示．
案　内　図	1：500〜3000	敷地環境・都市計画的関連，方位，地形など．必ず北を上にする．
配　置　図	1：100, 200, 500	建物のプロット，アプローチ，庭園樹木などを記入する．
平　面　図	1：50, 100, 200, 300	部屋の配置を平面的に示したもの．家具や棚なども記入することがある．
立　面　図	1：50, 100, 200, 300	建物の外観，普通は東，西，南，北の4面．隠れた部分は別図で示す．
断　面　図	1：50, 100, 200, 300	建物の垂直断面で，主要部を2面以上つくる．垂直寸法関係を示す．
矩　計　図	1：20, 30, 50	建物と地盤，垂直方向の各寸法の基準や基準詳細を示す．
詳　細　図	1：5, 10, 20, 30	出入口，窓，階段，便所，その他主要部分の平面・断面・展開などの詳細な納まりを示す．
展　開　図	1：20, 30, 50, 100	各室の内部壁面の詳細．北から時計回りに描く，設備関係の取付けも併せて示す．
天井伏図	1：50, 100, 200, 300	天井面の仕上材，割付，照明の位置など記入．
屋根伏図	1：50, 100, 200, 300	屋根面の見おろし図，形状，仕上げ，勾配などを示す．
建　具　表	1：30, 50	建具の詳細，付属金物，数量，仕上げを示す．
現　寸　図	1：1	実物大の各部取合い，仕上げの詳細を示す．原寸図とも描く．
透　視　図	――	雰囲気や空間の構成を理解しやすいように絵で表現したもの．アイソメトリックで表すこともある．
日　影　図	1：100, 200, 300	冬至における日照状況を描く．建築基準法で定められた方法によること．
積　算　図	――	コストプランニングや工事概算など，工事費の見積りなど．

表26 構造図面

図面名称	縮尺	内容
仕　様　書	――	特記事項の記入，構造概要・工法・材料などの指定．
杭　伏　図	1：100, 200	地質調査結果との関係，位置・大きさなどを示す．
基礎伏図	1：100, 200	基礎の形状などを示す．
床　伏　図	1：100, 200	床材の位置・大きさ・形状などを示す．
梁　伏　図	1：100, 200	梁材の位置・大きさ・形状などを示す．
小屋伏図	1：100, 200	小屋梁，材料の大きさ，位置，構法などを示す．
軸　組　図	1：100, 200	柱・間柱などの垂直架構材を主に示す．
断面リスト	1：20	柱・梁・床・階段などの断面リスト，詳細を示す．
矩　計　図	1：20, 50	柱・梁の垂直方向の架構詳細図．
詳　細　図	1：5, 10, 20	架構部分の構造別詳細，階段など．
構造計算図	――	構造設計図の根拠となるもの，強度の計算．

表27 設備図面

図面名称	縮尺	内容
仕　様　書	――	設備のシステムや工法・材料，メーカーなどの指定．
電気設備図	1：100, 200	盤結線図，配置図，系統図，平面図，各部詳細図，機器・器具一覧表
給排水衛生設備図	1：100, 200	計算書，配置図，系統図，平面図，各部詳細図，機器・器具一覧表
空調設備図	1：100, 200	熱計算書，配置図，系統図，平面図，各部詳細図，機器・器具一覧表
ガス設備図	1：100, 200	配置図，系統図，平面図，各部詳細図，機器・器具一覧表
防災設備図	1：100, 200	配置図，系統図，平面図，各部詳細図，機器・器具一覧表
昇降機設備図	1：20, 100	平面詳細図・断面図・機器表など．

3-3 図面について

設計活動の中で，図面の作成がかなり重要な部分であることは知ってのとおりである．それでは図面の目的とはどんなことであろうか．

設計プロセスをたどって考えてみると，まず構想する際に，われわれはイメージを図面化することでそれを確実なものにしようとする．さらに，それをもとに検討を加え，さらに適切なものへと高めてゆく．このような図面は，いわば思考を固定するための手段として機能しているといってよい．また設計プロセスで図面がもう一つ別の機能をもっていることも明らかである．

すなわち設計活動はあるコミュニケーションのパターンの上で進められており，そこで，二者以上の間で意思伝達のための手段として図面が用いられているということである．

したがって図面の表現も以上いずれかの機能を果たすようにすればよい．しかし，そのために図面が常に最も優れた手段であるとは限らない．たとえば，立体的な縮尺模型や，ダイアグラムあるいは記述の方が都合のよいこともある．

図面表現に縮尺による投影図が用いられるのは，製図しやすいことと，対象物との対応をかなり保つことができるからである．建築物のように対象が大きな場合は，全体と部分，またそれぞれについて表面と断面を描けば原則として図面化されよう．これについて実際によく見受けられる図面構成の例を表に挙げておく．

4 設計の道具・文字

4-1 紙とその種類

A判の紙の寸法

列並番号	寸法(単位：mm)
A 0	841×1189
A 1	594×841
A 2	420×594
A 3	297×420
A 4	210×297

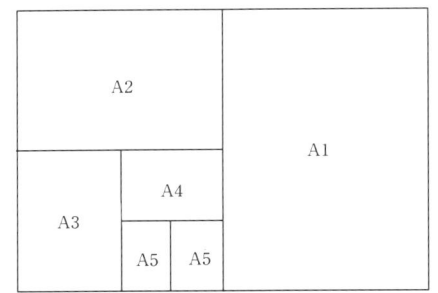

A判の大きさ

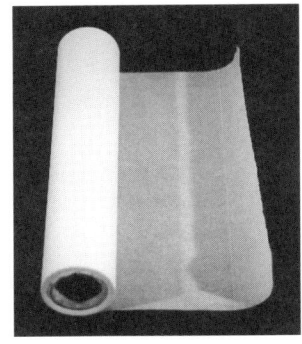

ロールトレペ

紙の種類とその用途

		色	性　質
クロッキー帳		白	紙質としては薄く，こしがあり鉛筆などによるデッサンに適している．水彩画には紙が薄く，使えない．
スケッチブック		白	厚手の紙を使用し，鉛筆，木炭などによるスケッチにはもちろん，水彩画にも適している．
トレーシングペーパー(トレペ)	ロール	白	表面は滑らかで，裏面にざらつきがある．半透明の用紙のため，重ねてトレースしたりする事が可能である．建築界ではスケッチ用，下書きから仕上げまで最もよく使われる用紙である．また，青焼き(透過印刷)の原版として使われ，何枚も複製できる．
		黄	
	方 眼	白	
	規格サイズ	白	
		黄	
	縁付き	白	
ケント紙		白	表面に特殊加工が施され，インキングや鉛筆書きに適している．しかし逆に水彩着色の場合は水を弾くため，ムラになりやすく適していない．製図用として広く使われている用紙である．
水彩紙		白	水彩画専用に作られ，乾燥後は紙が波打つことはない．発色性や吸水性にすぐれている．ボード化されたイラストボードもある．
その他			キャンソン紙，パッド紙，パステル用紙，コピー紙，和紙

クロッキー帳

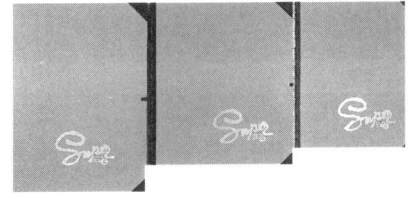

スケッチブック

建築の設計，スタディやプレゼンテーション表現等を行なう前には必要な製図道具をそろえておく必要がある。

スケッチによってスタディを行なったり図面を引いたりする道具としては，紙や鉛筆等描くに当たって直接必要な基本的道具のほかに，平行定規・Ｔ定規や三角定規，テンプレートなどの描く補助的道具，それに机となる製図板，製図台が挙げられる。

図面やパース等のプレゼンテーションをする道具として，色鉛筆や絵の具，オーバーレイ等様々な仕上げをする道具がある。また最近ではコンピューター(CAD)を用いたような技術によって，一般的な図面(2次元表現)からパースのような立体的図面(3次元表現)まで手書きによらない方法も広く用いられるようになってきた。

しかしながら，手書きによるスケッチ図面やフリーハンドのパースは初期のスタディからプレゼンテーションまであらゆる段階で必要とされる基本的な技術として身に付けておかなければならない。

設計の意図を伝えるためにプレゼンテーションは大切である。その際には，文字の種類や色，オーバーレイ等の加工によって見栄えや印象が変わってくるので様々な工夫が求められる。

また，CADが発展し3次元空間を表現しやすくなってきたとはいえ，模型によるスタディやプレゼンテーションにはかなわない。

それゆえ，設計した建築を立体的な模型として製作し表現することは，極めて重要な道具であると位置付けられる。

4-1 紙とその種類

紙の大きさは，JIS(日本工業標準規格)によって定められている。Ａ０判が面積１m²で二辺の比が１：√2となっている。これを折半してゆけばＡ１，Ａ２というように次の判の大きさになる。

紙質には多くの種類があり，様々な分野で用途に応じて使い分けられているが，ここでは建築でよく使われるものを紹介している。紙の性質などの違いを普段から覚えておくと状況に応じた紙の使い分けができる。紙は設計の道具として欠かせないものであり，アイディアや工夫次第で幅広い用途に対応できる。書くための道具としてばかりでなく，使い方によっては，模型などの壁面の感じを紙の特徴的なテクスチュアで表現することもできる。

4-2 描く・消す道具

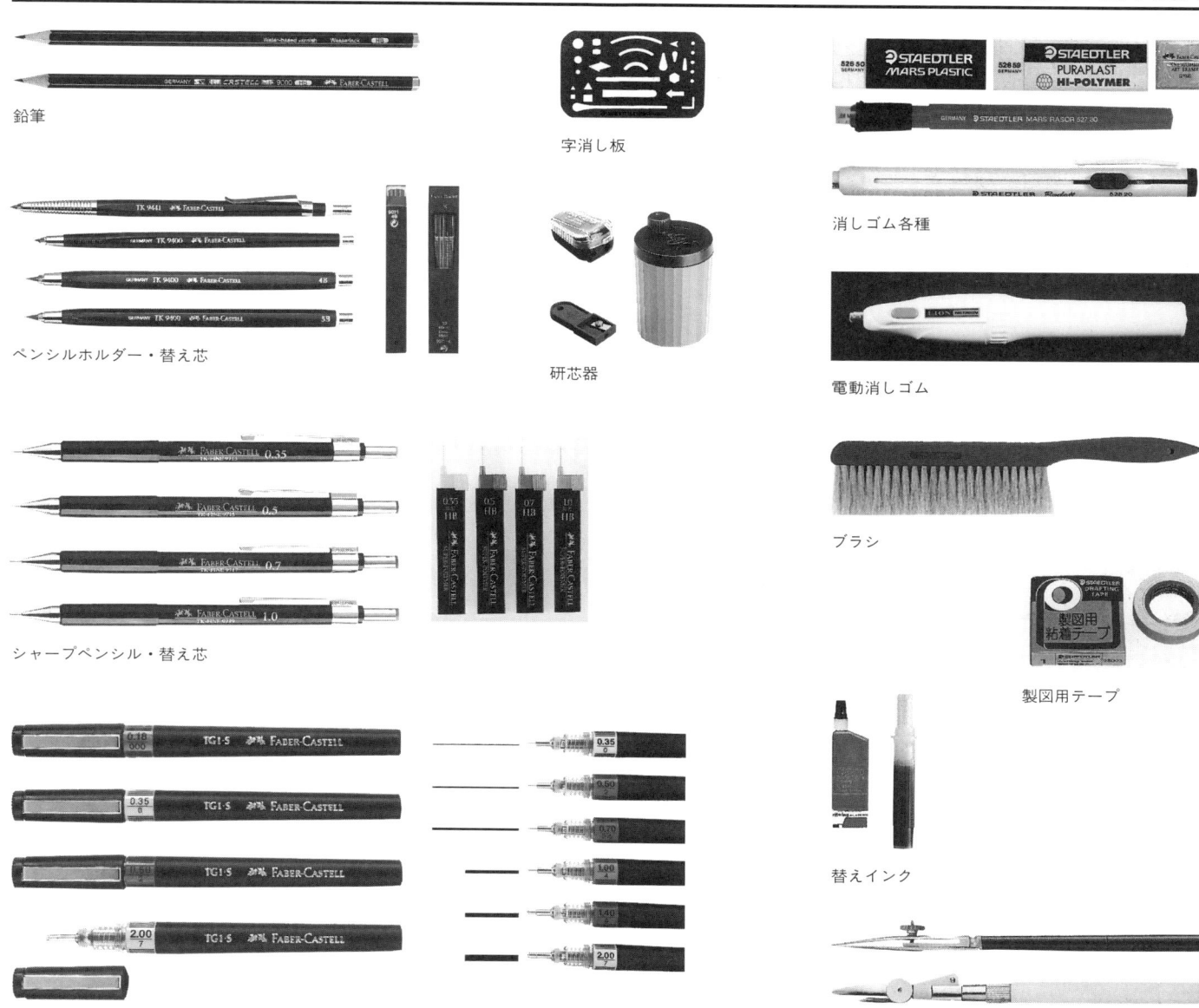

鉛筆

ペンシルホルダー・替え芯

シャープペンシル・替え芯

インキングペンとその太さ

字消し板

研芯器

消しゴム各種

電動消しゴム

ブラシ

製図用テープ

替えインク

烏口

4-2 描く・消す道具

鉛筆 鉛筆は製図用の上質のものを使用する。一般にHB，2H，4Hの3種類くらいの段階で，実線・補助線を使いわけるようにする。スケッチなどには2Bぐらいの柔らかいものを使う。

また芯を替えられるペンシルホルダーもよく利用されている。太さの異なった芯を使いわけるシャープペンシルタイプも利用され，芯が替えられる。

線は長いものでも，均一の太さ，濃さで描けるように練習しなければならない。肘から先，腕全体を自然に動かし，紙上をいつも同じ傾きで回転させながら，定規に接して鉛筆を走らせ，図面全体を統一した格調あるものに仕上げることが必要である。

インキングペン 一定の太さの線が描けるもので，ペン先とインクカートリッジが一体のものと交換可能なタイプがある。線の太さに応じてペンを選択する。烏口に比べ誰にでも使用できる。

烏口 図面を墨入れ仕上げ（インキング）にするときに必要な器具で，先端が鳥のくちばしのような形になっている。この2枚の刃の先の開きが，ねじによって調整できるようになっており，この間に墨または製図用インクを少量ずつさして使用する。烏口を使用するときは，図面に垂直に立てて使用する。

字消板 スチール製の薄い板に何種類かの形が繰り抜いてあるもので，図面の局部のみを訂正する際に，この板をあてがって消しゴムを使用する。

消しゴム いくつかの種類がある。比較的大きな部分や，柔らかな線で描かれた所には，柔らかな消しゴム，硬い線やごく小部分を消すのにはやや硬めのものや砂ゴムなどがよい。

ブラシ 図面上の消しゴムのくずやほかのごみをはらうのに，羽ハケとか毛ハケを用いて，図面を汚さないようにごみを取り除く。

研芯器 芯を削る道具で，大別して鉛筆用とペンシルホルダー用の2種類がある。手で回して芯を削るものから電池式のものまで多種類がある。

4-3 製図の道具

製図板の大きさ　　　　　（単位：mm）

特大版	1200×900×30
大版	1050×750×30
中版	900×600×30
小版	600×450×30

平行定規

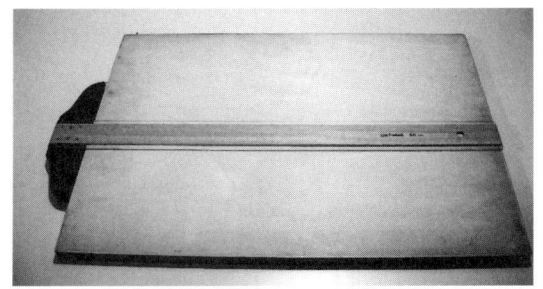
製図板とT定規

製図機械／ドラフター

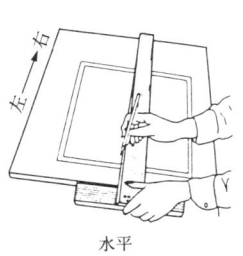
製図板の使い方

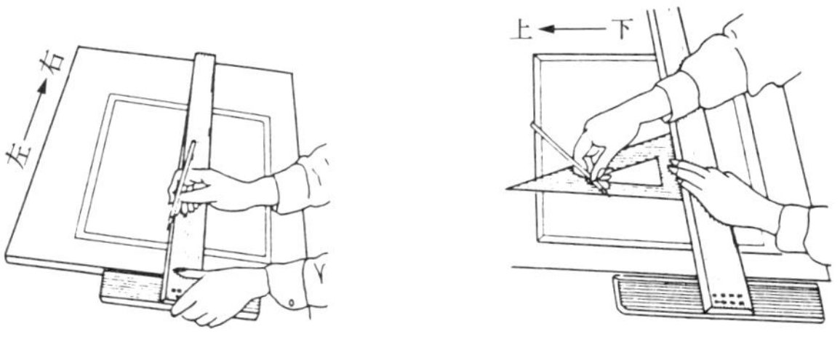

CAD：パソコン（右）とプロッター（左）

4-3 製図の道具

製図板　製図板は長方形で，各辺は互いに正しい直線で直角に交わっている。材質はヒノキ，ホオ，カツラなどが使用される。縁にはT定規がすべりやすいようにサクラが使われる。近年では，シナを表面に用いた合板のものが狂いも少なく，軽量のため多く使われている。製図板を選ぶときには，縁の凹凸，直角，表面の波打ちなどのないものを選ぶことが大切である。

T定規　T定規は平行な直線を引くのに用いられるもので，T字形の頭の部分を製図板の縁に沿わせて使用する。この頭部が固定されたものと，ねじで留められていて角度を変えることができるようになっているものとがある。定規の長手の部分で，鉛筆のあたる縁が，プラスチック製のものと木でできているものとがある。プラスチック製のものの方が，下が透けて見えるので使いやすいようである。T定規は図面上をずらして使用するので，図面を汚さないために定規の裏面をきれいに保つことが必要である。

平行定規　T定規の長手の部分を使用し，ピアノ線と滑車を使用して図板に取り付けたもので，平行線を描くのに便利である。角度も調整できるようになっており，建築の図面のように直線の平行線の多い図面を描くのに適している。製図板の上に自分で取り付けられる簡単なものと，あらかじめ製図板と一体的に装置され磁性を持ったものがある。A2サイズのものは持ち運びが可能で，一級建築士製図試験にも持ち込み可能である。

製図機器／ドラフター　T定規，三角規，スケールの機能を組み合わせたもので，機械製図のような細かい製図にたいへん便利なものである。建築の製図にも使われているが，長い直線を引くときには，線をつながないと描ききれないという難点がある。現在では，ほとんど利用されていない。

CAD　Computer Aided Designの略。コンピューターを用いて2次元図面や3次元の立体的な図面をつくりだす。T定規や三角定規といった従来の基本的なグリッドパターンによらない自由な曲線や曲面を設計するのには大変便利な道具で，コンピューターを用いた設計の発達によって，これまでは大変難しいとされた造形も可能になった。また，コンピューターをネットワーク化して，お互いの情報をやりとりしながら違った場所や時間でも設計が行われるようになってきた。こうした点は，今後の設計チームの形成や国際化の進展に伴ってますます注目されることになるだろう。さらに，設計段階から建設現場における施工図レベルまで一貫してコンピューターを利用することで，関連した設計や工事においても間違いのないスムーズな設計・監理が目指されるようになってきた。

プリンター　コンピューターに入力した図面や文字などのデータを印刷して出力す

4-3 製図の道具

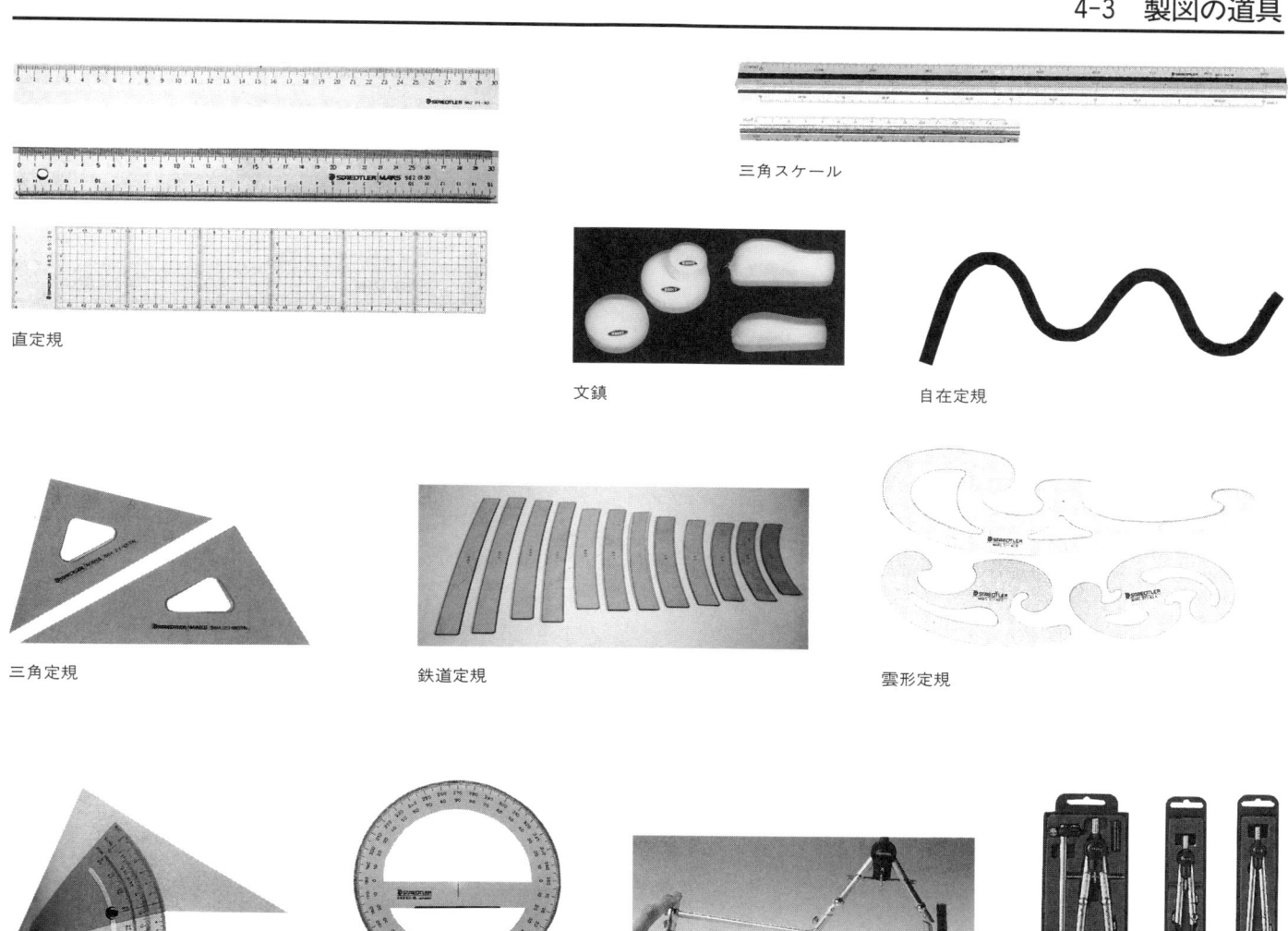

直定規　三角スケール　文鎮　自在定規　三角定規　鉄道定規　雲形定規　勾配定規　分度器(円)　ビームコンパス　コンパス

るための機械装置。エレクトロニクスの技術の発達により，最近ではカラープリンターも広く建築の図面表現に使われるようになってきた。インキングペンその他の筆記用具を用いて図面を描くプロッター式のプリンターからレーザー技術を応用したレーザープリンターまで各種の方式がある。用紙も規格化されたサイズのものとロール式のものとがある。コンピューターによる設計や図面表現には欠かせない道具である。

三角定規と勾配定規　三角定規は，30度と60度，90度と45度，の2枚が一組になっている。大きさはいろいろなものがあるが，大小2組を用意すると便利であろう。材質は，最近ではプラスチック製のものが主流である。定規を選ぶときには，反ったり，角度の不正確なものを避け，また厚さにも留意して選ばなければならない。

また，一部が可動になっていて，角度の変えられる勾配定規もある。三角定規もT定規と同様，図面を汚さぬように，きれいに保つことが必要である。

雲形定規・自在定規・鉄道定規　これらの定規はいずれも曲線を描くための定規である。雲形定規は各種の曲線を組み合わせた定規で，数枚で一組になっている。材質はプラスチックと木製とがある。描きたい線がぴったり合うとは限らないので，ヤスリで削って使用することもある。自在定規は鉛とセルロイドとが組み合わされてできており，比較的大きな曲線を自由な形で求めることができる。鉄道定規は，3cmから500cmまでの半径の円弧の一部を木片またはプラスチックで用意してあるものである(50枚組，90枚組，100枚組)。作図した曲線には，円の中心や半径を明記しておくことが大切である。

スケール(物指)　多く竹製で，両側に目盛がつけてあるものが使用されている。断面が正三角形状で，各面に1：100，1：200，1：300，1：400，1：500，1：600までの縮尺で目盛がつけられている物指がある。こ

れを普通，三角スケールといっており，縮尺に応じて寸法をすぐに計れるので便利である。30cmと15cmのものの両方を用意して，図面に合わせて使い分けると便利である。

コンパス　円を描く器具で，大，中，小の種類があり，描く円の大きさに従って，適当なものを用いる。特に大きな円を描くために「ビームコンパス」というものがあり，針と芯を別々に他の定規などに，取り付けて描くようになっているものもある。どれもアダプターを用いてインキングペンを取り付け使用することができる。

文鎮　製図用文鎮には円形のもの魚形のものなどがあって，いずれも鉛を革で包んだものである。

自在定規を用いるときには，よく魚形の文鎮(頭にフックのついたもの)で定規を固定して使用することが多い。

分度器　主に角度を計るのに用いるが，地図上で方角を見るうえでも役立つ。

4-3 製図の道具

各種のテンプレート

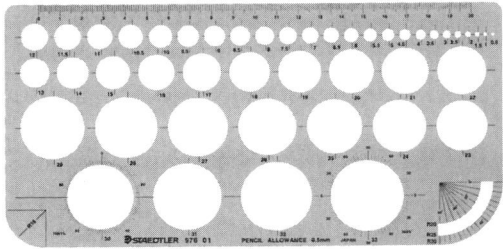

円

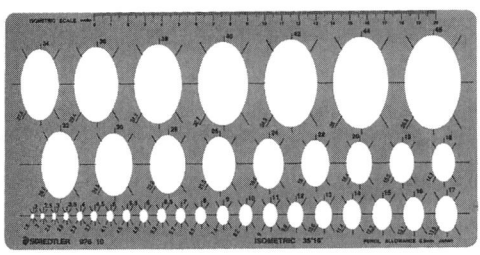

楕円

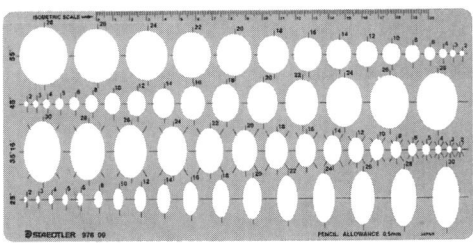

総合楕円

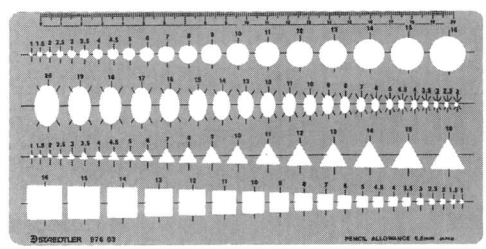

複合

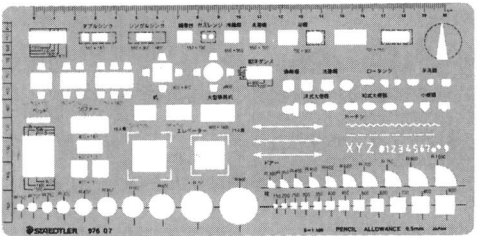

家具

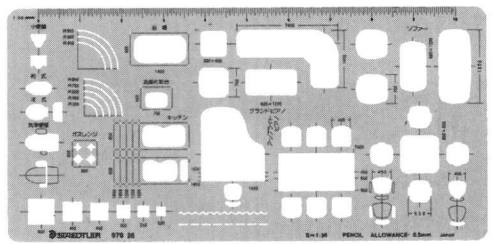

家具

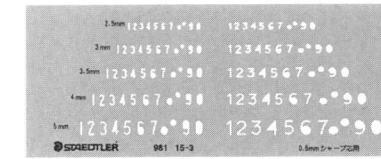

アルファベット　　　数字

カタカナ

テンプレート（型板）　薄いセルロイド板に，いろいろな型を打ち抜いたもので，その内側に鉛筆やインキングペンなどの筆記用具を当てて描く道具である。

基本図形のテンプレート　最も典型的で広く使われているものが通称「丸抜き」と呼ばれる円のテンプレートで，大きさの異なった円がいくつも打ち抜かれ，直径が示されている。これを使って例えば開き戸の軌跡を描いたりする。他にも楕円・三角形・長方形といった各種の基本図形が繰り抜かれているものがある。これらは図面を描くときに，いちいちコンパスや定規などを使用しなくとも，描こうとする図形にあった型板をあてがって線を引けばよく，図面の制作速度を早めることができる便利な道具として広く用いられている。

文字・数字のテンプレート　アルファベットが各種の大きさで大文字，小文字の形がくり抜かれており，これも図面にあてて文字を書き込むのにたいへん便利である。同じく数字やカタカナの型板も同様な方法で使われる。

衛生陶器のテンプレート　便器や洗面器など衛生陶器の型が1：100，1：50といった縮尺でくり抜かれたものがそれらの製造業者からカタログとともに出されている。これもまた型板であって製図の際に利用価値の高いものである。

家具のテンプレート　テーブルやいすなどの家具配置，ピアノなどをくり抜いた型板もある。このような型板はまだいろいろなものについて考えられる。いずれにしても，型板は製図の手間をはぶき，均等な図面のタッチに仕上げるのに有効な道具である。コンパスやフリーハンドなどによる図面表現のバラツキを少なくし，統一感のある図面効果をあげることにも役立つ。

4-4 仕上げの道具

色鉛筆　多くの種類のものが市販されているが，色鉛筆には絵画的な着色に適している芯の柔らかいものと，線引きに適した芯の硬いものがある。油性のものが一般的

4-4 仕上げの道具

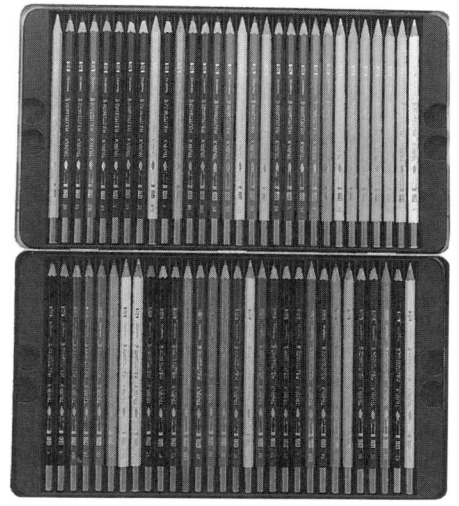
色鉛筆

パステル

絵の具

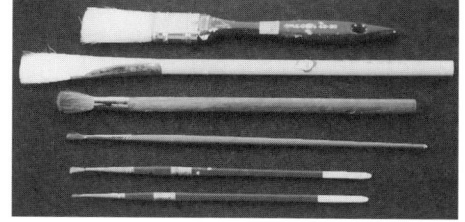
各種筆

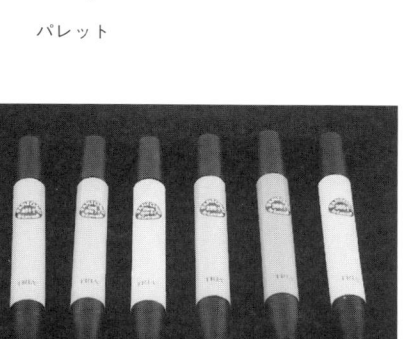
パレット

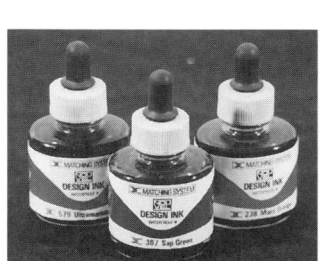
エアーブラシ用インク

エアーブラシ

マーカーペン

であるなか，前者にはさらに水溶性のものもあり，着色後に水で絵の具のようにのばすことができる。

パステル　クレヨンの一種で，鉛筆よりも濃淡を強く表現できる。色も豊富でパステル調といわれている。元来クロッキーやデッサン用につくられたもので柔らかく，細かい着色には適さない。使いこなすのは難しく，高度なテクニックが要求される。パステルは定着性がないので，最後にフェキサチーフ（定着液）を吹き付ける必要がある。

絵の具　大きく分けて透明水彩，不透明水彩の二つの種類がある。透明水彩は下書きの鉛筆などのタッチを生かしたみずみずしい発色効果がある。下書きの線などを生かして淡い表現をしたいときに好んで使われる。

一方，不透明水彩はしっかりとした色合いの表現に向いている。2色塗り重ねたときには，下の色が消えるという特色があり，一度描いた上にも塗り直しがきく。ただし，下書きの線も絵の具が重なると見えなくなってしまうために，この点に注意して使う必要がある。

筆・パレット　筆にも様々な種類があるが，主に広い面を塗る平筆と細い線などを描く丸筆に分類できる。それぞれ毛の幅・長さ・太さ種類が多いので，用途によって使い分ける必要がある。

パレットは絵の具を混ぜる部分の大きいものを選ぶと重宝する。

マーカー　イラスト用のマジックインクで，多くの色とソフトなペン先を持つ。水溶性のものはインクや鉛筆の上からでもにじまずに描くことができる。

エアーブラシ　着色剤を空気やガスの圧力によって霧状に吹き出して着色する。グラデーションを出すためには効果的な道具である。色も混合することにより様々な色が作れる。

吹き付けは画面以外の面には，マスキング用の薄いフィルムを当てて，色が必要以外の所に散らない準備が必要である。しかし，狭い範囲の着色に向かない。

4-5 文字の種類と大きさ

ローマ字，数字および記号（A形書体（$d=h/14$））　　　（単位：mm）

区分		比率	寸法						
文字の高さ									
大文字の高さ	h	$(14/14)h$	2.5	3.5	5	7	10	14	20
小文字の高さ	c	$(10/14)h$	—	2.5	3.5	5	7	10	14
（柄部または尾部を除く）									
文字のすき間	a	$(2/14)h$	0.35	0.5	0.7	1	1.4	2	2.8
ベースラインの最小ピッチ	b	$(20/14)h$	3.5	5	7	10	14	20	28
単語間の最小すき間	e	$(6/14)h$	1.05	1.5	2.1	3	4.2	6	8.4
文字の線の太さ	d	$(1/14)h$	0.18	0.25	0.35	0.5	0.7	1	1.4

備考　たとえば，LAおよびTVのような2文字間のすき間 a は，見栄えがよくなるならば，半分に縮小してもよい。この場合，線の太さ d に等しくする。

ローマ字，数字および記号（B形書体（$d=h/10$））　　　（単位：mm）

区分		比率	寸法						
文字の高さ									
大文字の高さ	h	$(10/10)h$	2.5	3.5	5	7	10	14	20
小文字の高さ	c	$(7/10)h$	—	2.5	3.5	5	7	10	14
（柄部または尾部を除く）									
文字のすき間	a	$(2/10)h$	0.5	0.7	1	1.4	2	2.8	4
ベースラインの最小ピッチ	b	$(14/10)h$	3.5	5	7	10	14	20	28
単語間の最小すき間	e	$(6/10)h$	1.5	2.1	3	4.2	6	8.4	12
文字の線の太さ	d	$(1/10)h$	0.25	0.35	0.5	0.7	1	1.4	2

備考　たとえば，LAおよびTVのような2文字間のすき間 a は，見栄えがよくなるならば，半分に縮小してもよい。この場合，a は線の太さ d に等しくする。

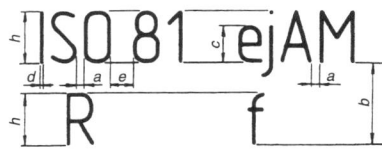

ローマ字，数字および記号の大きさ

漢字，仮名の大きさ　　　（単位：mm）

	高さの比率	文字の高さ h						線の太さ d
漢字	1.4	3.5	5	7	10	14	20	—	$(1/14)h$
仮名	1	2.5	3.5	5	7	10	14		$(1/10)h$
ローマ字，数字および記号	1	2.5	3.5	5	7	10	14	20	$(1/14)h$ $(1/10)h$

「ゅ，っ」などの小書きの仮名は，大きさの比率を0.7とする。
文字間のすき間 a は，文字の線の太さ d の2倍以上とする。
ベースライン(行)の最小ピッチ b は，用いている文字の最大の高さ h の14/10とする。

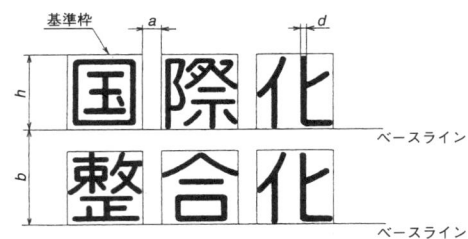

漢字の大きさ，線の太さおよび文字間のすき間（$h=14$ mmの例）

平仮名の大きさ，線の太さおよび文字間のすき間（$h=10$ mmの例）

片仮名の大きさ，線の太さおよび文字間のすき間（$h=10$ mmの例）

A形直立対文字の書体

ABCDEFGHIJKLMNOP
QRSTUVWXYZ
aabcdefghijklmnopq
rstuvwxyz
[(!?.,"-=+×·√%&)]ø
0123456789 ⅠⅤⅩ

注1) a および7の字形は，いずれもレタリングの規定に一致している。

4-5 文字の種類と大きさ

建築製図では，文字について，「JIS A 0150：1999建築製図通則」で定めている。しかしこの「建築製図通則」により独自に建築の文字に関して規定しているのではなく，「JIS Z 8313-0, 1, 2, 10」の引用規格となっている。

ローマ字，数字および記号

ローマ字，数字および記号は「JIS Z 8313-1：1998製図-文字-第1部：ローマ字，数字および記号」において規定されている。これは「ISO 3098-1：1974」の翻訳規格であり，グローバルスタンダードであるといえる。

表に示しているように，大文字の高さ h の標準値が2.5，3.5，5，7，10，14，20 mmと定められており，この h を大きさの基準として各種寸法が設定されている。文字の太さにより，A形書体（$d=h/14$）とB形書体（$d=h/10$）の二つの書体があり，さらにそれぞれ直立体と斜体（右へ15°傾けたもの）がある。本書に例示したのは，A形直立体文字の書体である。

平仮名，片仮名および漢字

平仮名，片仮名および漢字は「JIS Z 8313-10：1998製図-文字-第10部：平仮名，片仮名および漢字」において規定されている。これは日本独自の規格であり，ISOには規定はない。これらも英数字と同様に大きさが定められている。

4-6 オーバーレイ

オーバーレイの種類

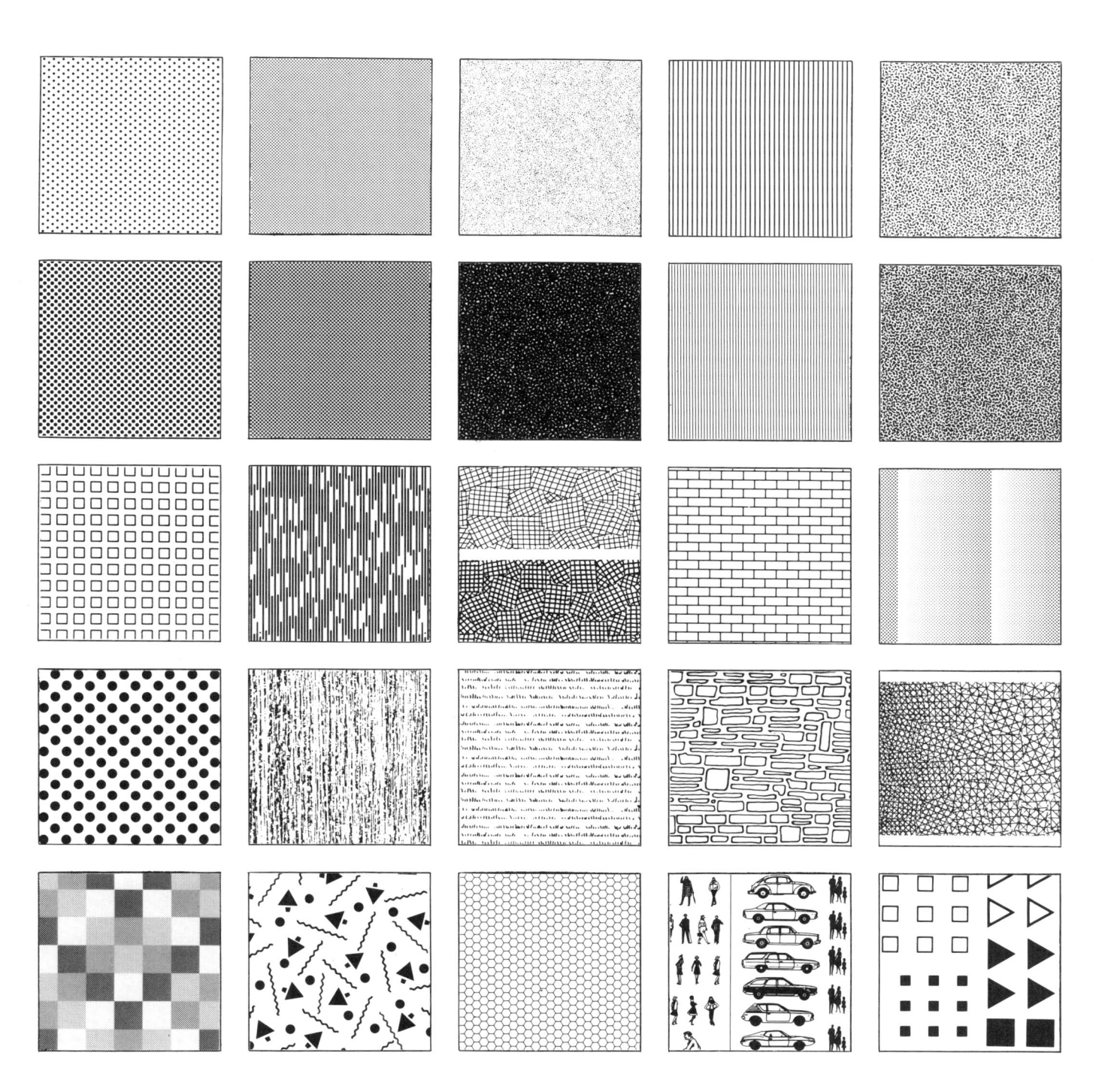

4-6 オーバーレイ

オーバーレイ，アンダーレイ いずれも製図の手間を省き，図面効果をあげるものである。

オーバーレイは，裏面に強い接着性を持った薄い透明のフィルムにいろいろな模様が印刷されていて（縞模様，れんが模様，点模様，樹木模様など），それを適当な大きさに切って，図面の上に張りつけて用いる。工業用写真にとれば，図面にその模様が写し出されるようになっている。

また，各種の大きさの文字（ABC 等のアルファベットや数字など）が印刷されたものもあり，それを図面に上からなぞりながら張り付けるようになっているレタリングシートもある。小さな文字のレタリングなどに用いると効果的である。

アンダーレイは，同じように薄い紙に模様・器具などが印刷されてあるものを図面の下に敷いて，それをトレースして図面にするようになっているもので，これも製図の手間をはぶき，図形の統一などに役立っている。

こういったものは，いろいろなものがあるのでカタログで見たり，実物を直に見て目的に応じたシートを選ぶ方が良い。人物や車，木，矢印など各種のものが用意されている。

4-7 模型の材料と道具

スチレンボード

発泡スチロールブロック
（スタイロフォーム）

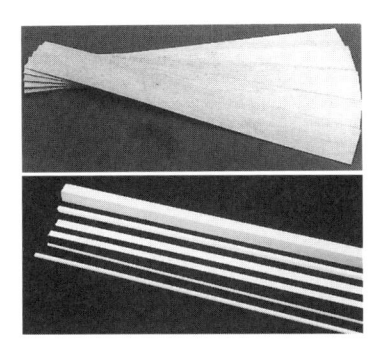

木材（バルサ，棒材）

スチレンペーパー

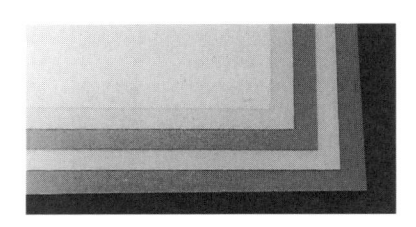

スノーマット，ゴーデンボード

のり付きパネル

コルク（シート，ブロック）

加工済み材料

塩化ビニール板，プラスチック板

かすみ草

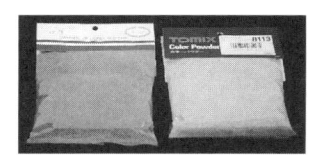

パウダー

パネル（模型台）

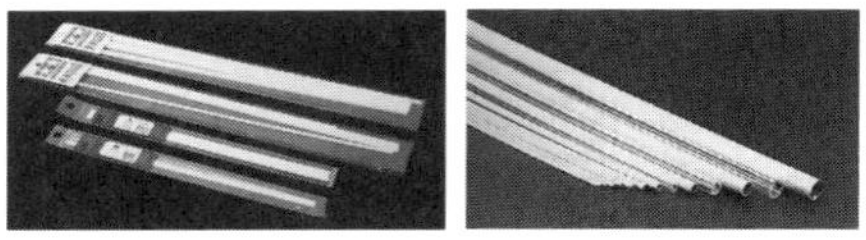

プラスチック棒，パイプ棒

金属材料（面材・針金）

4-7 模型の材料と道具

模型は設計をする中で重要な役割を持っている。設計の段階に応じて単なるボリュームの模型から，内部空間を検討するための縮尺率の小さな模型まで色々な模型が作られる。検討用のスタディ模型では，全体のバランスや空間の構成をチェックすることが目的であり，取り外せたり交換したりできるように作る。また模型自身やその写真をプレゼンテーションに使うこともできる。

材料　模型材料は一般的に加工のしやすいものを使用する。発泡スチロールを使った材料が多く出回っており，模型制作は簡単にできるようになった。しかし，プレゼンテーションの方法や，模型をどういった用途で使うかによって，使う材料も変わってくる。

スタディ模型の場合は，スチレンボードやスチレンペーパーなど，比較的簡単に加工し，接着できるものが良い。それに対して完成模型を作る場合は，建物のテクスチュアや色，周辺環境の作り込みが必要なため，断面がシャープに決まるスノーマットやゴールデンボード等を用いることが多い。

しかし，材料は自分の身の回りのあらゆるものを使うことができるので工夫してみてほしい。

道具　ここに挙げた道具は，模型制作においてよく使われるものである。基本的に持っていたいのはカッター，カッターマット，ステンレス定規，スチレンのりで，その他の道具は必要に応じて購入すればよい。

道具の使い方を学ぶには数多くの模型を作り，経験を積むことである。

4-7 模型の材料と道具

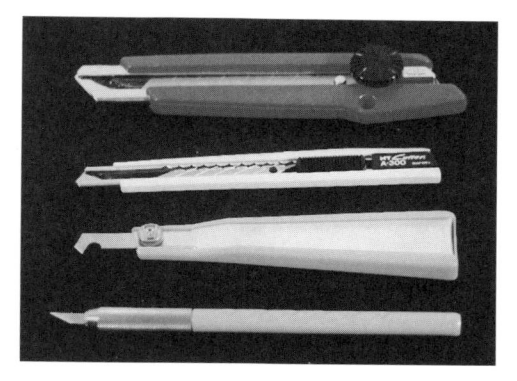

ヒートカッター

カッター，Pカッター，アートナイフ

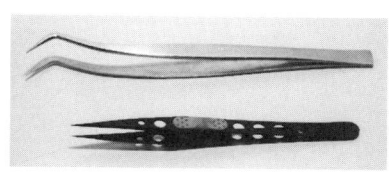

ピンセット

ニッパー

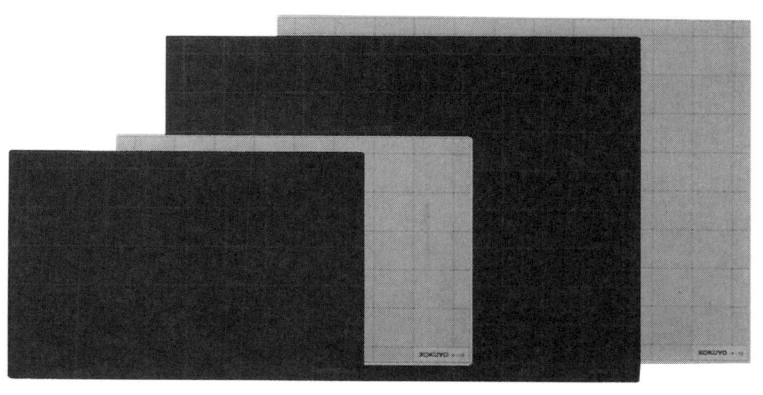

カッターマット

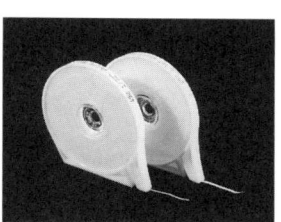

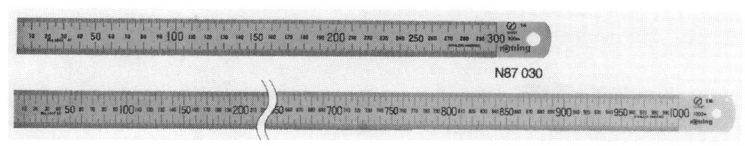

虫ピン

ラインテープ

ステンレス定規

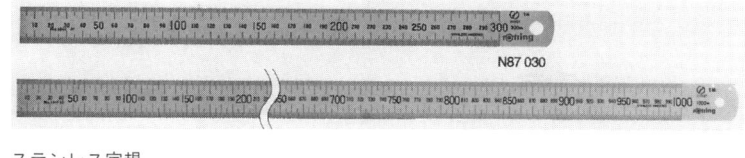

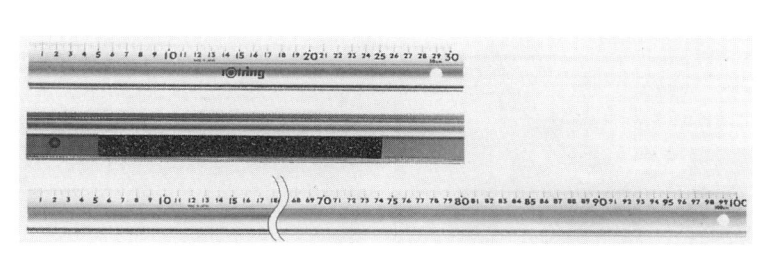

スコイヤー

アルミ定規

両面テープ

ドラフティングテープ

特殊材料用接着材

はく離液

木工用ボンド，スチレンのり

スプレーのり，クリーナー

37

5 表現の方法

5-1 スケッチ

セレーニョ図書館／アルド・ロッシ

バウズベア教会堂／ヨーン・ウッツォン

キンベル美術館／ルイス・カーン

池とパビリオン／カルロ・スカルパ

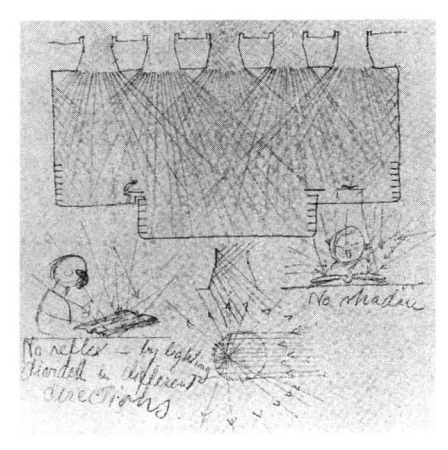

ヴィープリの図書館／アルヴァ・アアルト

　表現とは性格・思考・意味など総じて精神的なものを，外面的形象として表すことである。つまり，自分の意図やイメージなどを，目に見える形として表すことである。建築設計プロセスにおける様々な段階で，求められる，発想段階からプレゼンテーションに至るまで様々な場合においていつも必要とされるものである。
　その表現方法は，自分自身のためのスタディ用のものから，設計グループ内の検討用のもの，そして施主や他人に意図を伝えるものまで，その目的に応じて，表現の内容・方法も異なる。そのため，設計の段階や表現する対象・内容に応じて，最も適した表現方法を考え選択する必要がある。
　大別すると，紙などの上に二次元に表現する方法と，模型など三次元の方法がある。また，二次元上に表現する場合でも，平面や断面のような二次元表現から，パースなどの三次元的空間を表現するものまである。初めは大まかな表現だったものも，設計のプロセスが進むにつれ，より現実的な表現が求められるだろう。
　なぜなら，設計する建築が具体的になるにつれ，現実に建つことを想定し，それに合うような表現をしていかなければならないからである。しかしながら，それは，二次元的表現から三次元的表現へという単純な連続ではない。構想を具体的にするために，常に両方の手段によって検討が行われるのが一般的で初期段階から模型とスケッチが繰り返し使われる。そして，最終的には，仮想空間をいかに現実空間としてとらえ理解し検討を加え伝えるかが求められる。
　本章では，三次元のものを対象としたいろいろな表現の方法について紹介していく。

5-1 スケッチ

星田アーバンリングコンペ案／坂本一成

和久井邸／宮脇檀

スカイハウス／菊竹清訓

横浜国際客船ターミナルコンペ案／今村雅樹

現在用いられている具体的な表現の方法として、スケッチ、透視図、模型、CG（コンピューター・グラフィック）そして、それらを活用したモンタージュを例として挙げることにする。

5-1 スケッチ

スケッチとは、対象物の概略や印象を写し取った図のことであり、イメージや意図をビジュアルに表す最も簡単で基本的な方法と言えよう。アイデアを素早く描いたり、周囲の風景の中に自分が意図する建築がどのように調和するか検討したり、その形態や内部空間などを示したり確認したりしたいときばかりではなく部分やディテールを検討するときなど、いろいろな場合にスケッチが用いられる。

フリーハンドで描かれるスケッチは、雰囲気が伝わりやすい表現方法であり、極めて重要なものである。それゆえ、発想段階のみならずプレゼンテーションの段階にも効果的に用いられる場合が多い。

スケッチを描くプロセスは、見たものあるいはイメージの核心をわかりやすく描き、表現することである。心に描いたものを線や点を使って視覚化し、絵として表す。線は、物の外形を輪郭としてとらえたり、質感や色合いを表す表現的な線として使われる。私たちは、それらの線の結びつきを絵として認識するのである。

スケッチを描く道具は、鉛筆、ペン、色鉛筆、パステル、マーカー、絵の具など様々である。使う道具により質感が異なってくるので、自分で普段からいろいろ確かめておき、使うときにはそのイメージにあった道具を選んで描いてみよう。

5-2 明度と陰影

明度と密度

陰影

いろいろな立体感の表現

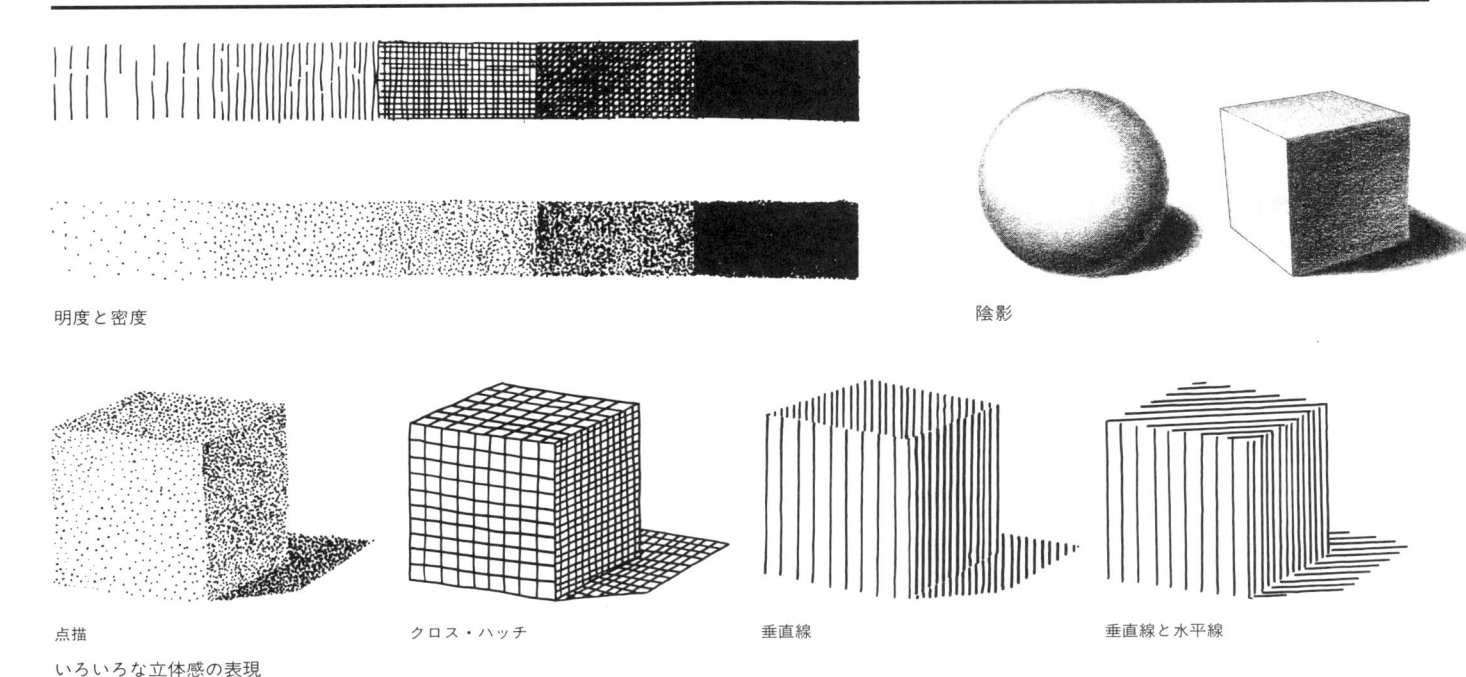

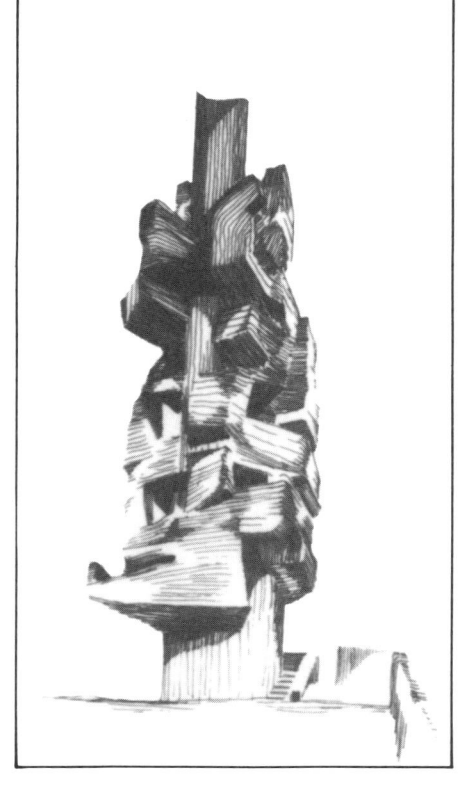

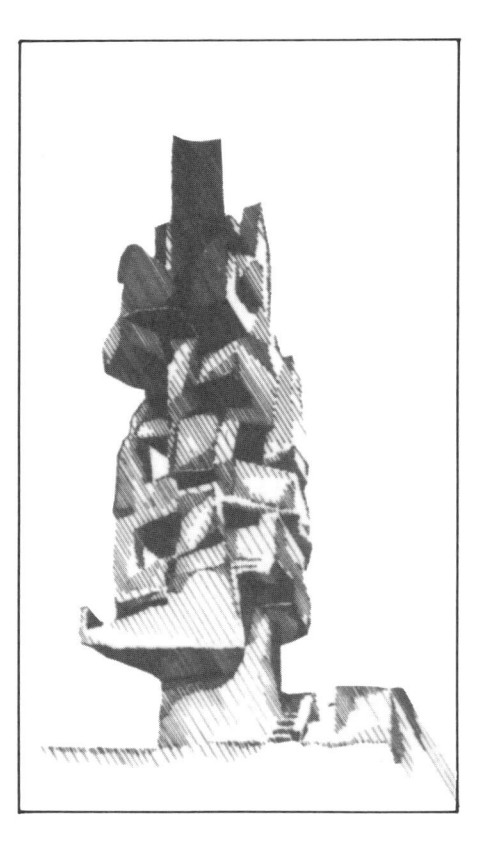

点描　　　クロス・ハッチ　　　垂直線　　　垂直線と水平線

複雑な対象物でのいろいろな表現

5-2 明度と陰影

私たちが，物の存在を認知するとき，そこには光と影が存在している。つまり，物の存在感や立体感は，明暗や陰影によって具現されるのである。それゆえ，これにより，私たちが描く図象を立体的に表現するためには，明暗（明度の変化）を付けることが必要になる。明度とは，色の明るさや暗さの度合いのことをいい，モノクロームな表現で表すならば，白や黒の密度の違いで表現できる。

点や線の密度が薄ければより明るく，濃ければより暗くなる。この点や線の密度の変化が明暗や陰影をつくり出す。

物体に光が当たると，光と面のなす角度や見る位置によって，明るい部分と暗い部分ができる。光線と反対側にある面には陰（shade），そして光によって投影された面には影（shadow）ができる。これを理解して，自分の描く対象の光の位置を考えながら，明暗，陰影を付けることが立体感への手がかりである。そして，点や線の使い方により，同じ立体でも異なる質感を表すことができることも学ぼう。

5-3 コントラストと奥行

強いコントラスト 　　　　　　　　　　中程度のコントラスト 　　　　　　　　　弱いコントラスト

コントラスト

奥行きへの手がかり：大きさ

奥行きへの手がかり：重ね合わせ 　　　　　　　　　　　奥行きへの手がかり：空気遠近法

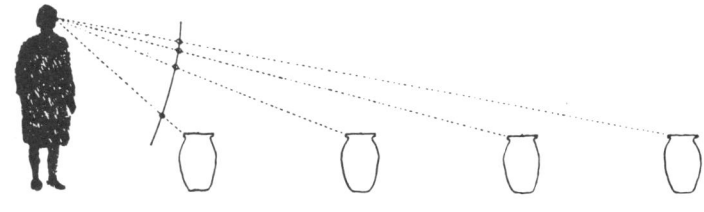

奥行きへの手がかり：縦方向の位置

5-3 コントラストと奥行

コントラストとは，明るい部分と暗い部分の明度の差が生み出す対比のことである。コントラストを用いることにより，輪郭線を描かなくても物の形を表すことができる。また，コントラストの強さの度合いにより，物がはっきり見えたり，ぼんやり見えたりする。自分で描くときは，絵の一番明るい部分をどのくらいの明るさにするか，そして，一番暗い部分はどうするかを決めて描くと，効果的なコントラストが得られる。

また，空間と奥行を持った三次元の形を二次元の画面上に表現するために，錯覚の技術を使わなければならない。たとえば，手前のものよりも遠くのものの方を小さく描いたり，重なり合うものの場合には，手前にある方が全ての輪郭で表され，その奥にあるものは隠れた部分として描かれることで奥行き感を表現する。また，地面を遠ざかるにつれ上の方へと位置をずらしたり，遠くに行くに従ってぼんやりとあいまいに見える用に表現するなどの錯覚が奥行感を表す手がかりになる。

5-4 立体の作図

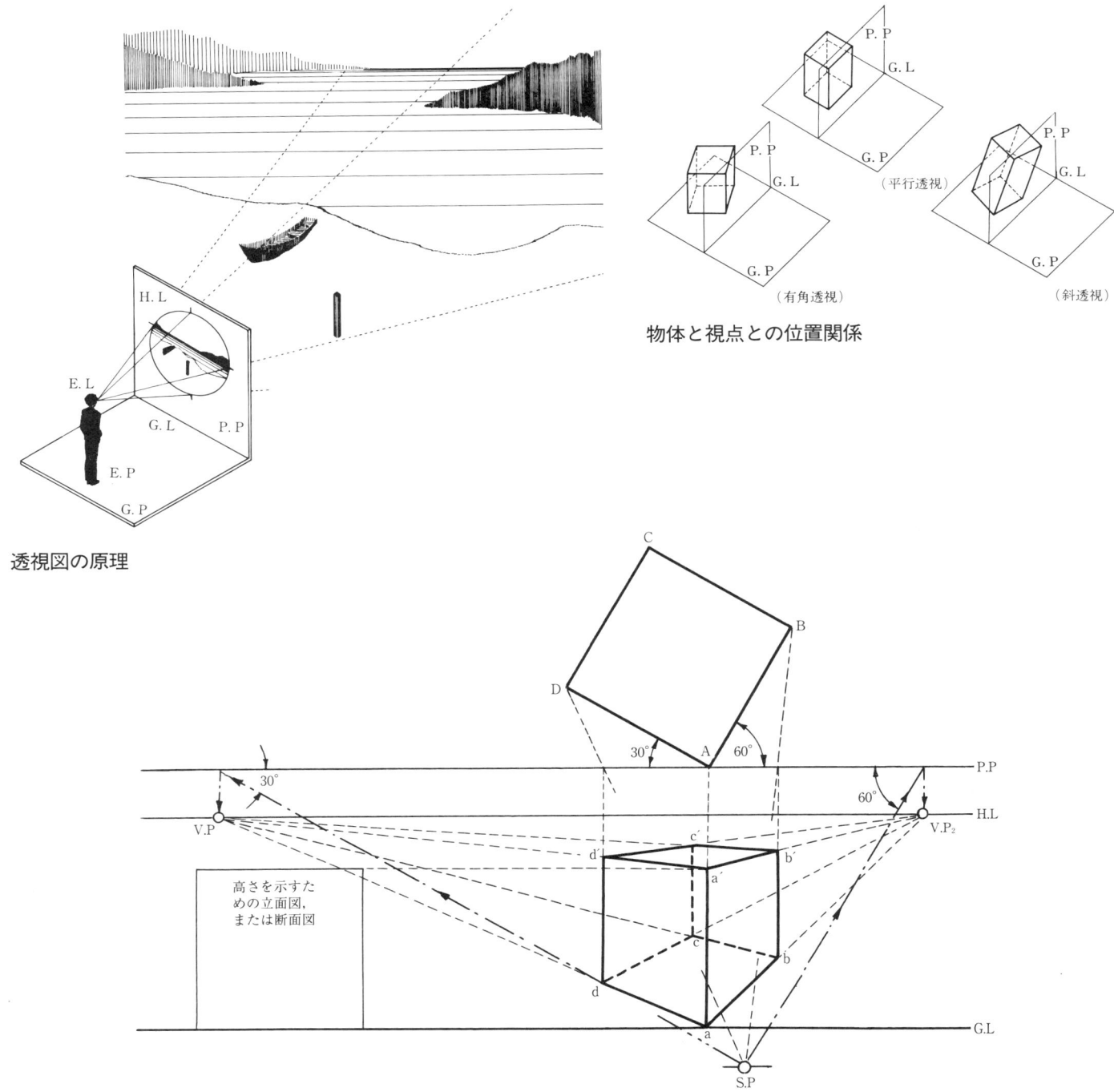

物体と視点との位置関係

（有角透視）　（平行透視）　（斜透視）

透視図の原理

2点透視図法

5-4 立体の作図

透視図　透視図は遠近図法ともいわれ，線透視（linear-perspective）のほかに，色透視（areal-perspective）の方法もある。透視図法では，イタリア・ルネサンスの画家ウッチェロ，レオナルド・ダ・ビンチ，ドイツの画家デュラーなどの研究が有名であり，日本にも平賀源内の研究が伝えられる。透視図は，一定の距離にある物体を見るとき，物体の各点を通る視線はみな目に集まるという原理に従って，ものの立体感や奥行感を表現する方法である。その物体と目との間に垂直な一平面P.Pをおくとき，対象物の各点と視点を結ぶ線はすべてその平面P.Pに交わり，平面上に物体の透視図を写し出す。

透視図には画面を描こうとする物体との関係位置によって，平行透視，有角透視，斜透視などがある。直線または平面，画面（P.P）に平行あるいは垂直な場合，これを平行透視という。

直線または面が画面（P.P）に垂直でも平行でもないが，基面（G.P）に平行または垂直な場合，有角透視という。またP.PおよびG.Pのいずれにも平行または垂直でない場合を斜透視という。

2点透視図法　一般的な透視図で角度のとり方，目の高さ，停点（S.P）のとり方は，あらかじめ建物の表現を予想し，効果のあがるようにそれぞれの位置のとり方によって透視図の効果に大きな差異が生まれることに注意すべきである。外観の透視図に一般的に用いられ，目の高さは多くは人間の

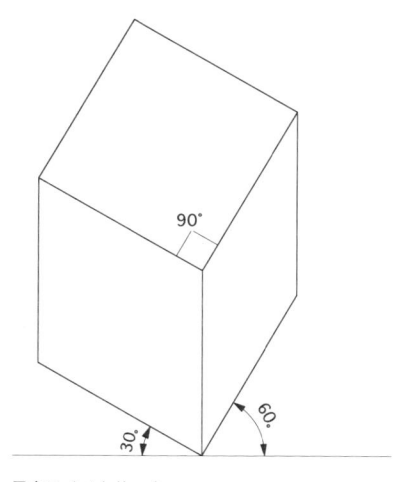

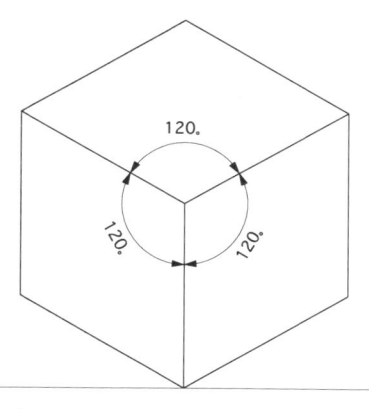

5-4 立体の作図

図法上の用語

E.L：(Eye Level)目の高さの線またはHL（Horizontal Line），水平線をいう。
C.V：(Center of Vision)またはC.P(Central Point)視心。視点を画面に投影した点。
E.P：(Eye Point)視点。対象物を見る人の目の位置。
P.P：(Picture Plane)画面。対象物と，それを見る人の間に置かれた垂直な面。
G.P：(Ground Plane)基面。対象物が置かれ，見る人が立っている面。
G.L：(Ground Line)基線。基面と画面が接する線。
S.P：(Standing Point)傍点。見る人の立っている基面上の位置。
V.P：(Vanishing Point)消点・消失点。同一平面上の複数の線が，こちら側から後退し収束していくように見える点。

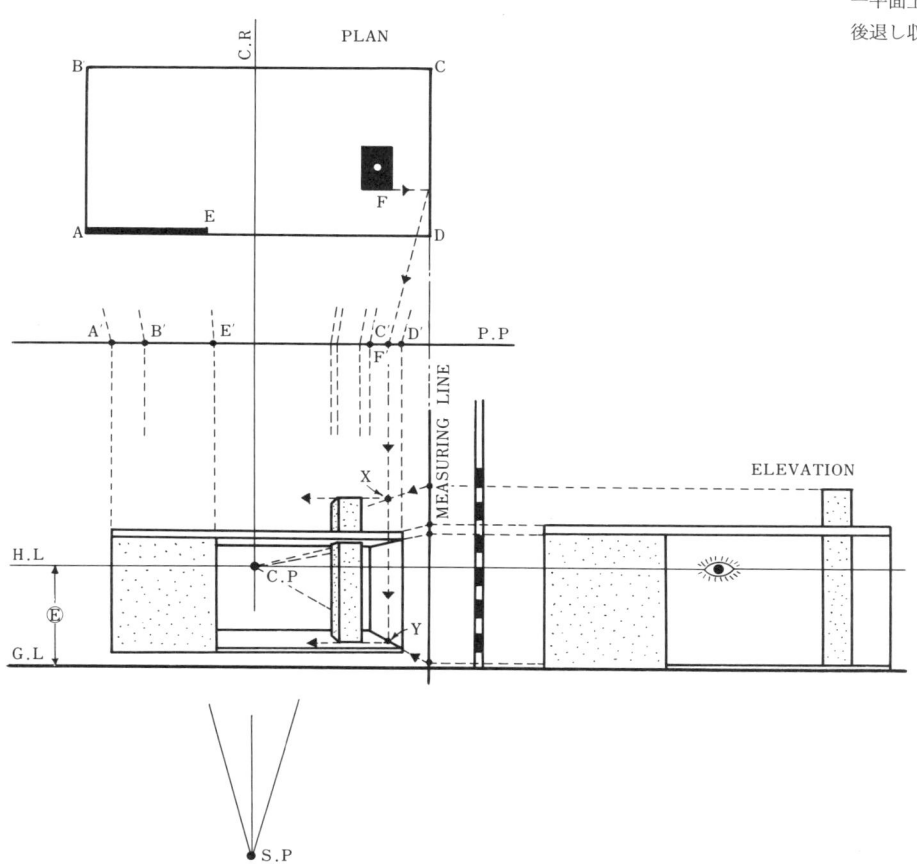

軸測投影法

アクソノメトリック／アイソメトリック

1点透視図法

目の高さにとられる。
停点の位置を遠くにとればとるほど，1点透視の感覚に近くなり，静的な性格が加わってくる。これらのとり方は，建物の種類，性格，周囲の環境などを考えて決めるのがよいだろう。

1点透視図法 画面に描こうする物体が平行または垂直におかれているもので，したがって消点が一つになる。室内の透視図を描くのに多く使用される。消点が一点である関係から動きに乏しく，静的な感じになりやすいので，描き込む点景によって調子を整える必要がある。外観の透視図にはあまり使用されないが，記念建築物のような静的な性格の建物の表現には，かえって効果的な場合もある。

アクソノメトリック／アイソメトリック

アクソノメトリックを略してアクソメ，アイソメトリックを略してアイソメと呼んでいる。
アクソメは軸測投影法の総称で，幅と奥行きの両方向が直角の関係にある描き方をしている。寸法関係が実寸で描かれるので描きやすく空間の構成などによく用いられる。
アイソメは等測投影と呼ばれ，アクソメ同様消点が存在しない描き方である。それぞれの幅，奥行き，高さを120度の角度をもって描いていくものである。
いずれの投影法による立体図も，透視図とは違って視覚的には正しい姿を表現しないが，建物の要素や構造を細かく説明したりグラフィカルな表現に適している。

43

5-5 外観パース

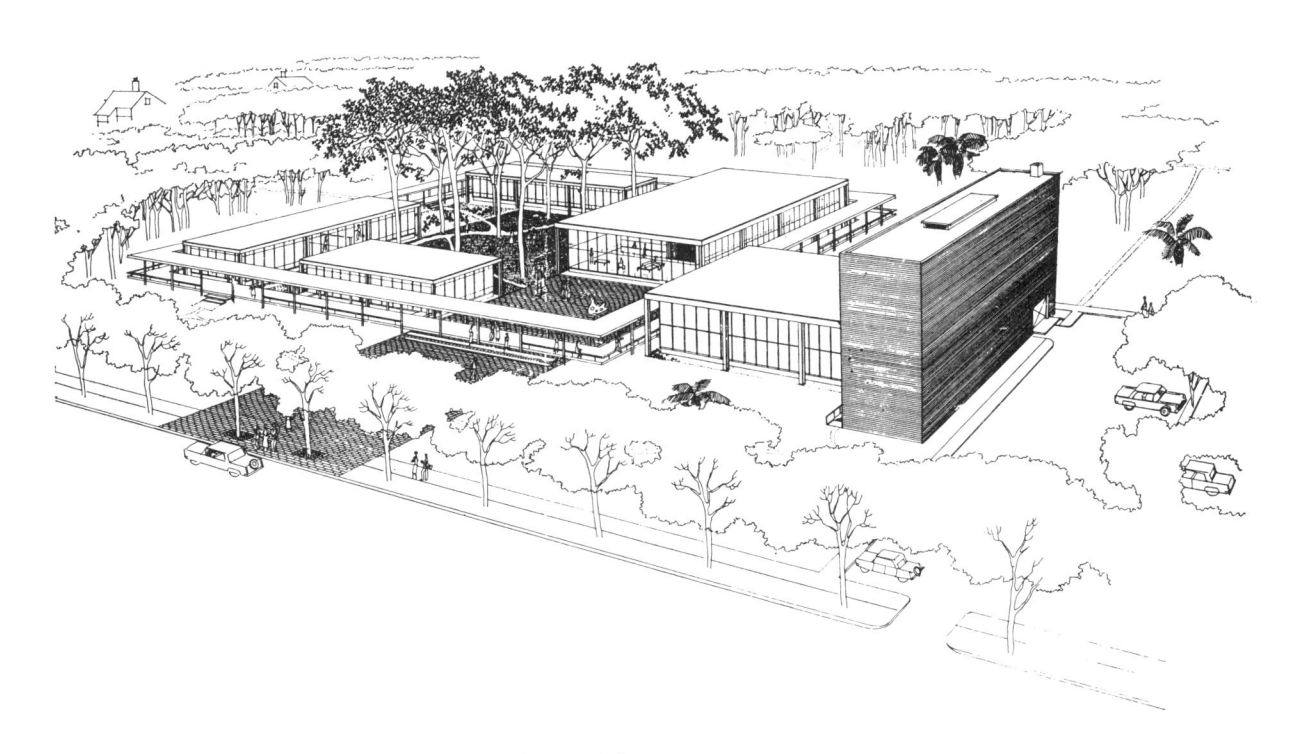

鳥瞰図：インディアナポリス・ホームショウ競技設計案／ヘルムート・ヤコビー

外観パース：手代木フィールド・ハウス／納賀雄嗣

5-5 外観パース

外観パースは，建物を少し離れた位置から眺めた透視図のことであり，一般的に2点透視図法が多く用いられる。鳥瞰図は，目の位置(E.L)がきわめて高い位置にとられ，いわば空中から建物を見おろす関係になる画法である。建物全体の形，周囲の環境との関係などを表現するのに適している。しかし，はるか遠くまで見えることになり，その辺の表現，省略の仕方に注意を要する。

図面を仕上げる際には，四隅を適当に省略して全体が楕円に近い形で仕上げた方が効果的であろう。

目の位置を人間の目の高さにとった図は，実際の建物の形態や雰囲気を感じ取りやすい仕上がりとなる。木や人などの点景をいれることによって，より具体的，現実的な表現により分かりやすくなる。特に木や草はそのスケール感を伝える大切なものなので必ず描くようにする。

5-6 内観パース

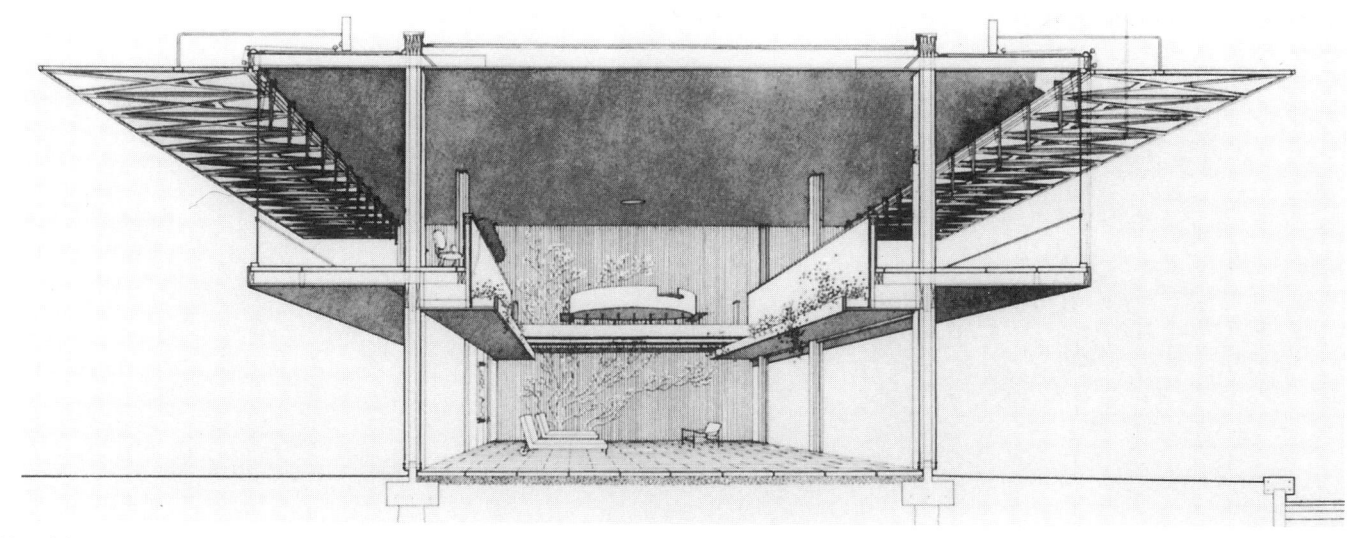

断面内観パース：コーエン邸／ポール・ルドルフ

内観パース：名取市文化会館／槙文彦

5-6 内観パース

内観パースは，左右への広がりよりも室の奥へと向かっていくような表現であるため，1点透視図法が多く使われる。

断面内観パースは，建物のある部分を切り取って奥行き方向を描いた図で，内部空間が建築の断面的形態の中でどのように構成されているかを示すのに適している。内と外との関係が，一目で立体的にとらえやすい図と言えよう。

内観パースは，自分がその室の中に立って見たような図で，空間の大きさや使われ方，雰囲気が伝わりやすい表現である。人間や家具などの点景をいれ，実際に空間がどのように使われるかを表現したり，床や天井などの材料のテクスチュアや質感を与えることにより，いっそう現実的な空間を伝えることが可能である。

5-7 いろいろな構図を描く

ギエット邸外観写真

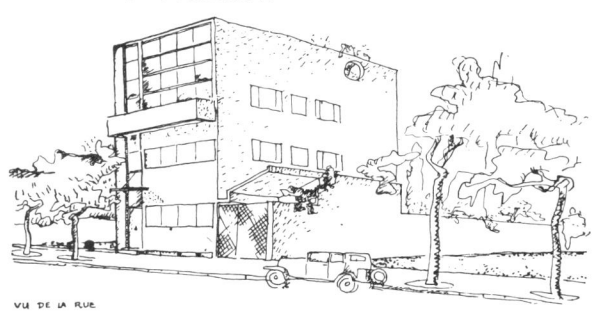

道路からの眺め

庭からの眺め

玄関ホール

居間と書斎

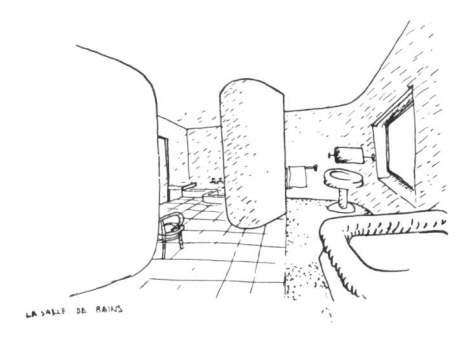

客室

寝室

屋上庭園

5-7 いろいろな構図を描く

建築の全体像を自分自身が確認したり、人に理解してもらうには、一つの模型や1枚のパースなどでは、十分とは言えない。外観もまた内部空間も、視点の位置によっていろいろな見え方をする。

一つの建築においても、それが持つ空間は多様であり、いくつものシーンを描き表すことで、いっそう詳しく空間を表現し、伝えることができる。

こうして様々な部分や構図を描くことは、設計の初期段階でも発展した段階でも常に確認と伝達のために描かれる必要がある。自分の意図を表現する画法や構図、またそれらにあった図法を選択し、より効果的な表現を探してみよう。

5-8 アクソノメトリックとアイソメトリック

アクソメ：シュレーダー邸／ヘリット・リートフェルト
（ユトレヒト中央美術館蔵）

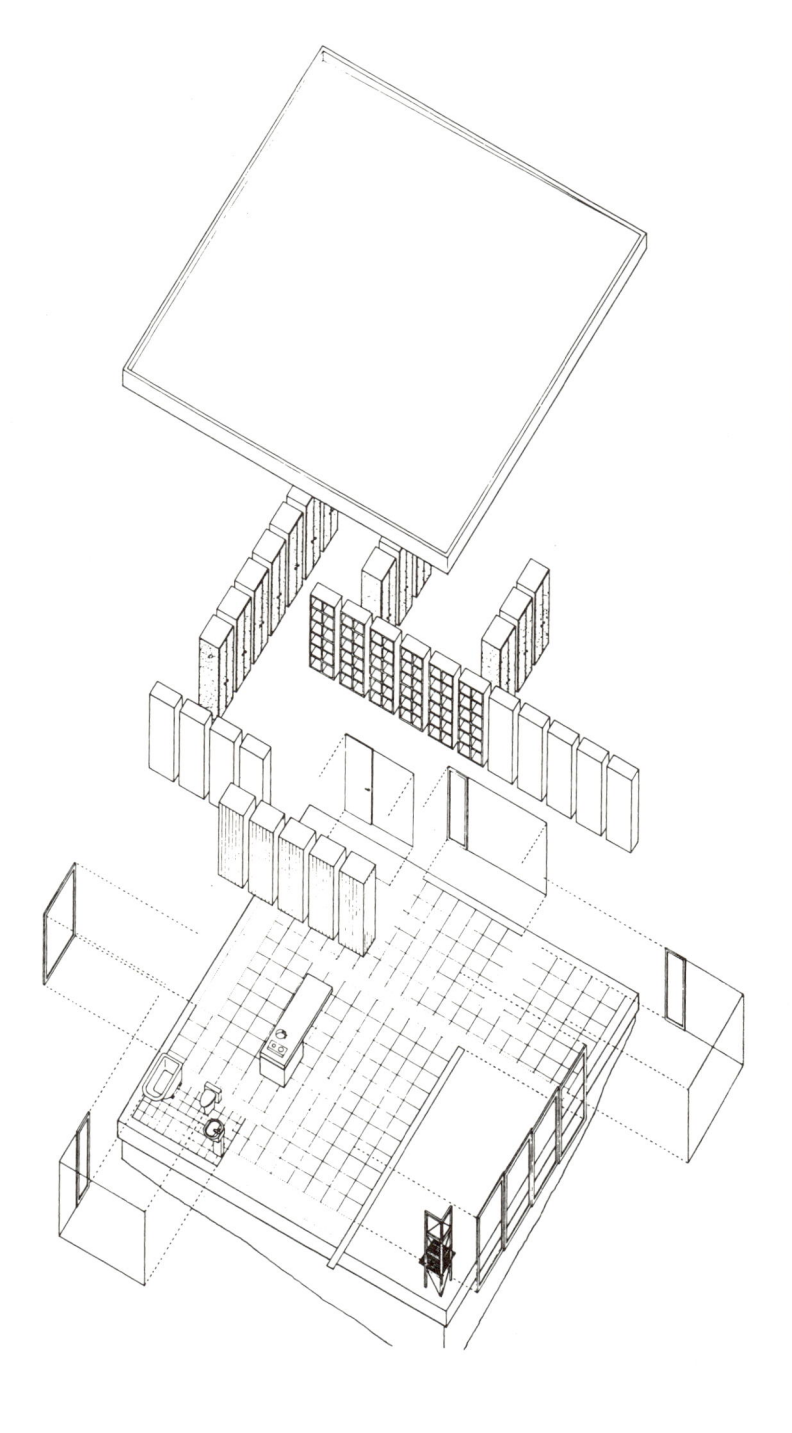

アクソメ：家具の家／坂 茂

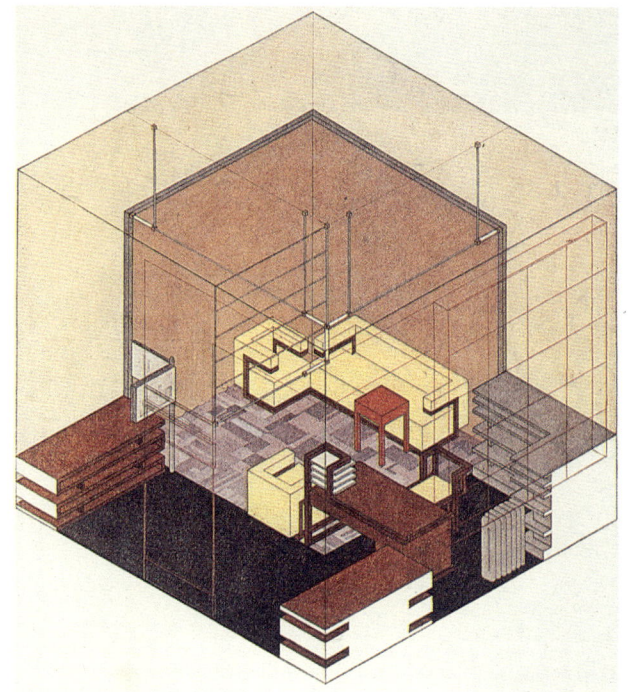

アイソメ：バウハウス・ワイマール校校長室／ワルター・グロピウス

5-8 アクソノメトリックとアイソメトリック

アクソメとアイソメによる表現は，実際に目で見たままの感じを表すことはできないが，内部空間の構成を表現し，伝えるのに適している。たとえば，建築空間を構成する床，壁，柱，屋根などをパーツごとに分解して，全体の要素を描いて見せたり，主要な構造や空間同士の関係をわかりやすく説明する場合などに適している。

実際には，壁などで隠れてしまう部分やパースでは表現できない場合でも，上から覗き見るように，全体を見渡すことが可能である。

空間に家具などがどのように収まっているのかを見せたり，空間の構成を表すダイヤグラムなどに効果的に用いることができる。

47

5-9 模型：いろいろな素材

スチレンボード：ガラス屋の家／今村雅樹 1995

アクリル：ドミノ 1990 S／岡河貢・PARADISUS 1990

段ボール：GY.プロジェクト／吉松秀樹 1994

木：鉄道停車場／ヘルツォーク＆ド・ムーロン 1993

粘土：船川氏の画室と小温室のついた住宅／堀口捨己 1922

金属：京都コンサートホール／磯崎新

5-9　模型：いろいろな素材

建築模型には，「見る模型」と「見せる模型」がある。

「見る模型」とは，設計者がその設計プロセスで，自らの考え方や発想，造形，色彩などをチェックしていくためのいわゆるスタディ模型と呼ばれるものである。

「見せる模型」とは，建築の完成した姿を，第三者に示すために用いられるものである。

模型の素材の選択は，自分が設計した建築をどう表現し，人に伝達するかにおいて極めて重要である。完成した建築のイメージを抽象的に表現するような素材を選ぶこともあれば，実際にできる建築の量感や質感を感じさせるような素材を選ぶこともある。素材の質感の違いにより建築が，シャープに見えたり，重く見えたり，軽く見えたり与えるイメージが異なってくるので，自分のねらいに合った素材を選択しなければならない。

5-10 模型：いろいろな意図の表現

ボリューム模型：高城邸／山下秀之 1997

敷地の地形をふまえた模型：TOTO セミナーハウス／安藤忠雄

敷地周辺の建物を含んだ模型：東京大学駒場キャンパス／原広司

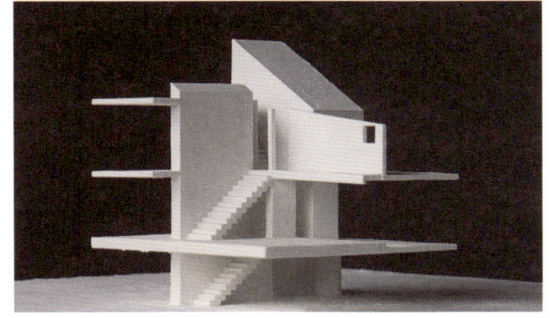

内観模型：明石の家／中村勇大 1997

建築の内と外を見せる模型：衛の家／松澤穣 1997

5-10 模型：いろいろな意図の表現

設計プロセスの様々な段階で建築を模型として表すとき，その模型で何を検討するのか，あるいは何を伝えたいかによって模型材料も模型の作り方，表現も自ずから変わってくる。

自分が設計している建築だけを見せるにしても，ボリュームだけで抽象的に表す場合もあれば，できるだけリアルに表して，さらにはスケールを上げて(縮尺を小さくして)，内部空間に重点をおいて作ったり，その目的によって様々な作り方，表現方法がある。

また，敷地周囲を含めた模型を作るのにも，その敷地の特性により，地形の形状を単純化して表したり，周辺の建物のボリュームや密度を表現したりする。そのようにすることで，設計している建築が，どのような状況のなかに存在するかを表現し検討を加えたら，他の人に分かりやすく，理解してもらうことができる。

5-11 コンピューター・グラフィックス

ワイヤーフレームの状態
ワイヤーフレームは,空間を線だけで三次元的にしたもので,現実の建築では見えない奥までも見せることができる。しかし,線が多いため空間の認識には不向きであり,特に複雑な対象物においてはわかりづらくなってしまう。

レンダリングをした状態
レンダリングでは,ワイヤーフレームに色を付け,面を作り,陰影を作ることができる。実際のテクスチュアを与えれば,よりリアルな表現が可能である。

フォトレタッチをした状態
フォトレタッチでは,人や車などの点景を与えることによってスケール感を与えることができ,背景など実際の現況をはめ込むことによって,より現実に近い絵に仕上げることができる。

平田町タウンセンターコンペ案／日本大学高宮+本杉研究室　CG：Zy and Partners

5-11 コンピューター・グラフィックス

CG(コンピューター・グラフィックス)は,仮想空間をより現実的に表現したり抽象的に表現するなど,いろいろな表現の手段として用いられる。CGの利点は,描こうとする対象の色や,スケール,アングルなどを容易に素早く設定したり変更したりできることである。

それによって,自分のイメージに合うように何度も繰り返しやり直しを行うことができるのでスタディ用としても有効であるが,それまでの情報量を入力する作業が少なくないので,プレゼンテーション用に利用されることの方が今のところ多い。

CGの表現手法としては,上図のようなワイヤーフレーム,レンダリング,フォトレタッチの3種類が基本としてあげられる。

5-12 モンタージュ

橋の空間都市／ヨナ・フリードマン

ボーネマウスのギャラリー計画／アーキグラム　1968

電気的迷宮——第14回・ミラノ・トリエンナーレ（1968）／磯崎新

5-12　モンタージュ

モンタージュとは，複数の画像材料を組み合わせて，一つの画面を構成する方法をいう。単に足し合わせただけのものでなく，それ以上の新しい意味を付加する技法として，写真，映画などの分野でも広く使われている。

建築では自ら描いた画面の上に切り取った写真を貼り付けたり，逆に既にある写真や画面の上に自らのスケッチや画像を重ね合わせることで構想や意図を表そうとする時に用いられる。コピー技術やコンピュータ一術の発達に伴い，様々なモンタージュ技術，技法が可能になり，幅広く応用されている。写真画像のリアルさとコンセプチュアルな画像を組み合わせることで，構想の主張をより鮮明化させるときに有効である。

6 居間と食事室の計画

6-1 居間と食事室の種類

L・D・K

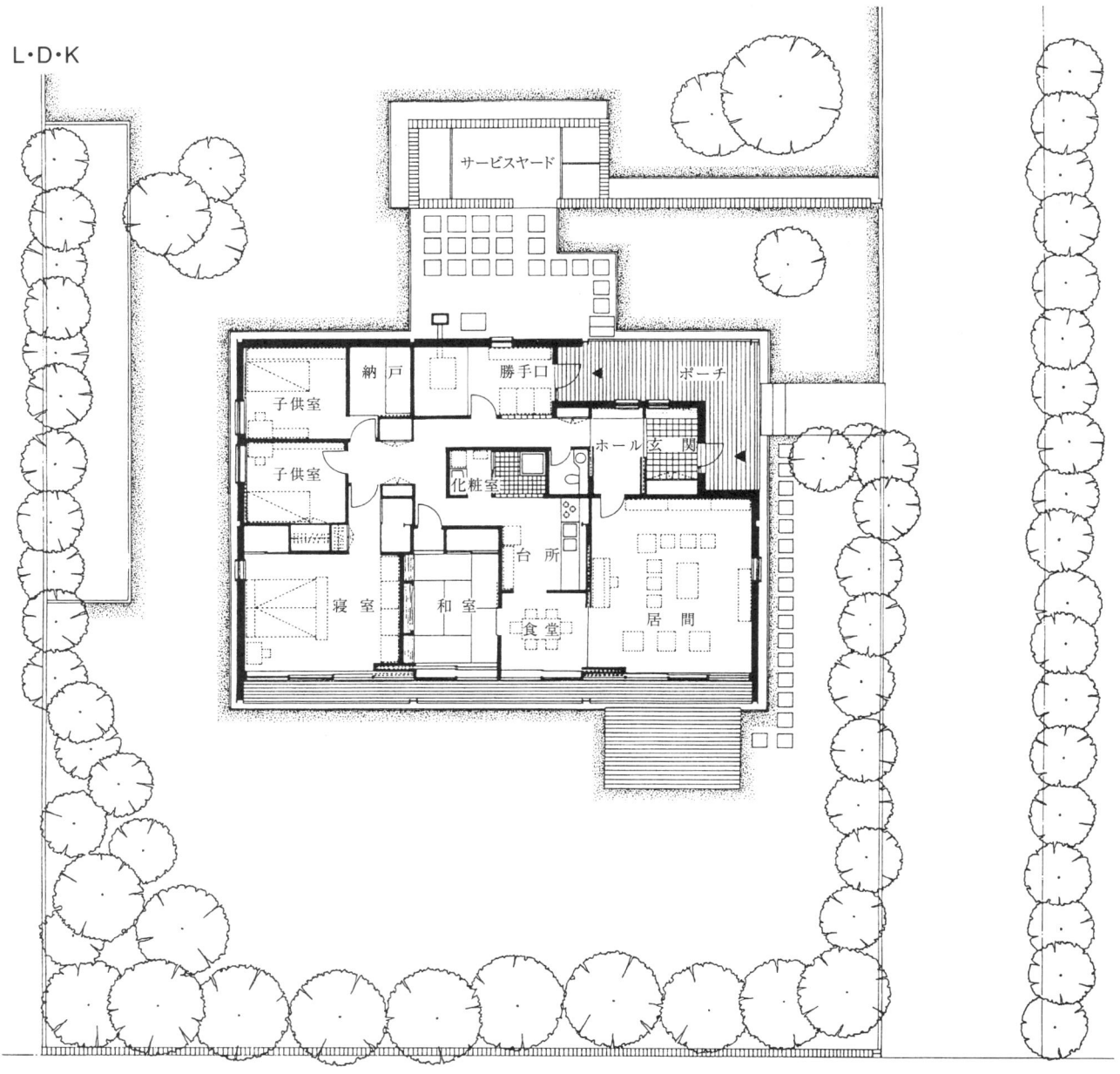

自邸／上遠野徹　1968

6-1 居間と食事室の種類

ここでは生活ゾーンに属する居間・食事室について資料や条件となる重要な項目，注意すべき点などをさらに整理しておこう。このゾーンでは家族という集団で生活が営まれている。つまり具体的には団らん・休息・娯楽などの活動，そして食事がそれである。したがって全く機能的にいってしまえば，ほかの二つのゾーンすなわち就寝とサービスのゾーンに対し中心的な位置となり，家族集団の生活に十分なスペースと家具，器具，設備を与えればよいことになる。さらにこの生活ゾーンは，居間としての機能と食事室としての機能の二つの部分に分けられるが，サービスゾーンに含めて台所としばしば結びついている。わが国では，生活様式が非常に多様化しており，そのうえ困難な住宅事情が反映されて，台所と食事室，居間と寝室というような室の転用がよく行なわれているが，こうした組合せパターンは，もともと妥当でない条件から生まれた結果で，けして望ましい状況ではない。またこのゾーンは，家族の集団生活の場であるから，種々の動線が集中し離散するところでもある。この性格を積極的に利用すれば，廊下を設けなくても動線的にかなり解決することができる。しかし反対に動線の通過によって本来の機能が妨げられることが起こりうるので注意しなくてはならない。

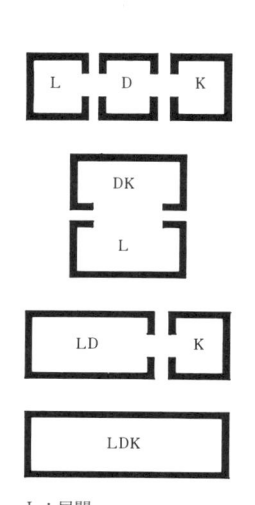

L：居間
D：食堂
K：台所

6-1 居間と食事室の種類

DK・L

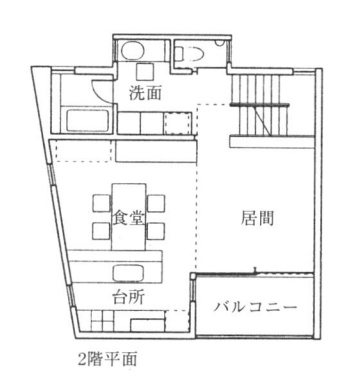

2階平面

箱の家／難波和彦　1997

LD・K

美しが丘の三角屋根／小室雅伸　1988

LDK

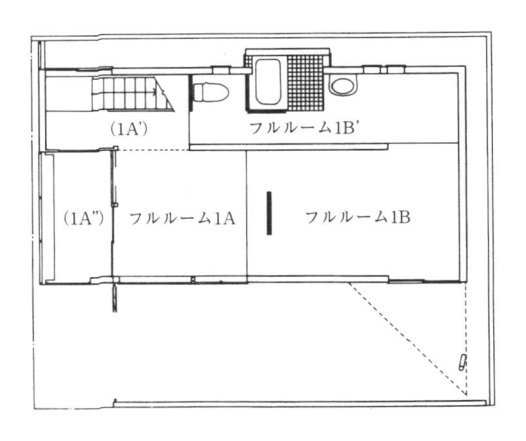

オプーレ／小宮功　1994

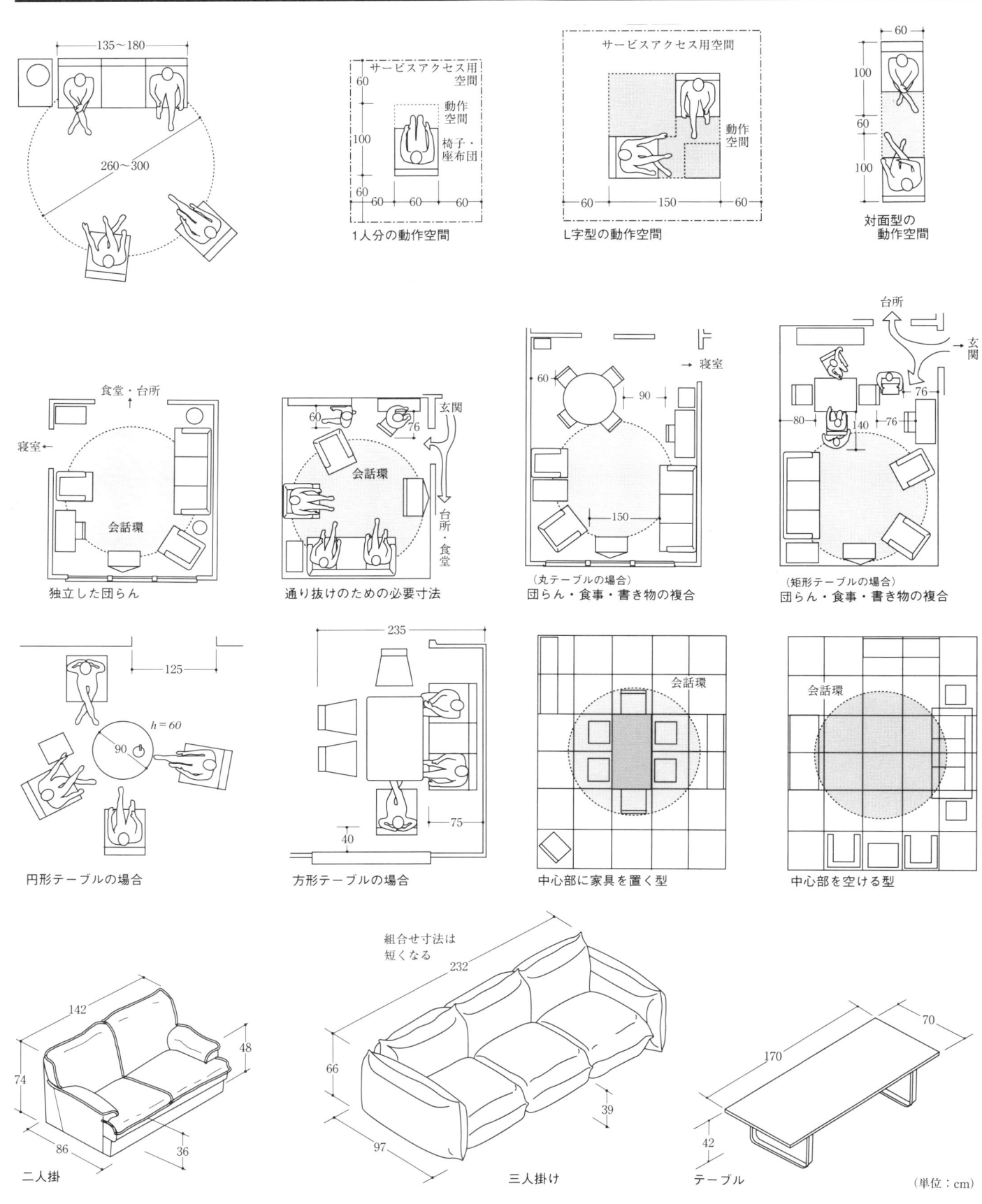

6-2 居間と食事室に必要なスペース（洋室）

1人分の動作空間　L字型の動作空間　対面型の動作空間

独立した団らん　通り抜けのための必要寸法　団らん・食事・書き物の複合（丸テーブルの場合）　団らん・食事・書き物の複合（矩形テーブルの場合）

円形テーブルの場合　方形テーブルの場合　中心部に家具を置く型　中心部を空ける型

二人掛　三人掛け　テーブル　　（単位：cm）

6-2 居間と食事室に必要なスペース

室空間を寸法的にもとめるには，そこで営まれる生活の活動，備えられる家具や器具の種類と大きさとそれらに要するスペースを知っていなくてはならないことは確かである。

しかしこうして得たスペースを合理的に組み合わせて計画すればよいというわけでもない。居間，食事室は団らんに，読書に，くつろぎにと多目的に使用されることが多いので固定化されたスペースではなく可変性のあることが必要である。

また洋風にするか和風にするかで基本的なスペースの取り方が異なることは留意しなくてはならない。特に和風では平面的に畳

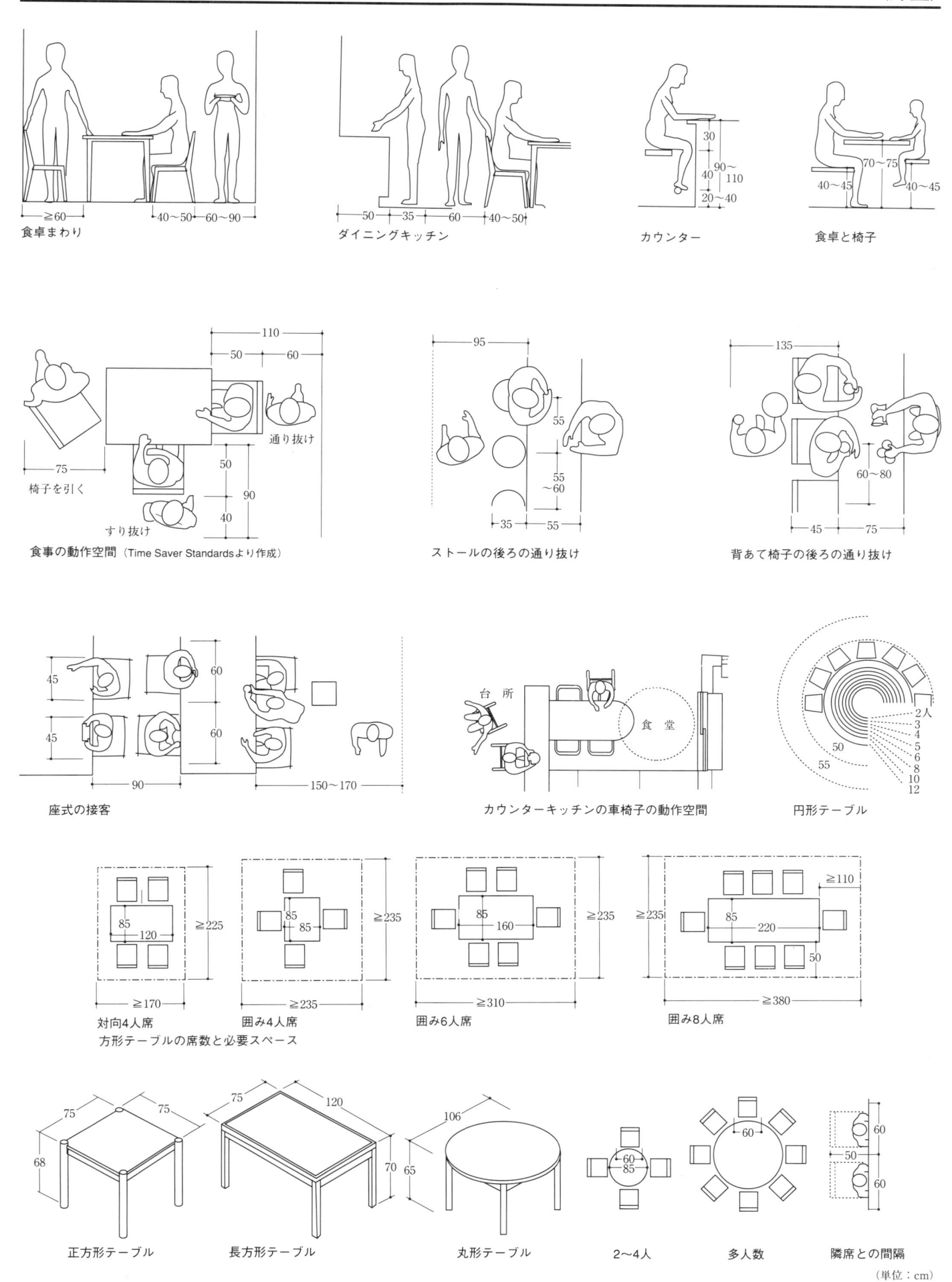

6-2 居間と食事室に必要なスペース（洋室）

食卓まわり　　ダイニングキッチン　　カウンター　　食卓と椅子

食事の動作空間（Time Saver Standardsより作成）　　ストールの後ろの通り抜け　　背あて椅子の後ろの通り抜け

座式の接客　　カウンターキッチンの車椅子の動作空間　　円形テーブル

対向4人席　　囲み4人席　　囲み6人席　　囲み8人席
方形テーブルの席数と必要スペース

正方形テーブル　　長方形テーブル　　丸形テーブル　　2〜4人　　多人数　　隣席との間隔

（単位：cm）

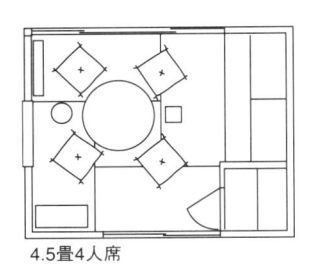

6-2 居間と食事室に必要なスペース（洋室）

4.5畳4人席

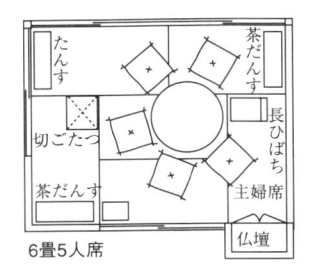

6畳5人席

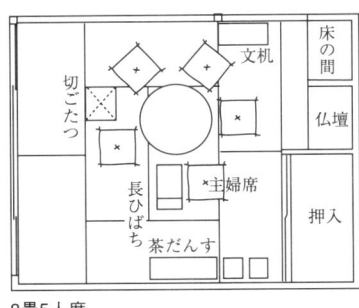

8畳5人席

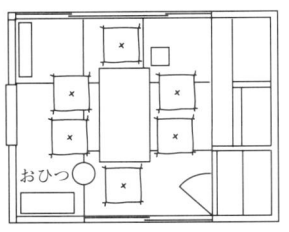

4.5畳6人席

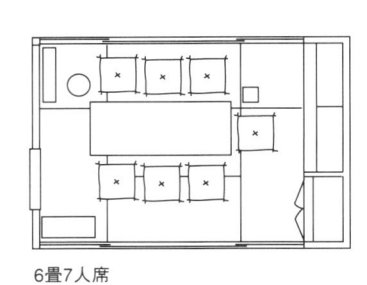

6畳7人席

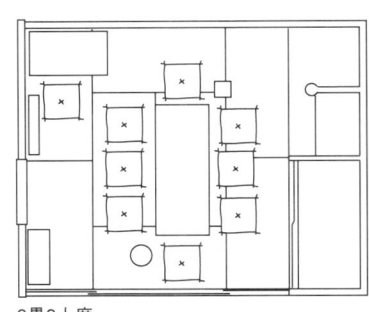

8畳8人席

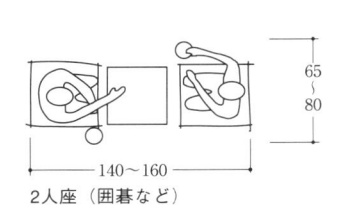

2人座（囲碁など）

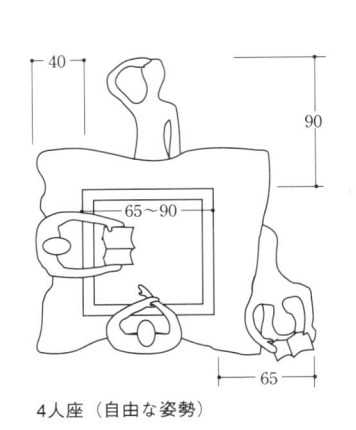

4人座（自由な姿勢）

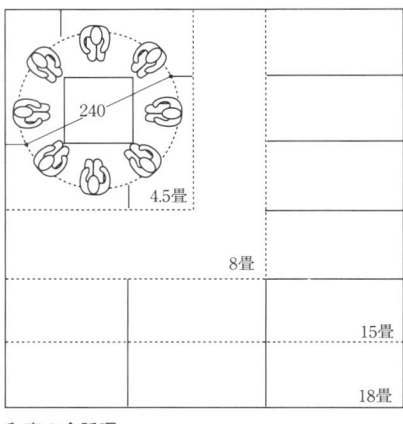

和室の会話環

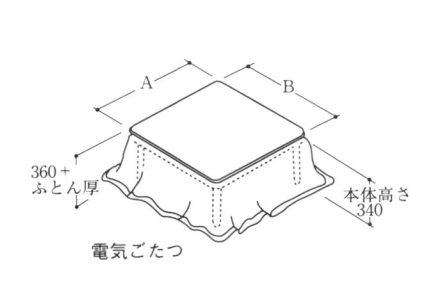

電気ごたつ

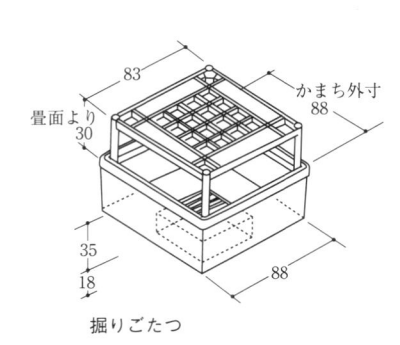

掘りごたつ

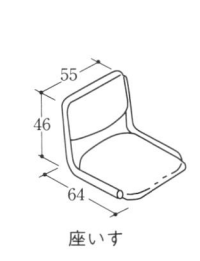

座いす

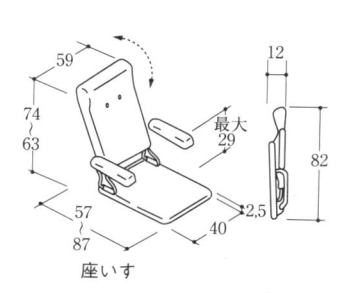

座いす

（単位：cm）

の寸法が室寸法の基準となり，座る生活が動作寸法の基本になる。さらに高齢者や身体障害者が車椅子で移動できるスペース（家具と家具の間，家具の高さ等）も充分確保すべきである。

設計するときはそれぞれ望ましい配置を予想するに違いないが実際にそれを決定するのはそこで生活を営む人であり，またそのような決定ができなくては住みやすい家にはなり得ないであろう。

以上から実際の例について調べて経験的につかんでおくことがどうしても必要である。

ここでは居間，食事室の基本的なスペース，家具の大きさを図示してある。

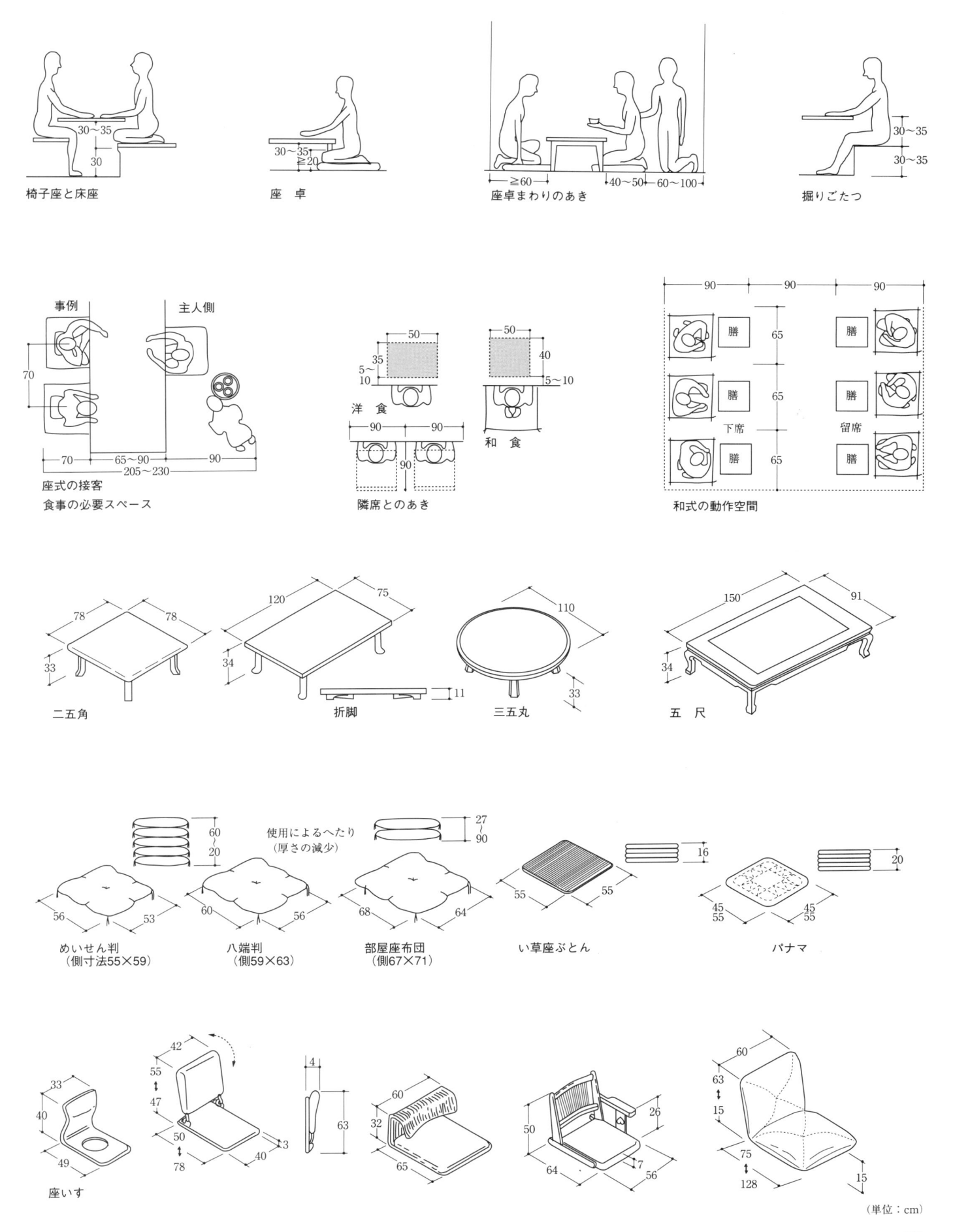

6-2 居間と食事室に必要なスペース(和室)

椅子座と床座

座卓

座卓まわりのあき

掘りごたつ

座式の接客
食事の必要スペース

洋食
和食
隣席とのあき

和式の動作空間
下席
留席

二五角

折脚

三五丸

五尺

めいせん判
(側寸法55×59)

八端判
(側59×63)

使用によるへたり
(厚さの減少)

部屋座ぶとん
(側67×71)

い草座ぶとん

パナマ

座いす

(単位:cm)

6-3 居間の設計例

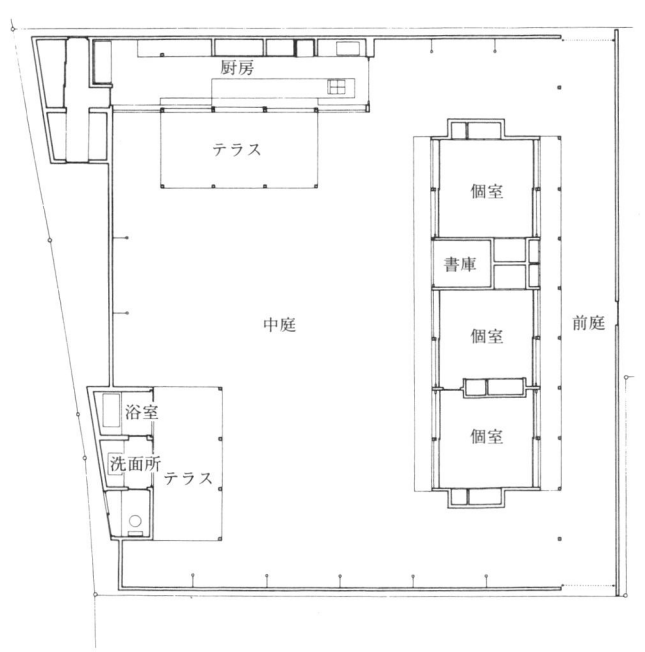

岡山の住宅／山本理顕　1992

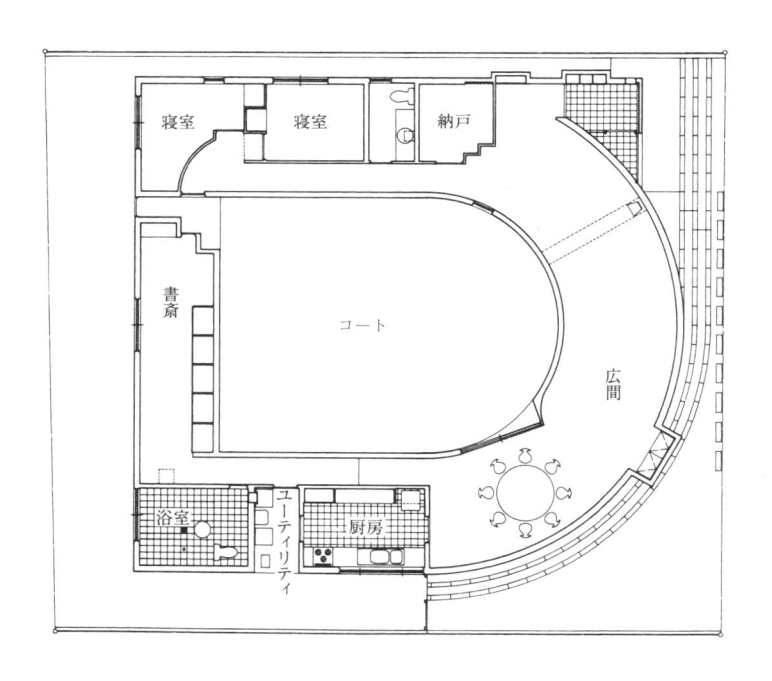

中野本町の家／伊東豊雄　1976

6-3 居間の設計例

居間はその住宅の各ゾーンを結びつける役割を持っている。その配置は機能的には，他のゾーンと結びつけ，日照・採光・通風などを考慮して配置すればよい。そして，さらにこの空間を居住の場としてふさわしいように構成しなくてはならない。それを具体化するものは，壁，床，天井，種々の開口などの建物の部分，また，家具・器具・設備，また各部分の材料や仕上，色彩や光のコントラストなどもそれにあずかっている。

ここでは理解を深めるために典型的な居間の設計例をあげておく。

開放型居間と閉鎖型居間　開放型居間は内部空間と外部空間を一体化して計画されたものである。一体化することにより時季，折々の空間の広さや，明るさの変化を求めることができる。上の図の設計例のように居間という固定した空間を持たず，敷地全体いたるところが居間の機能を持っている

6-3 居間の設計例

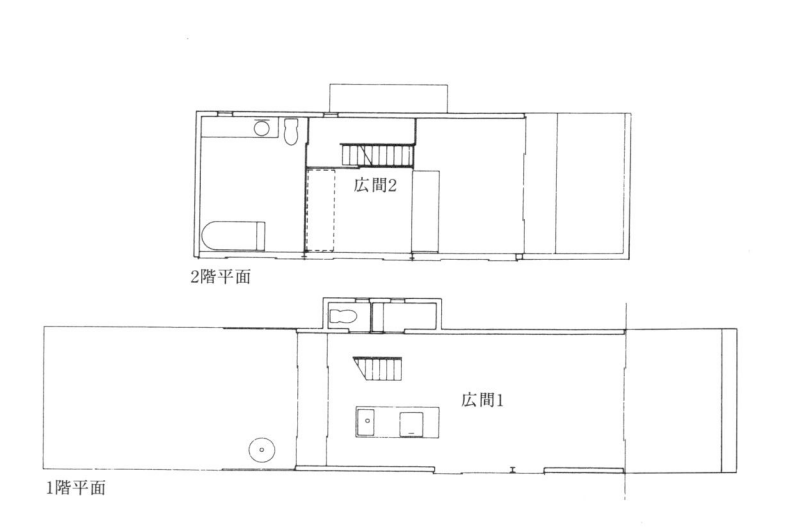

富士裾野の山荘／石田敏明 1993

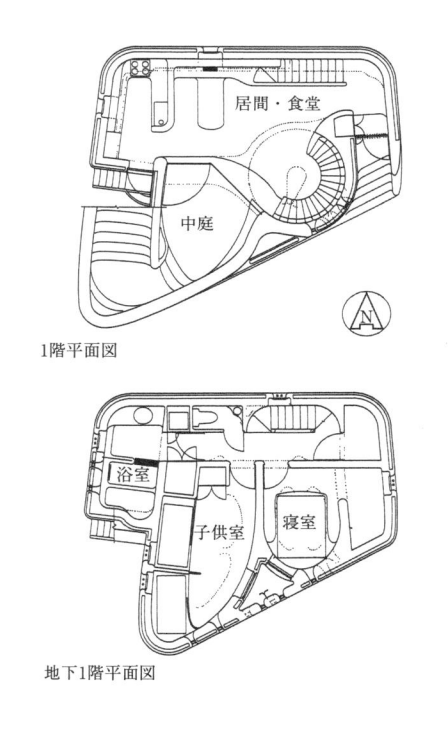

TRUSS・WALL・HOUSE／ウシダ・フィンドレイ・パートナーシップ 1993

という考え方のものもある。
閉鎖型居間は外部空間とのつながりをある特定の個所に固定し，内部空間と外部空間の出会いをより劇的に構成し，それぞれの空間の独自性を高めたものである。また内部空間はより求心性をより高めた構成になっている。

直線型居間と曲線型居間　直線型居間は，主に直線をもって空間を構成し透明感に富み開放的で遠心的な空間をつくりやすい。
感性的にいうと理性的な空間構成であろう。一方曲線型居間は本来生物や人体が構成されている有機的なかたちを持つ空間構成であり，内包的で求心的な空間をつくりやすく感性豊かな表情をつくりだす。

7 厨房とユーティリティ

7-1 厨房

厨房のタイプ
独立型

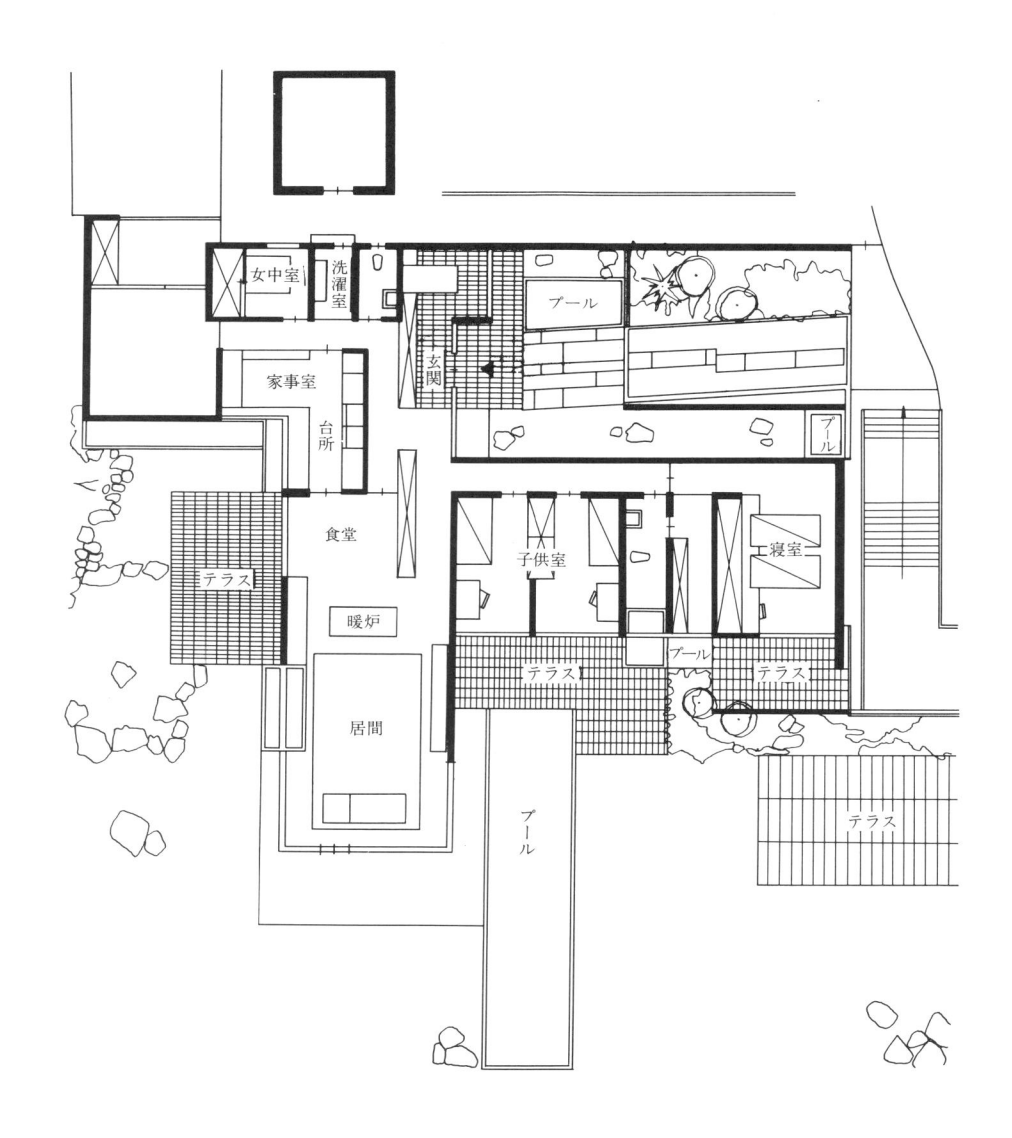

SH-30／広瀬鎌二　1960

7-1 厨房

住まい全体の中で，厨房の位置や広さ，さらにダイニングやリビングとのつながりといった骨格づくりが大切である。これをゾーニングといい，プランづくりの基本として欠かせないものである。

食事をどう楽しむのか，料理作りをどう進めるのか，あるいは，厨房スペースを中心に様々な家事をどう効率よく図っていくのかなどを，ゾーニングプランの段階で検討するとよい。

厨房のタイプは，独立型，オープン型，セミオープン型の三つに大きく分けることができる。

次にキャビネットや機器類の配置パターンは，I型，II型，L型，U型，アイランド型の五つに大きく分けられ，それぞれ使い勝手や作業が異なる。

食生活のあり方も含めてライフスタイルにあった厨房のタイプを選び，広さや開口部の取り方，さらにダイニングとのつながりを考慮しながら配置パターンを検討するとよい。

どこに厨房をとるか　住宅のプランを見ると，一見厨房の位置は定型がないかのごとく，それぞれかわっている。しかし，それは歴史的に見ることによって次の法則性がとらえられる。

まず，家事労働力があるかないか。その価値をいかに考えているか。

次に，厨房の設備の整い方がどの程度か。そこで扱う食品とその調理法。

多くの時間を厨房ですごしていたにもかかわらず，長年の間，厨房は住宅のなかでも不便な所，日の当たらない場所にあった。しかし，家事労働の合理化と電化の進展にともなって，現在では労力のかからない厨房へと変化している。

厨房は，作業能率を上げるため，明るくて衛生的な空間がよく，東側や北側に面するのが良い。現在では，食事室の一部として考えられてきている。

生活と厨房　住宅の設計をするとき，厨房の扱い方によってその住宅生活の様子が決まるといっても過言ではない。

住宅生活のなかで最も機能的な場所が厨房である。食堂とのつながり方や他の家事労働との関連を考えることと，厨房の広さや

7-1 厨房

オープン型

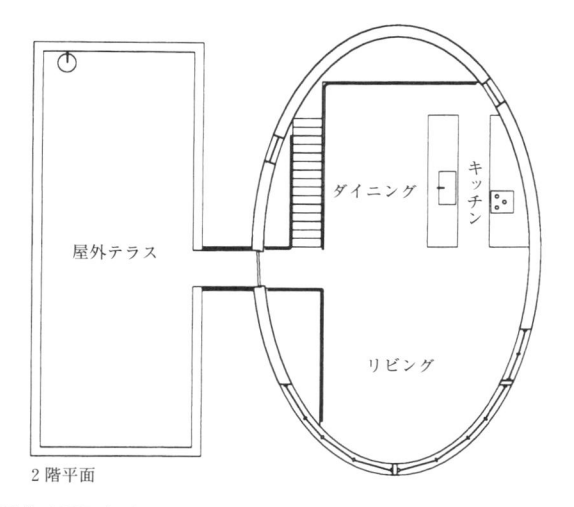

まんぼう 1997／建築都市計画研究所 atelier a＋a 1997

セミオープン型

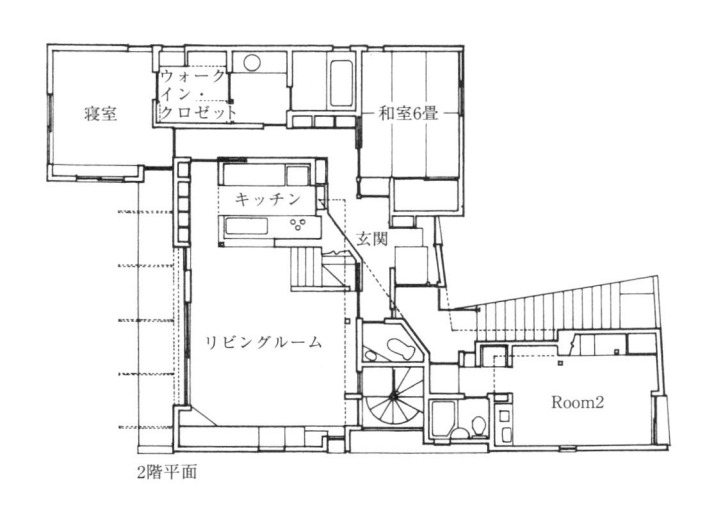

赤堤の住宅／f2建築設計事務所 1997

器具設備，収納スペースをいかにするかによって住宅の生活が左右される。

厨房の大きさは，DKタイプとKタイプ別，家族数や家具の配置によって異なるが，家具・設備を含めKタイプで7～10 m²程度が適当である。

動線と厨房プラン　厨房の動線は住居のうちの最も有機的な日常生活を左右するものである。

毎日繰り返す動線がどうなるか，あらかじめ想像できるようでなければならない。主婦の家事労働のなかで，一番大きなウエイトを占めているのは，厨房の仕事であり，その動線は，他の家事とのつながりを考えてなるべく短くし，仕事が軽減できるように設計する。

これらの作業をするための設備機器には，流し台，調理台，レンジ，食器棚，冷蔵庫などがある。これらの配置によって，台所の形式を示すと，7-2に示す厨房の配置のようになる。主婦の動線や使い勝手から言えば，I型配置が望ましいが，いずれの配置の場合でも，動線を短くし，勝手口，家事室，浴室などとの関連を考えて設計する。

厨房の設備　厨房の一般的設備には，給排水，給湯，ガス，電気，給排気，空調，弱電などがあげられる。大型冷凍冷蔵庫，電子レンジなど種々の電気製品が増加する傾向にあるので，電気容量に注意しながら，コンセントの数や位置を決めなければならない。

厨房のタイプ

独立型　厨房を他の部屋から独立させるタイプ。油煙や臭いの拡散を防ぎ，来客に厨房を見せなくて済む。

オープン型　食堂と厨房を仕切らないタイプ。スペースを節約することができる，家族のコミュニケーションを図ることができるなどの利点がある。

セミオープン型　独立型とオープン型の折衷型であり，3分の1から2分の1がオープンであるが，ハッチのついた食器棚で厨房と食堂の間を仕切る。台所をスペース的に独立させながら，家族のコミュニケーションを図る配置である。

7-1　厨房

I 型配置

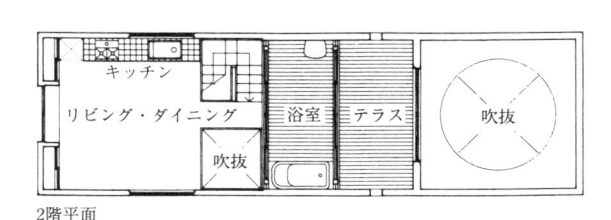

磯田邸／阿部勤　1992

II 型配置

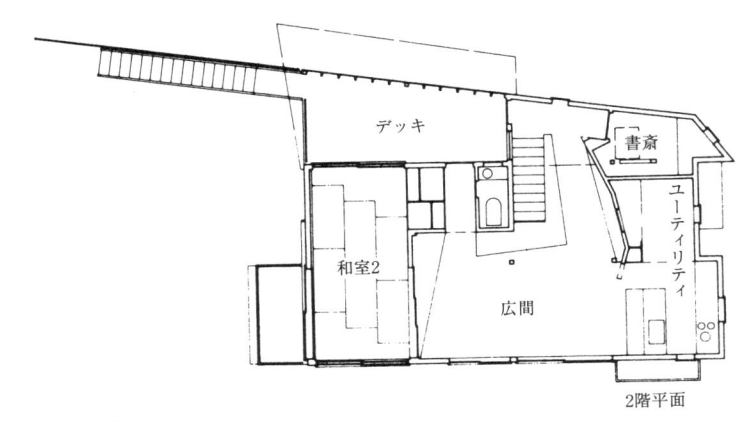

鳴海の住宅／武田光史　1992

L 型配置

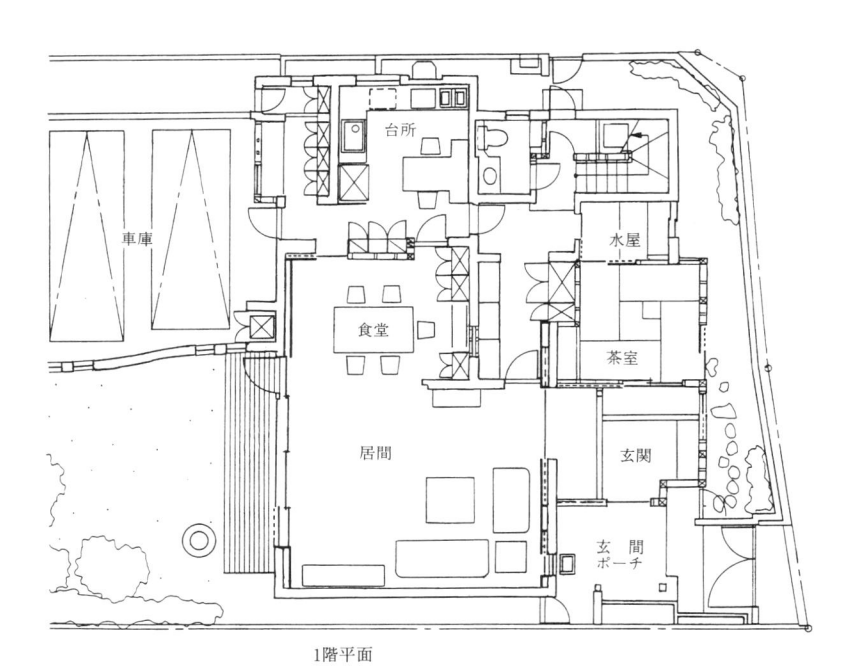

上馬の家／猪野建築設計　1996

U 型配置

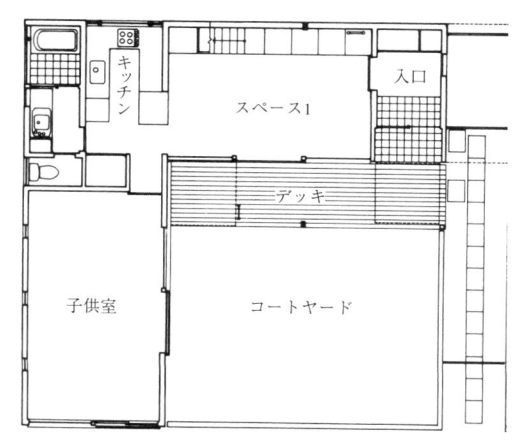

MAGAZZINO／諸角敬＋松本剛　1992

厨房の配置

I 型　シンクとコンロを一直線に並べた最も基本的なレイアウト。カウンターの長さは全部で3m程度必要。

II 型　シンクとコンロを二列に分けた配置である。2人で作業するとして、幅は90〜120cmがよい。横幅があまり取れない場合に適している。一辺140cm程度で済む。

L 型　カウンターがL型になったタイプ。作業動作が短くて済むが、コーナー部分の収納に工夫が必要である。

U 型　カウンターをU型に配し、底辺にシンクかコンロを設ける配置である。

アイランド型　シンクとコンロの両方または一方を壁から離し、島のように配置する。カウンターを囲み大勢で料理を作ることができる。

7-1 厨房

アイランド型配置

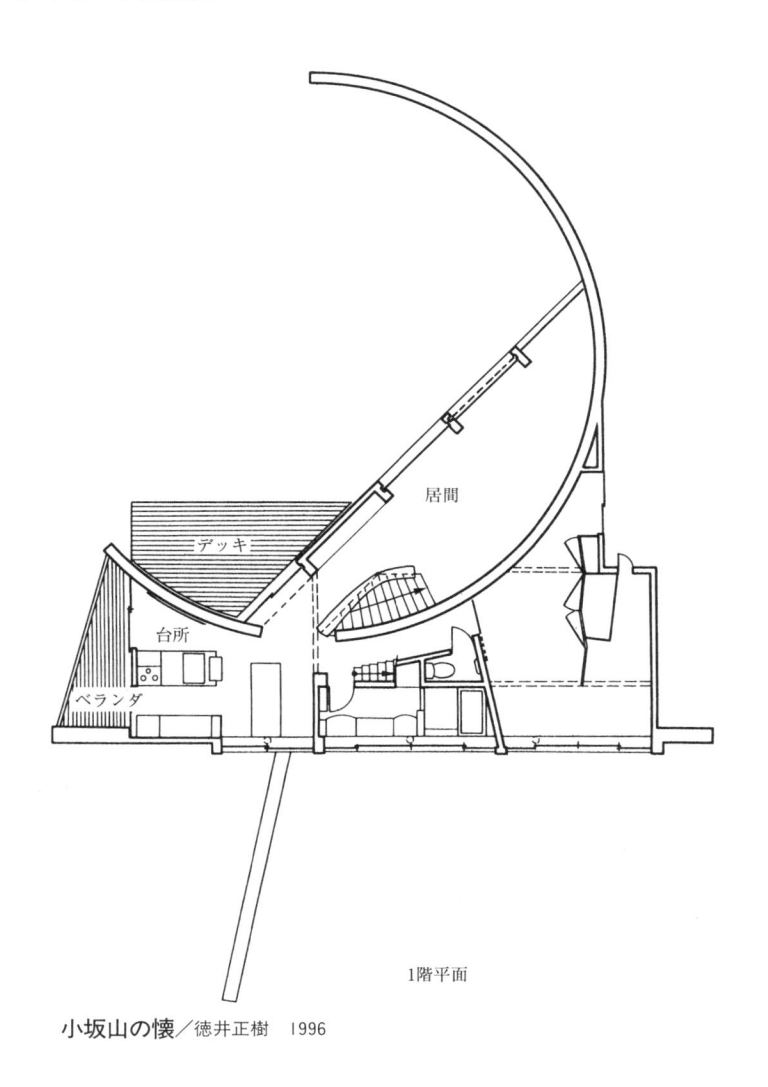

小坂山の懐／徳井正樹　1996

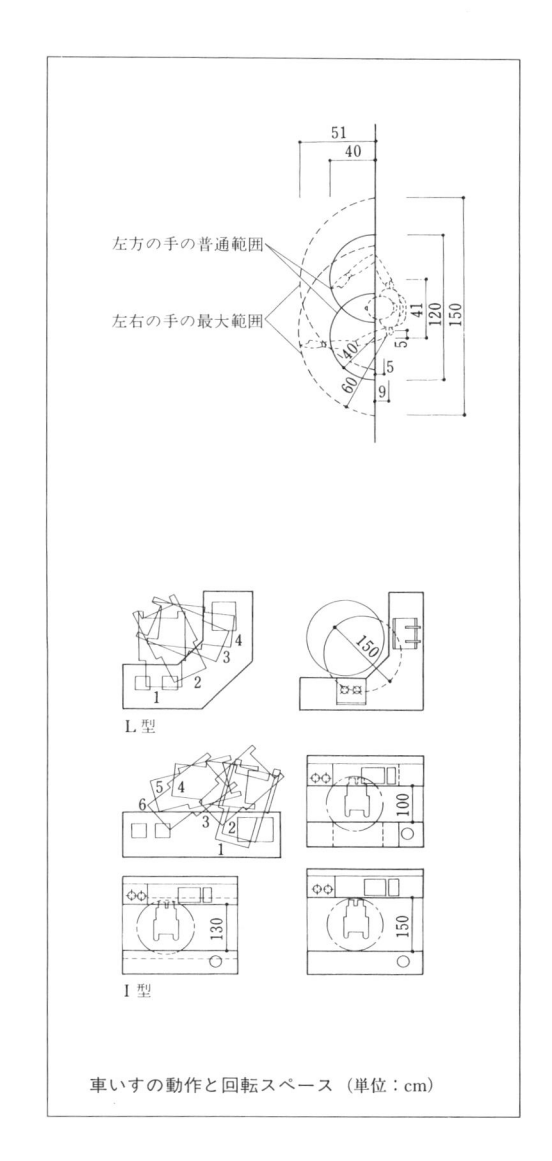

1階平面

車いすの動作と回転スペース（単位：cm）

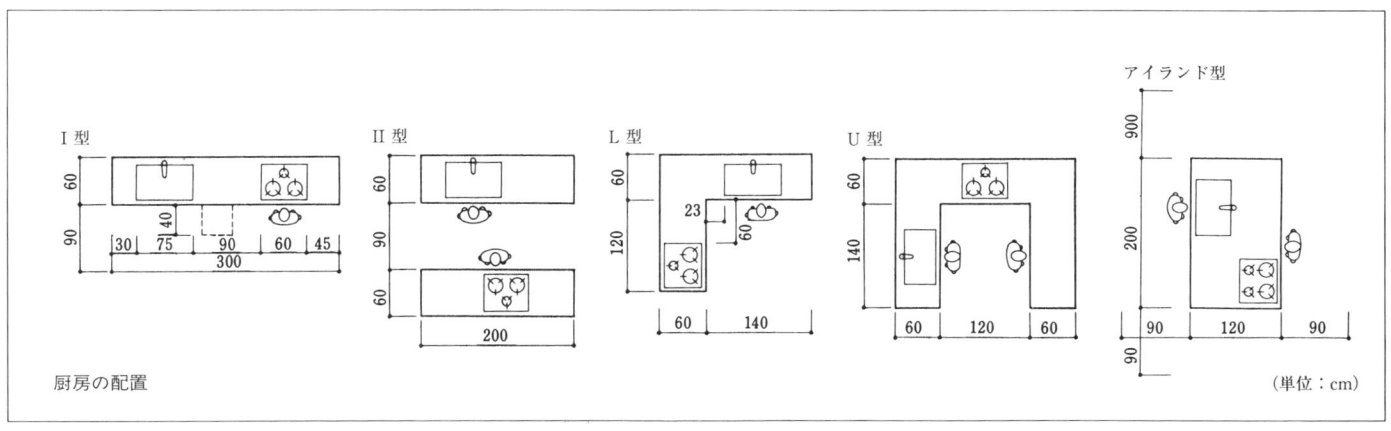

左方の手の普通範囲
左右の手の最大範囲

L型
I型

厨房の配置

I型　II型　L型　U型　アイランド型
（単位：cm）

ユーティリティ

洗濯などの家事作業が行なえる場としてのユーティリティをプランニングするケースが多くなってきている。特に家事の効率性から厨房に隣接して設けるケースが多く、その位置は、厨房、浴室、脱衣室に隣接させ、勝手口を通りサービスヤードや物干し場へ続く動線を考える。家事作業の中心の場である厨房と、家事管理をする場のユーティリティを出来るだけ集約させることによって、家事の合理化が図れる。ユーティリティは様々な家事作業が交錯して行なわれる場であり、しかも勝手口を兼ねるケースも多く、どうしても乱雑になりがちである。乱雑さを避ける意味からもある程度のゆとりを持たせることが重要であると同時に、収納スペースの取り方にも木目細かな配慮が必要である。

7-2 厨房とユーティリティの設計

キッチンシステム構成部品寸法　　　　　　　　　　　　　　　　（単位：mm）

名称（タイプ名）			寸法		
			開口 W	奥行 D	高さ H
キッチンキャビネット	セクショナルキッチン	流し台 シングルシンク	1200, 1500, 1800	550　600	800　850
		ダブルシンク	1800		
		調理台　一般用	300, 600		
		隅用	隅用調理台の寸法は自由としているが構成には支障のないもの		
		コンロ台	600, 700	550　600	620　670
		吊り戸棚　一般用	300, 600, 900, 1200	350	500
			600		700　1000
		隅用	隅用吊り戸棚の寸法については配列に支障のないものとする		
		トールユニット	450, 600	—	1800+100n（n=1, 2, …）
		排水トラップ	口径180mmφ, 本体高さ275〜290mm, 排水管40A 設計封水環50mm以上10mm以下, ごみかご穴6mm以下		
	システムキッチン	カウンタートップ		600　650	800　850
		フロアーキャビネット	300n（n=1, 2, …）		
		吊り戸棚	—		
		トールユニット	450, 600	—	1800+100n（n=1, 2…）
キッチンユニット			1800, 2100, 2400 2700	600〜900	ユニット 2300〜2400 流し台 800〜850

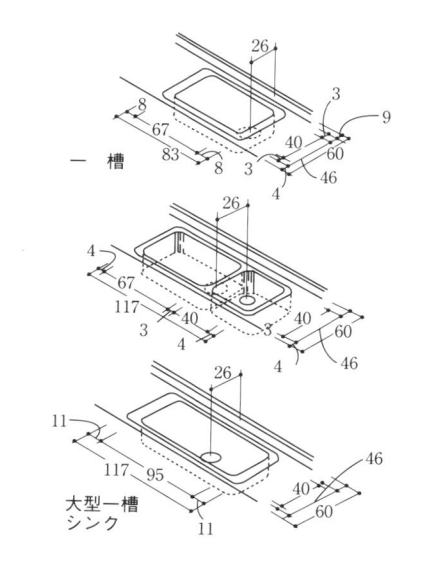

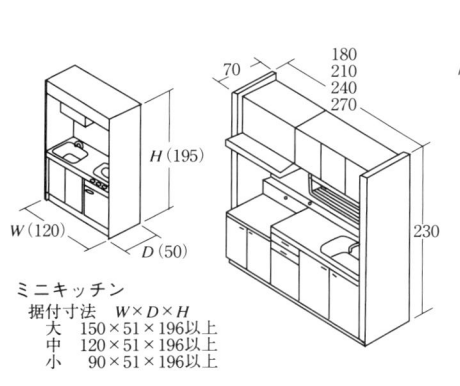

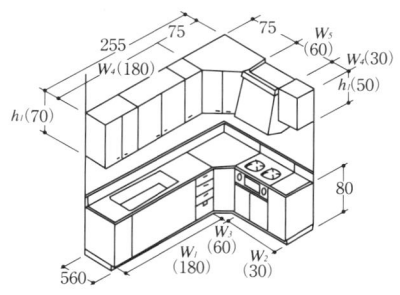

一槽

大型一槽シンク

ミニキッチン
据付寸法　W×D×H
　大　150×51×196以上
　中　120×51×196以上
　小　 90×51×196以上

セクショナルキッチン
W_1　流し有　75〜180（75, 105, 120, 150, 180）
W_2　流し無　15〜90（15, 30, 45, 50, 60, 90）
W_3　コンロ台　60, 70
W_4　吊り戸棚　30〜90（30, 45, 60, 90, 120）
h_1　吊り戸棚　50〜90（50, 70, 90）
W_5　換気扇　60〜90（60, 75, 90）

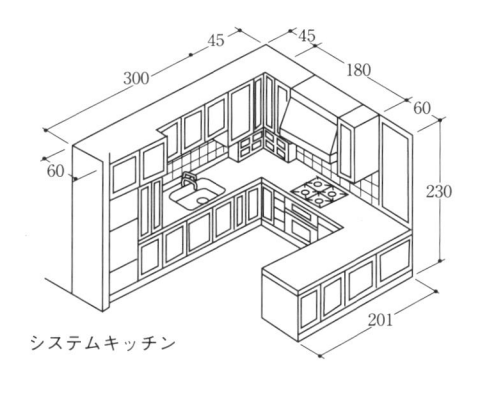

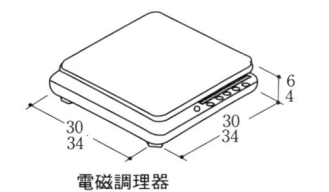

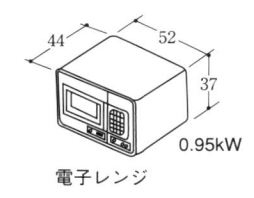

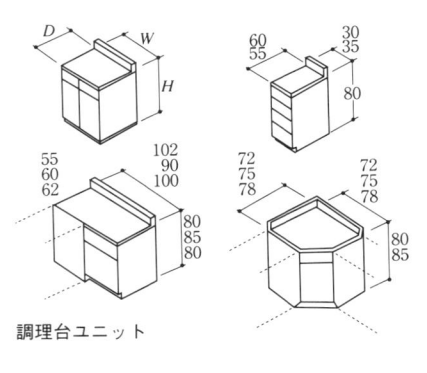

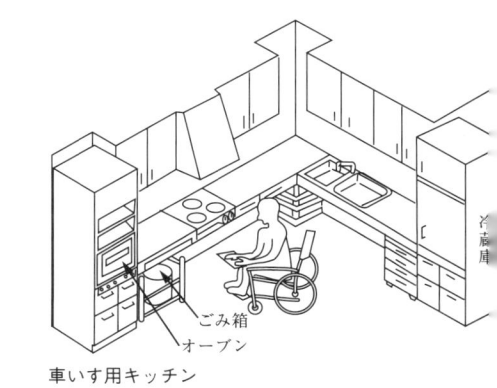

システムキッチン

電磁調理器

電子レンジ

調理台ユニット

車いす用キッチン

（単位：cm）

7-2 厨房とユーティリティの設計

次に厨房のなかの設計をしなくては広さも設備も決めようがない。厨房は何をするところか, どのようなものがあるのか, を知っておく必要がある。そして, 使いよい厨房とはどんな設備と, 家具・道具をどのように配置したらよいかを考える。

厨房では, 食品, 食器, 調理具, 用品, 家具をそれぞれの形や状態で分類する。これをどのように配列するかによって, 厨房の使いやすさが決まる。

調理する, 洗う, しまう, これが厨房で行なわれる作業である。この扱いが便利なように, それぞれの食品や容器をしまう家具・設備があり, 使われ方によって配置する。この動作に従ってたくさんある厨房の品物を整理して考えることが厨房設計のはじまりである。

食品は調理具によって調理する。その調理具を置くために家具が必要になる。厨房の設計は家具の配列を第一に考える。次にそれによって設備の位置が決まる。

厨房のほかにも住宅のなかで行なわれる家事はいろいろある。洗濯, アイロン掛け, 衣類整理, 裁縫, ミシン, 手芸, 工作, 修理, 掃除など, このような作業は住宅のどこで行なうか, 住宅設計の上でこの作業スペースを完全にとることはあまりない。作業とスペースの関係をどのように組み合わせて部屋をとるかは, その住宅の質により決めるものである。いずれを選ぶにしても, 住宅に家事作業があることを意識してチェックする必要がある。

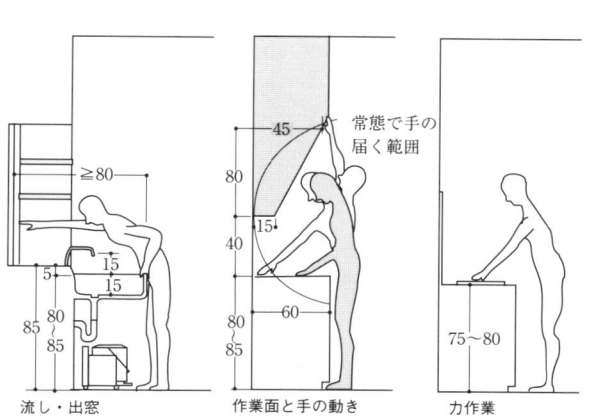

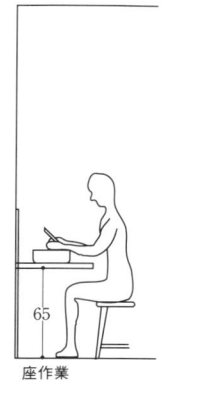

7-2 厨房とユーティリティの設計

調理の動作空間

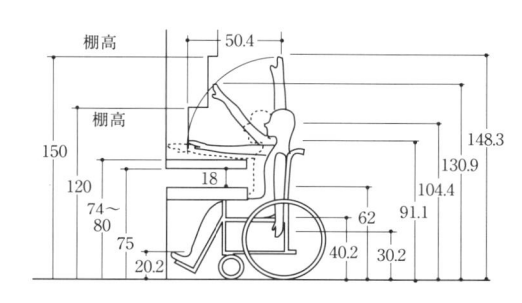

平均身体寸法と調理台・棚の関係

冷蔵庫　　　　　　　　　　　　　　　　（単位：mm）

有効内容量 （リットル）	W	D	H
40	470	490	490
80	435	498	955
120	460	540	1160
255	546	580	1725
360	590	695	1730
450	740	680	1770
550	878	649	1800
750	1216	737	1800

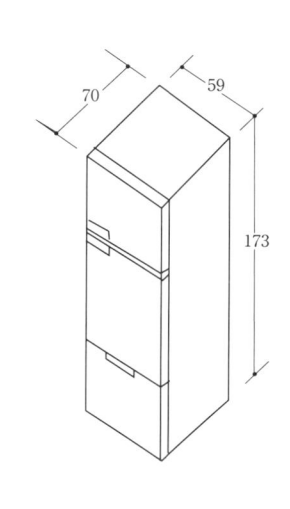

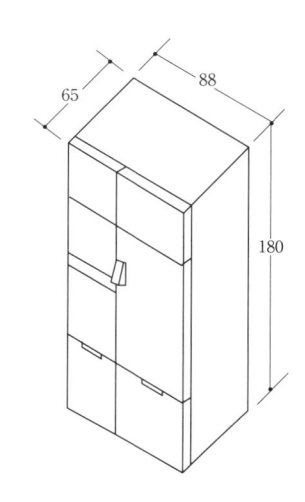

洗濯機　　　　　　　　　　　　　　　　（単位：mm）

	洗濯・脱水 容量(kg)	W	D	H
ランドリー付	—	—	—	〜1900
全自動	4.2	565	534	911
	5	565	534	911
	6	609	588	952
	7	609	588	952
	8	690	660	1055
二層式	2.5	705	385	895
	3.5	770	422	865
	4	770	422	865
	5.2	780	456	914

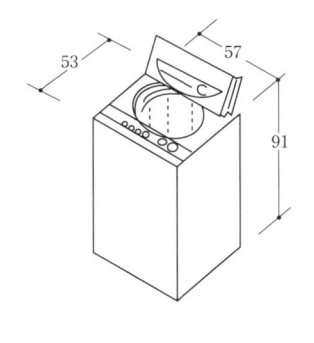

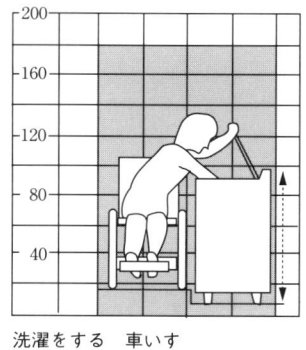

洗濯をする　車いす　　　　（単位：cm）

身体障害者，高齢者への配慮　高齢になればなるほど身体の機能は衰え，不自由な生活が強いられることが予想される。そのためにも車いす利用でも料理作りがスムーズに行なえるような厨房プランが必要である。作業カウンターの構造や高さの問題，車いすでも物がスムーズに取り出せるような収納スペースの問題など，いかにして作業をしやすくするのか，様々な面で工夫が求められる。その基本として，段差のない床仕上げ，車いすがスムーズに移動できる厨房の広さと配置などを検討するとよい。身体障害の種類，程度により，作業台，収納の高さは異なる。その高さは，前後，左右，垂直方向の動作域の制約と，作業特性を考慮して決める必要がある。たとえば，平座位で作業を行なうためには高さは出来るだけ低いほうがよい。

車いすが十分に台へ接近するためには，台下を55〜65 cm空ける。フットレストが入るようにするには，床上25〜30 cm，奥行20 cmのけこみを設けるなどの配慮が必要である。また，作業の種類に応じて高さが調節できる作業台，車いすが台下に入れるようキャスター付の収納台を設けるなど，つり戸棚，作業台，下部収納部の間を横割り方式にすることが望ましい。L型の配置は，軸回転が容易に出来る車椅子の特性を十分に活かせる。一方，所要面積が少ないI型の場合は，車いすをいったん後方に移動し方向転換をする必要がある。しかし，I型も調理台などの下部を空ければ，斜めに移動でき，方向転換が容易になる。

7-3　設計例

セミオープン型厨房・U型配置

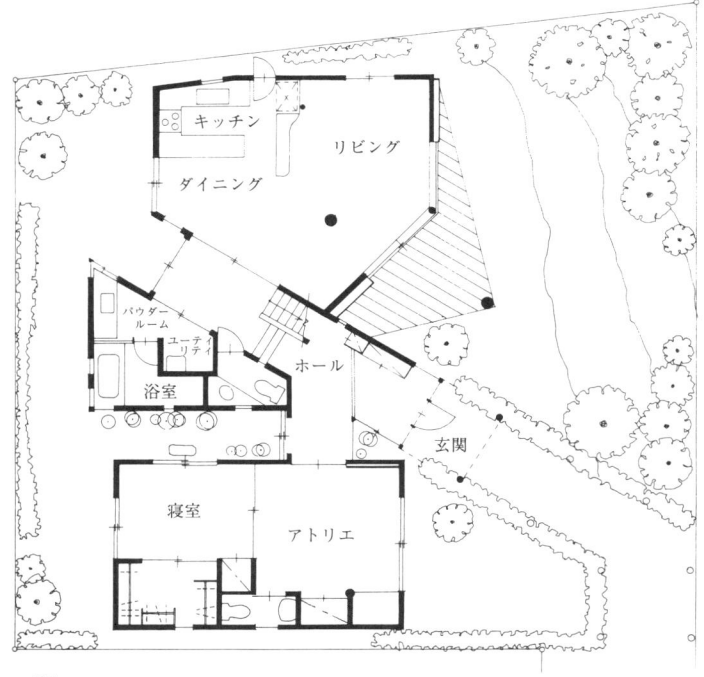

T邸／吉田勝　1994

オープン型厨房・アイランド型配置

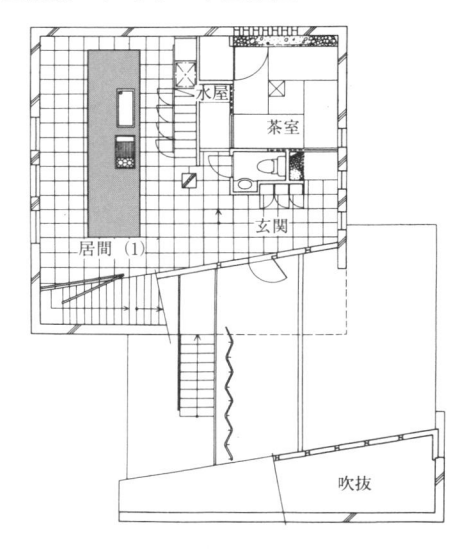

立方体の風／白川直行　1992

セミオープン型厨房・U型配置　南側の1階にリビングをもち，窓の面積も広く採光をよく取り入れている。北側に位置するリビングとキッチンは南側の部屋に比べれば採光上はやや不利かもしれないが，その点はトップライトを活用して解決している。

また，2階にあるサンルームは物干しにも使える空間として設置している。洗濯物が建物の正面にずらりと並ぶのは，いい気持ちではない。このサンルームなら外からは目立たないし，雨の日でも干すことができる。もちろんデッキチェアでも置き，観葉植物でも並べれば，文字どおりのサンルームにもなる。

オープン型厨房・アイランド型配置　椅子に座して集う2階のリビングと，3階の座居，横臥居で集うリビングは，レベル差はあるものの，吹抜けを介して一体となっている。

シンク，ガスコンロを仕込んだ1,400×5,240mmの大テーブルが中心となっている居間兼厨房である。長尺シート張りのテーブルはプライベートルームの集まる下階の階段からの視線を意識して，ステンレスパイプとプレートで支えられている。3階との関係も考慮してか，ガスコンロ上にフードはなく，横から強制排気される。冷蔵庫を含めた収納は3階への階段下にまとめられ，集いの雰囲気を妨げないような工夫がなされている。

7-3 設計例

セミオープン型厨房・I型配置

2階平面

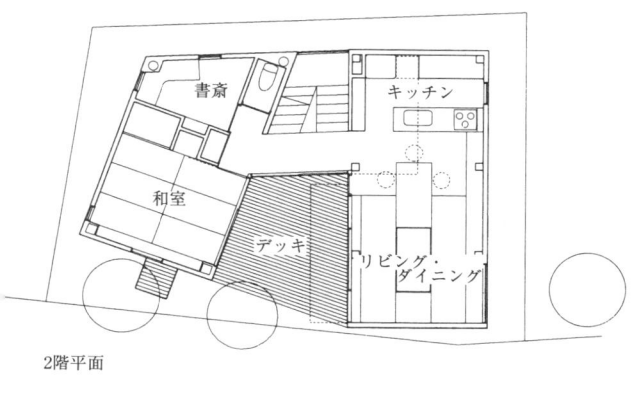

GREEN-WALL／米田明　1997

セミオープン型厨房・II型配置

3階平面

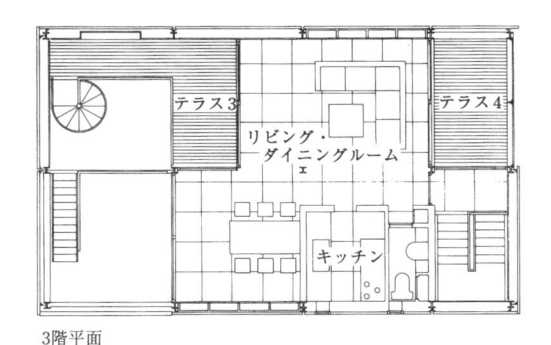

東大阪の家／岸和郎　1997

セミオープン型厨房・I型配置　2世帯住宅に準ずる住居で，大きくプライベートなゾーンとパブリックなゾーンを二つのボリュームに分割する方針が立てられ，2階に居間を設定することに伴い，同レベルに持ち上げられた中庭を取り囲む構成となった。

中庭を介して居間と客間の間に対面的な視線が発生すると同時に，木々の連なりを透過して街へと開放される視線が，建物表層部の薄い空間内においてもたらされている。その視線は，畳敷きの居間と中庭とのレベル差によって平面方向のみならず断面方向へも微妙なシフト感をもち，視線が互いに交錯することになる。

セミオープン型厨房・II型配置　間口3.6m×2スパン，奥行3.4m×3スパンの主構造の道路側に階段・テラス分1スパンを持ち，建物の後の1スパン分を中庭とする形式としているが，その中庭は階が上がるに従い唯一許された南方向へと開いてゆき，最上階では天井高が4.0mあるリビング・ダイニングルームの屋根を部分的に半透明な素材とすることで，中庭から室内へ，外部から内部へ，という空間の遷移が主役となるように，それも徐々に変化していくよう計画されている。

主階のレベルは地上面からほんの数メートルのわずかな差異が，閉じていながら同時に都市に対してオープンでもあるような空間の有り様を見せる。

8 寝室と収納

8-1 寝室と家族室のゾーニング

個室として区分する

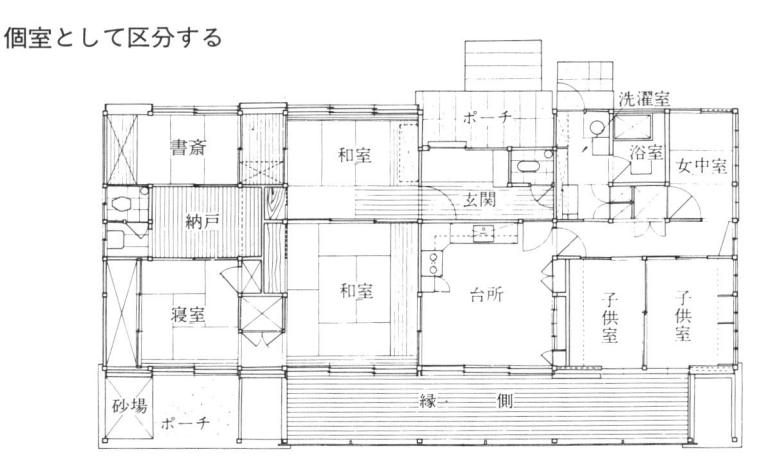

内田邸／内田祥哉 1961

中庭で分ける

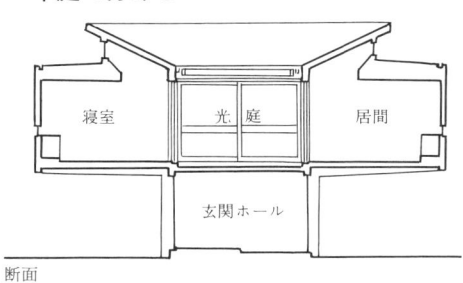

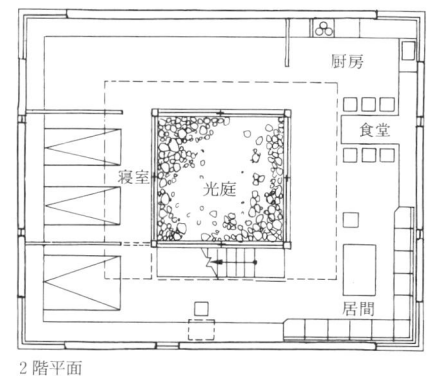

断面

2階平面

金子邸／高須賀晋 1968

家具で仕切る

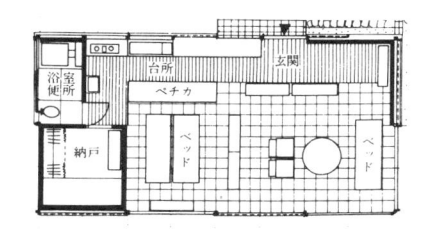

SH-1／広瀬鎌二 1954

設備コアで分ける

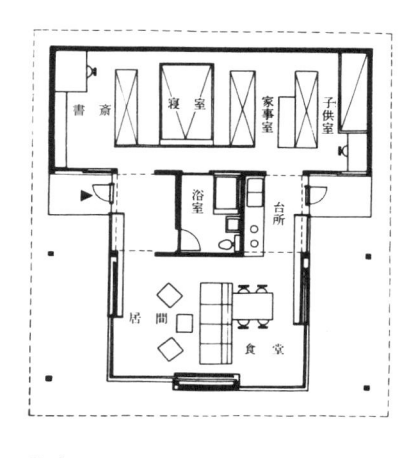

住宅No.20／池辺陽 1954

一日の生活は寝室から始まり寝室で終わる。朝の着替え，その日に必要な身の回りの用品等は起床する場所に関連して計画されている方が便利であり，また，就寝する時には手早くその日に使ったものを片付けられる方がよい。

寝具は，言うまでもなく寝室に付属される。家族個人の衣類や持ち物，あるいは居間・食堂などに収納するのが不向きな生活用品等は，孤立性があり，プライバシーの保てる寝室の近く，あるいは内部に収納棚，押入，ウォークインクローゼット等の形で収納スペースを計画する。

8-1 寝室と家族室のゾーニング

住空間の中で最も安静さと穏やかさが求められる空間として寝室が存在する。居間や食事室などは家族が集まり，共に食事をしたり会話・団らんを楽しむといった，いわば動的かつ開放的な空間が好まれるのに対して，安らかな休息・睡眠によって活力を回復するための寝室は静的な空間として対比され，ゾーニングされる。そこは，夜間寝具に包まれて目を閉じて横たわるといった機能的要求にとどまらず，1日のほぼ1/3を過ごす大切な空間として位置付けられる。このため，プライバシー性や孤立性が求められる。

寝室には夫婦寝室，子供寝室，客用寝室などがある。また寝室は就寝前後に利用される浴室，便所といった保健衛生のための空間と密接な関係があり，計画に当たっては，これらをどのように関連付けるか，あるいは隔てるかといったゾーニングの在り様がキーポイントとなる。

こうした基本的な認識に立脚しながら，家族のライフスタイルに適した住まいが計画される。すなわち，寝室を他の空間から完全に切り離して計画するのか，あるいは，時間帯によって寝室になったり，茶の間になったりといったように機能分化をあえて避けて計画するのか，そうした家族共通のスペースとの関係で寝室の考え方を見直してみる。

8-1 寝室と家族室のゾーニング

吹き抜けでつなげる

断面

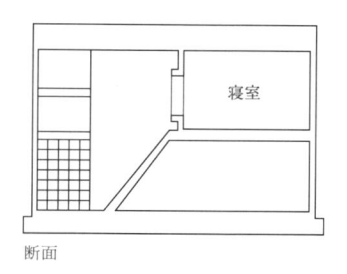

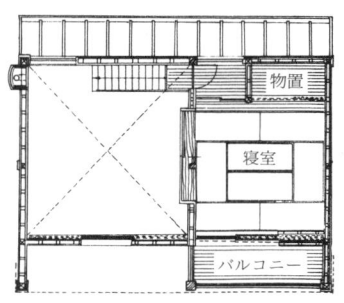

2階平面

増田夫妻のアトリエ／白井晟一　1959

階で分ける

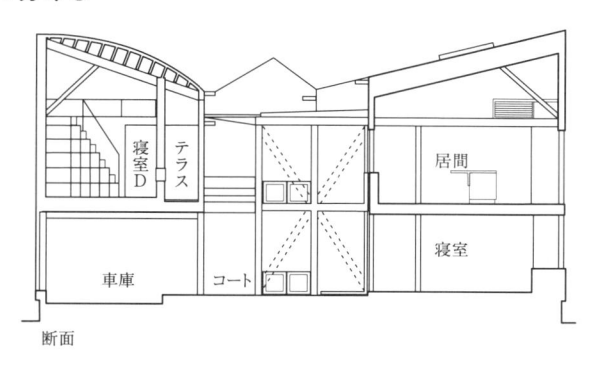

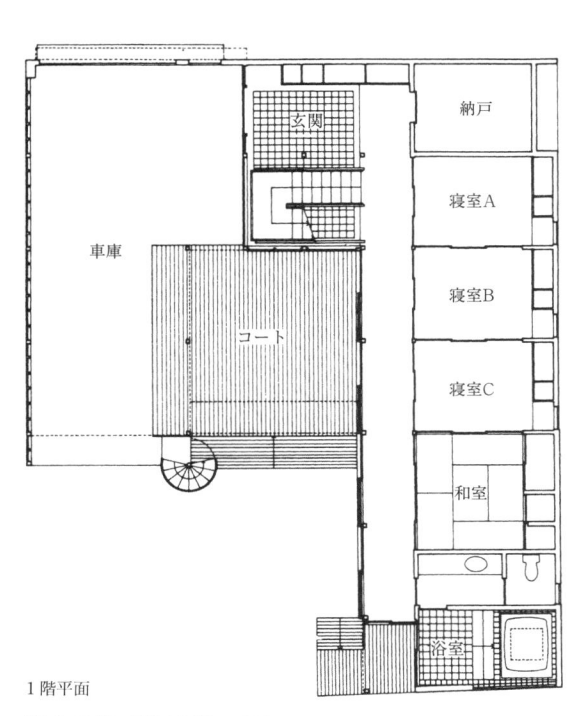

断面

1階平面

葉山の家／飯田善彦　1994

個室として区分する　家族団らんの中心である居間・寝室を囲んで，寝室などのプライベートな個室が配置されることにより，家族内でのプライバシーを確保することに重点をおいた計画。
nLDKといった呼称で代表されるように，寝室＝個室が家族構成をそのまま表すタイプ。

家具で仕切る　天井まで壁で完全に仕切るのではなく，家具で簡単に仕切ることによって，空間に広がりを持たすことができる。時間帯で空間の機能を変化させるという考えのもとに，昼と夜の活動性の違いをこうした比較的ルーズな仕切りによって融通性を持って計画しようとするタイプ。家族構成の変化などにも対応することができる。

中庭で仕切る　ゾーンの区切りを中間的な中庭を設けることによって，視覚的・空間的連続性を持ちながら，かつ分離しようとするもの。中庭から十分な採光をとることで，空間の広がりを保つには有効な方法である。外部からの視線を感じさせることなくプライバシー性を確保するが，内部的には開放的な空間の広がりを重視するのに適している。

設備コアで分ける　居間と寝室のゾーンを浴室，便所，台所などの設備スペースで区切ることで，視覚的にはつながってはいるが，空間的には完全に分離させることができる。両ゾーンの中間にこうした設備コアを位置させることで双方向性の利便性を有する。

吹き抜けでつなげる　寝室を吹き抜け部に面した上階に配置することにより，空間の立体的連続関係を保ちながら，かつ屋根裏部屋のような孤立した空間としての雰囲気をも形成させる。

階で分ける　ゾーンを階で区切ることにより，複雑な動線はなくなり，家族の共用部分と寝室とのそれぞれの機能関係が明確に分離される。
上階を寝室ゾーンとする例が多いが，逆に上階を居間などとすると天井高を有効に使った計画も可能となる。

69

8-2 寝室のスペース

2階ベッドの寸法

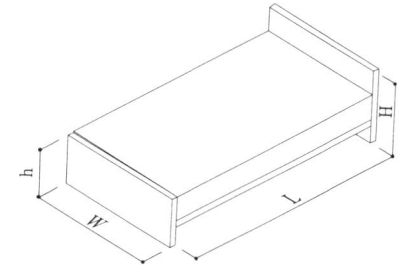

寝る場合の寸法

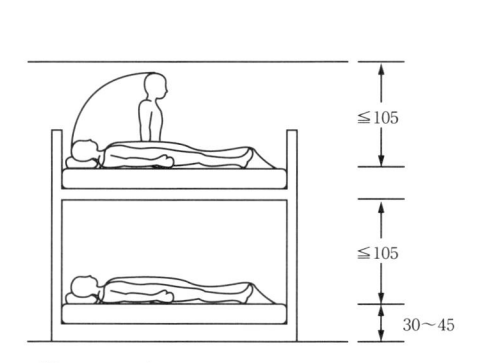

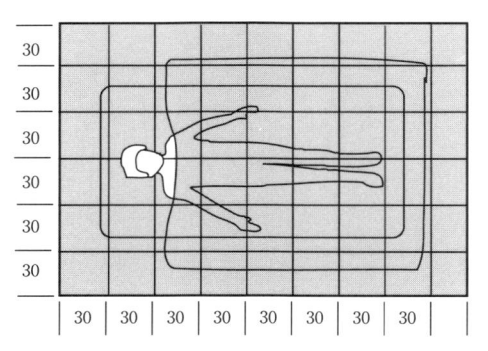

ベッドメーキングをする

ベッドの寸法（単位：mm）

	W	L	H	h
シングル	900〜1000	1900〜2100	700〜800	300〜600
セミダブル	1200〜1350			
ダブル	1400〜1500			

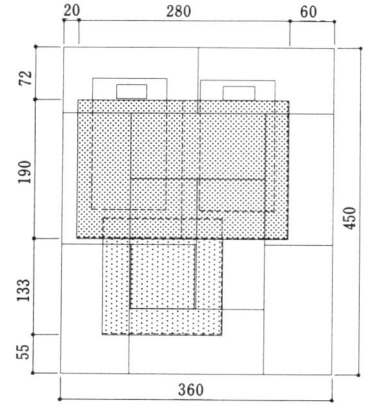

布団2枚（8畳間，重ねない場合）

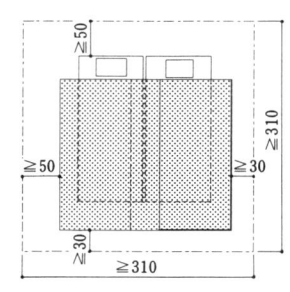

布団2枚（重ねる場合）

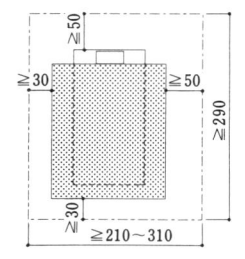

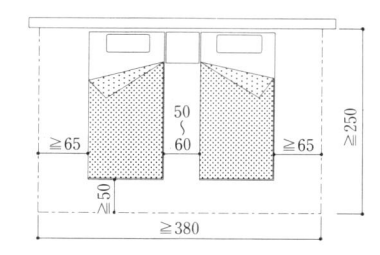

布団1枚

シングルベッド2台（分離型）

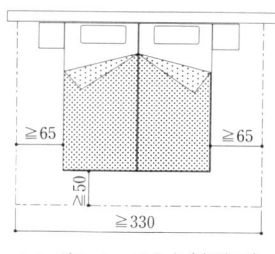

シングルベッド2台（密接型）

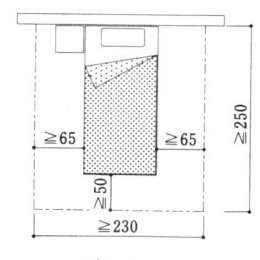

シングルベッド

（単位：cm）

8-2 寝室のスペース

寝室のスペース　寝室は，起床・就寝時の動作のほかに，掃除・ベッドメイク等の動作を妨げないように最小限のクリアランスを計画しておかなければならない。寝室は単に眠るだけでなく，一日の疲れをいやす場所でもある。このため，常に部屋を清潔に保ち落ちついた場所となるように，ベッド回りのスペースを十分にとり，片付け，掃除，ベッドメイク等が楽にできるようにする。

ベッド・寝具の配置　ベッド・寝具まわりの寸法は，シングル，ダブル，キングサイズといったベッドの大きさやベッドの置き方や布団の敷き方によって，それぞれその周囲に必要なクリアランスが決まる。ベッドの場合は，サイドテーブルを置く程度で枕元と壁面間のクリアランスは必要ないが，布団の場合には，逆に枕元側に十分なスペースをとる。これは寝具への入り方の違いにもよるが，寝具に入ってから後のくつろぎ方の違いにもよっている。

個室としての寝室　寝室はしばしば独立性が高くなることから，家族内の個人個人が比較的専有的に使う個室として扱われることが多い。また，服や靴下，着替えなどの更衣スペースも寝室には付属するものと

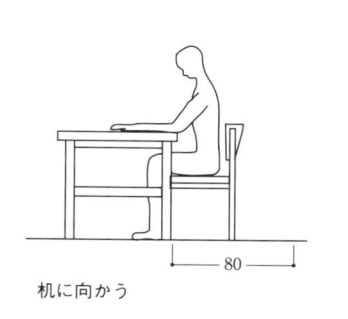

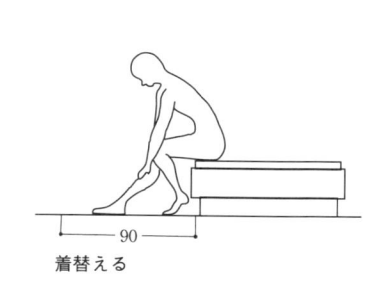

8-2 寝室のスペース

机に向かう　80
着替える　90
ベッドと壁の間を歩く　50
化粧をする　80

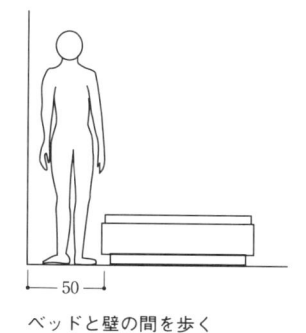

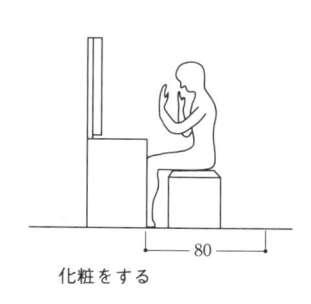

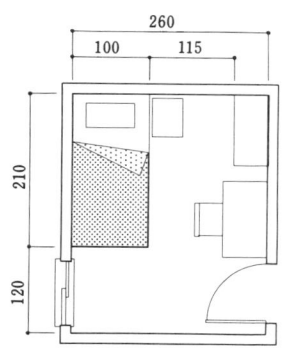

洋室一人部屋
洋室二人部屋 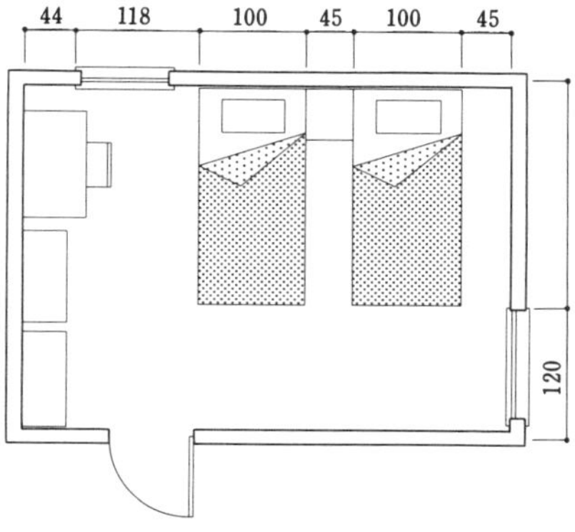
和室布団配置例 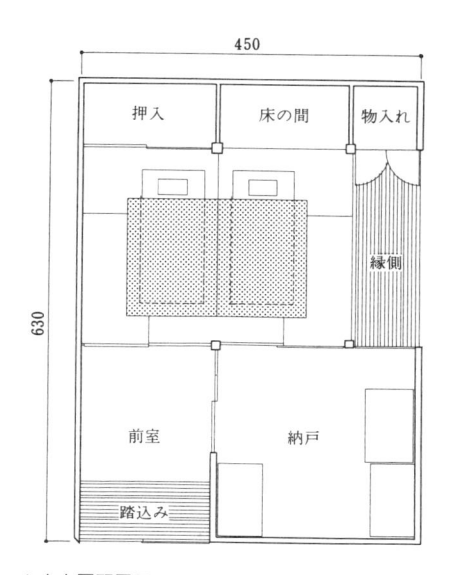
車いすの寝室寸法計画 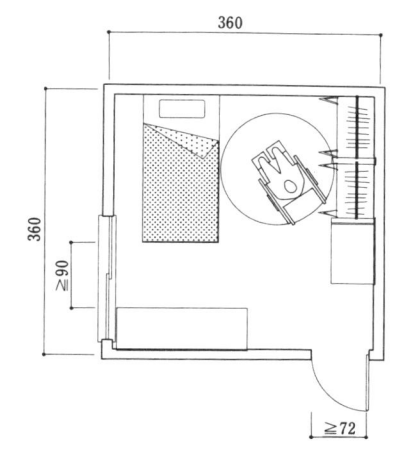
身障者寝室例　（単位：cm） 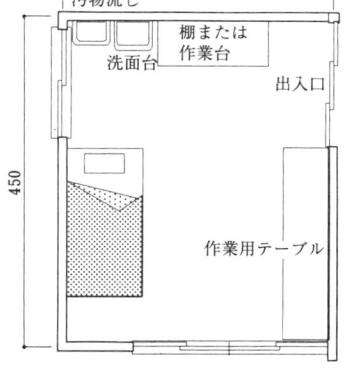
ギャッジベッド（起床式ベッド） 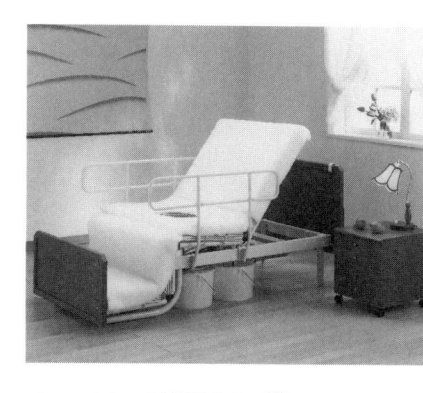

して計画する必要がある。書斎，化粧室，勉強部屋等の機能を含むことになる。こうした場合，寝室は机に向かって色々な作業をしたり，化粧をするといった個人的な生活行為が集約された机や本棚，化粧台等の家具配置，採光・通風の窓，出入口の位置を総合的に考えたスペース作りが要求される。多機能を限られたスペースの中に入れることから，何に優先順位をおいて計画するのかを予め決めておく必要もある。

身体障害者・高齢者用の寝室　布団の上げ下ろしに不自由を感じている高齢者や身体に障害がある人の寝室では，ベッドが使われることが多い。車いす利用者や介護を必要とする高齢者の場合には車いす・ベッド間の移動が楽にできるようにベッドの高さやベッド回りのスペースを十分にとる必要がある。また室内を車いすでも行動できる広さを確保し，出入口の直前や直後に段差を付けないように気を付けたい。

枕元には常夜灯や照明のスイッチを設け，コンセントなども明かりのつくものを設置することをすすめる。非常の際に役立つブザーやインターホンも忘れてはならない。寝室の近くには便所を設けるか，将来隣接して設置できるような配慮もしておく必要がある。

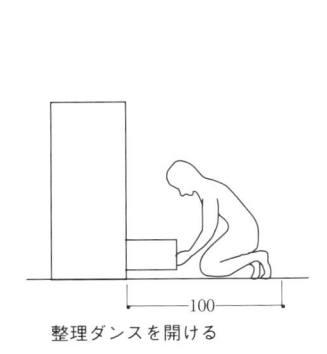

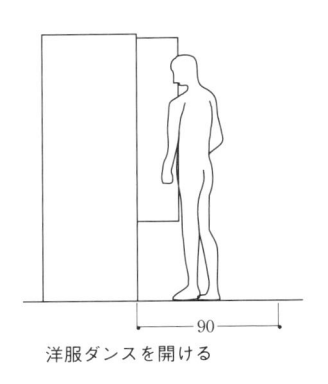

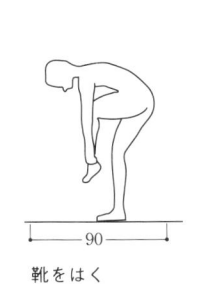

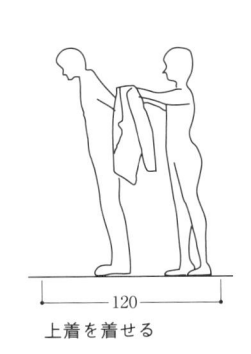

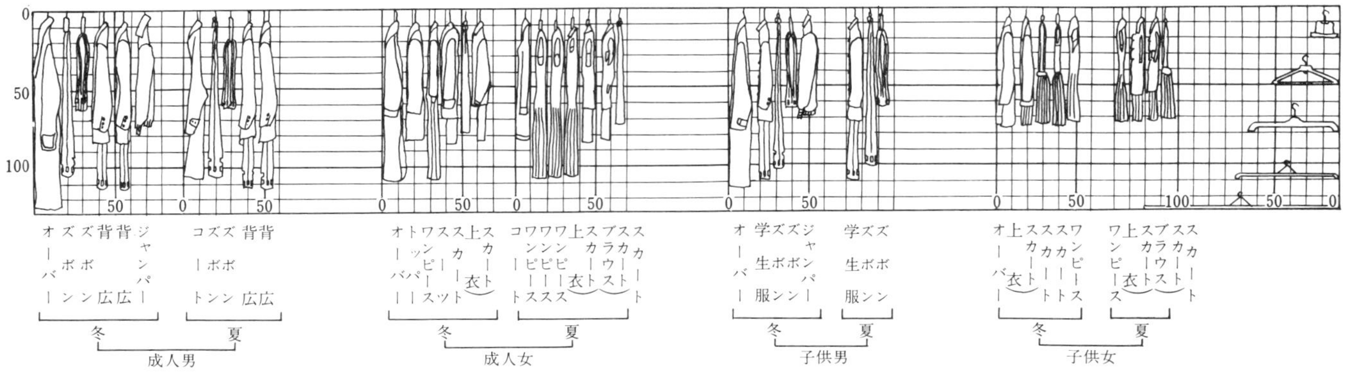

8-3 収納のスペース

整理ダンスを開ける —100—
洋服ダンスを開ける —90—
靴をはく —90—
上着を着る —90—
上着を着せる —120—

ハンガーに掛けるもの（1人当たり標準所有量と洋服寸法）

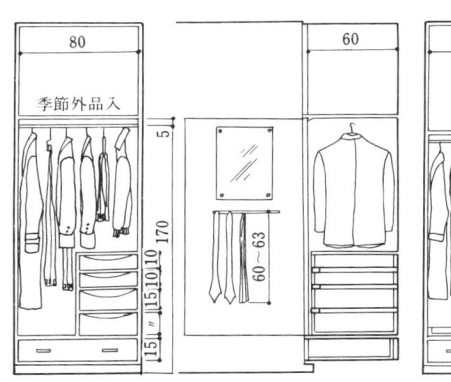

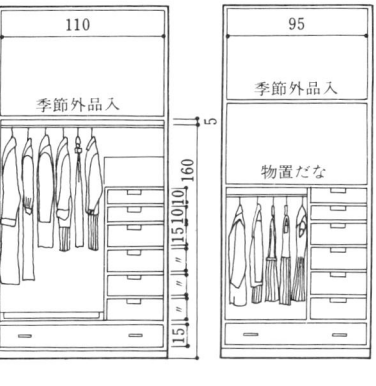

成人男　冬／夏
成人女　冬／夏
子供男　冬／夏
子供女　冬／夏

洋服ダンス

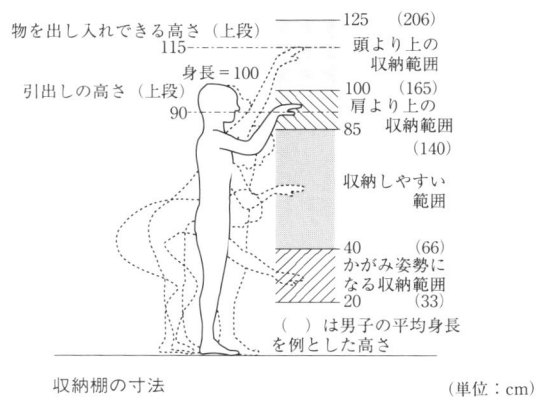

収納棚の寸法　（単位：cm）

- 物を出し入れできる高さ（上段）— 125（206）
- 115 — 頭より上の収納範囲
- 引出しの高さ（上段）— 100（165）
- 身長＝100
- 90 — 肩より上の収納範囲 85（140）
- 収納しやすい範囲
- 40（66）
- かがみ姿勢になる収納範囲 20（33）
- （ ）は男子の平均身長を例とした高さ

8-3 収納のスペース

収納のスペース　私たちの身の回りには実に沢山のものがある。頻繁に使うものから、日常的に使うものではないが欠かせないもの、見えた方が便利なものと見せたくないもの、季節ごとに変化するものなどバラエティに富んでいる。

それらをいかに効率よく計画できるかで生活空間も変わってくる。収納を計画し配置する際は、その収納を実際の人の動き、ものと人体の寸法関係を理解しておかなければならない。収納するものに応じて収納方法や、使い方を考えるとともに使う人の身体的特徴、年齢を考えて、使いやすい収納スペースを計画する。また、収納するものとそれを使う場所を考慮した収納への動線、出入口扉と収納の関係、電灯スイッチ、コンセント、設備機器との関係を考えて必要なスペースを確保しておく。

収納の寸法　収納するものは大小さまざまで、種類も多く、使う頻度にも差がある。それらは納戸、ウォークインクローゼット、押入、タンス、棚、机、小物入れ等に分類して納める。家族構成、生活形態、個人の趣味等によって、その内容が大きく変化する。洋服は、一人当たりの標準所有量を想定すると、洋服の収納スペースの寸法、ボリュームが分かる。

押入れ　押入は湿気、結露を避けるために、なるべく外壁に接しないように設ける。

8-3 収納のスペース

本をしまう

机に向かう（収納用）

車いすで手の届く範囲（標準値）

布団を積み重ねたときの大きさ

ウォークインクローゼット

押入寸法

回転クローゼット

寝具の収納を考える

床面上に台を引き出す

降下式　スライド式

中桟を工夫して引き出す

（単位：cm）

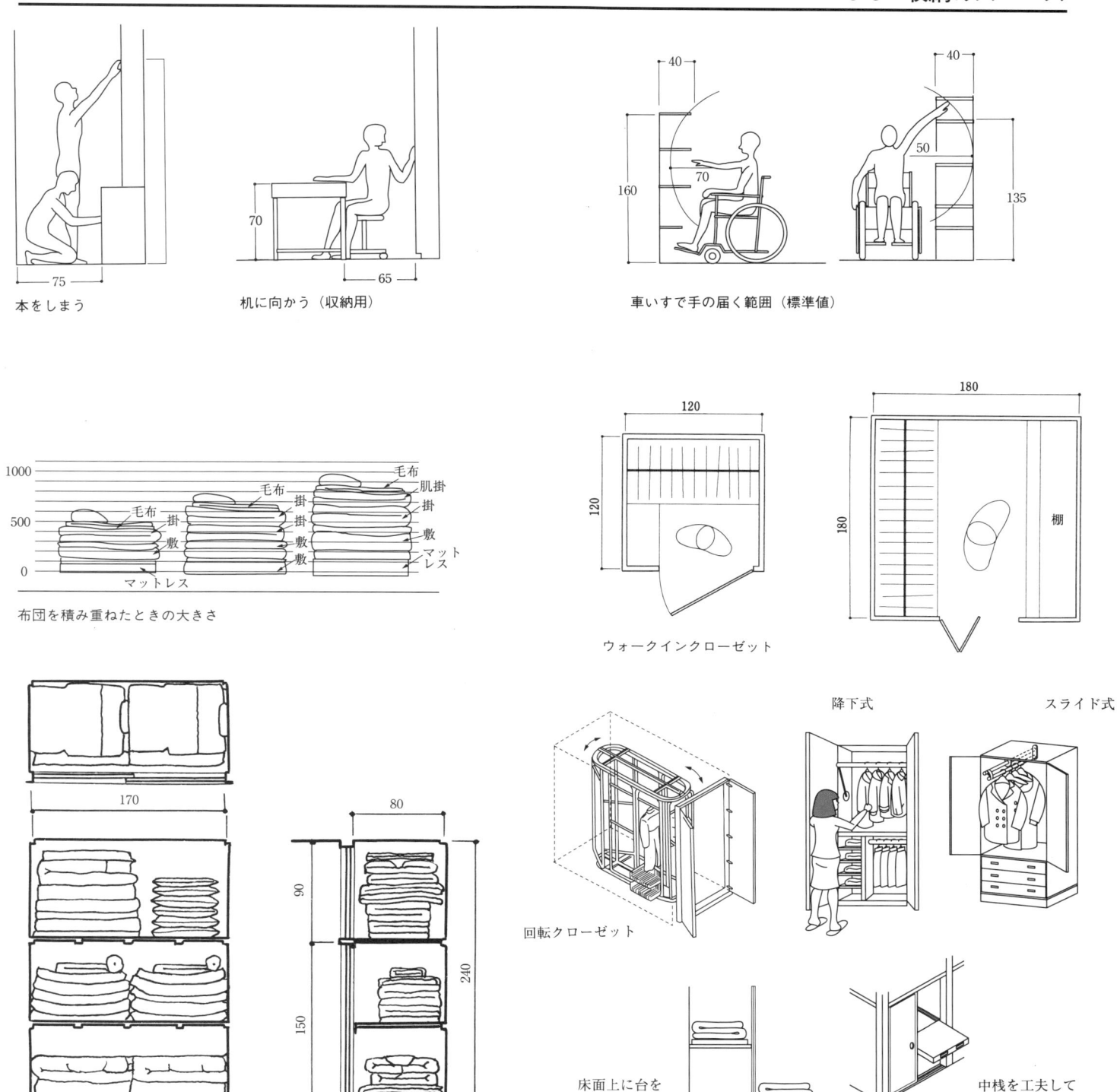

　和室の押入れは、引き違いのふすま戸が片開き状態で寝具を無理なく入れることができる寸法とするのが望ましい。天袋は日常使用しないものを収納するには便利である。押入の中に収納ケース、または、押入タンス等を入れることも多く、奥行きには注意する。

ウォークインクローゼット　壁面を収納化する場合に比べ、1室の空間として収納スペースを設けることで部屋の壁面が自由になるため、寝室が落ちついた空間となる点で有利である。多くの洋服をハンガーに掛けたままで収納し、いつでも簡単に取り出せるメリットがある。装身具、小物類を入れる棚を余った空間を利用して作ることができる。

身体障害者・高齢者用の収納設備　高齢者の人体寸法を考慮し、収納スペースを考えなければならない。収納庫内に照明を付ける、棚を前に引き出せるようにするなど身障者や高齢者が無理なく使えるように工夫すると便利である。

　車いす使用者は、高い所や低い所は手の届きにくいことを配慮して計画する。正面からアプローチする場合、フットレストや脚部が収納棚に当たらないように下部に空間を設けたり、高さによって届く範囲が限定されるので、棚の奥行きにも気を付ける必要がある。また、目線が低くなるので突出部などがぶつからないように配慮する。

73

8-4 寝室と収納の設計例

作り付け型

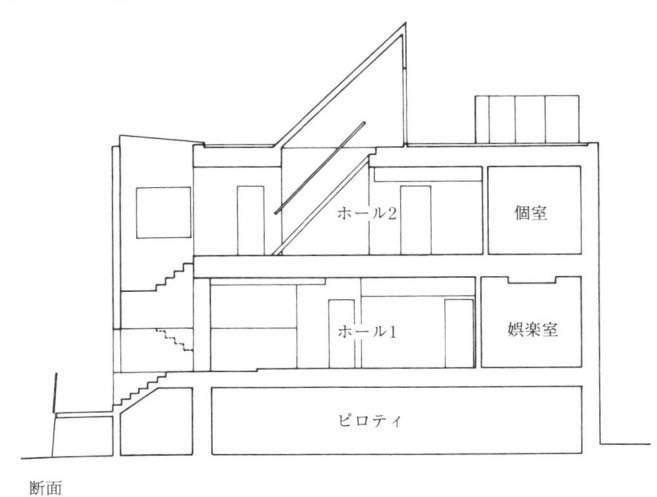

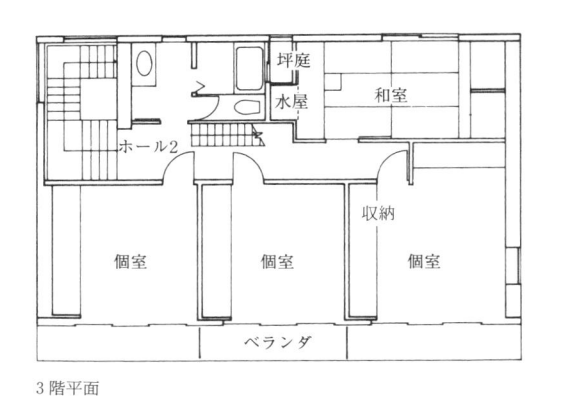

断面

3階平面

Y-Detail／今村雅樹アーキテクツ　1995

収納コア型

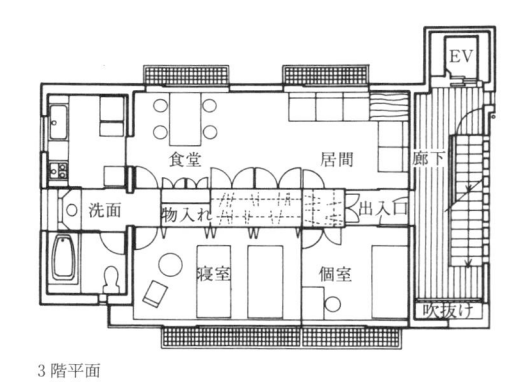

3階平面

兄たちの家Ⅱ／林昌二・林雅子　1989

8-4 寝室と収納の設計例

作り付け型　夫婦，子供といった単位で分かれた寝室の壁面に，直接収納スペースを設けることにより，寝具のほかに日常生活に必要な収納が各部屋単位でそれぞれ処理できるようになる。

収納コア型　寝室と居間，食堂の間に寝室をはじめ各室に必要な収納棚を配置するタイプ。
利便性が高くなり，公と私の空間を機能的に上手く仕切ることができる。

ウォークインクローゼット型　寝室内部あるいは寝室に直結してウォークインクローゼットを配置することにより，衣類など日常の生活用品を集約的に管理する計画。

ウォークインクローゼット・家具収納併用型　主寝室にウォークインクローゼット等の集約的収納スペースを広く設ける一方，家族構成の変化にも対応できるように，子供室や客用寝室については，移動可能な家具等によって間仕切ろうという考え。

8-4 寝室と収納の設計例

ウォークインクローゼット型

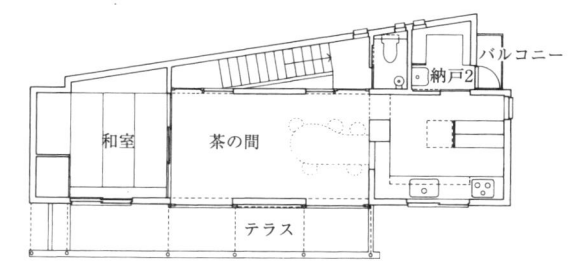

2階平面

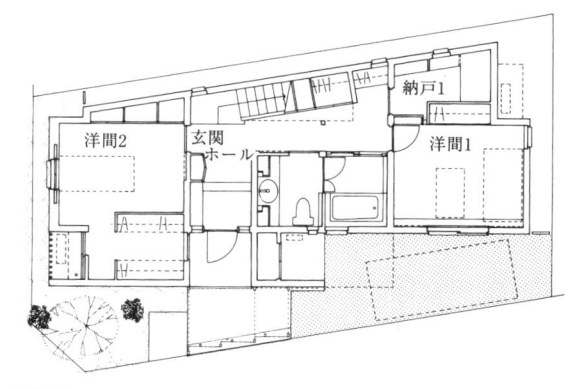

1階平面

石神井の住まい／平倉直子設計事務所　1996

ウォークインクローゼット・家具収納併用型

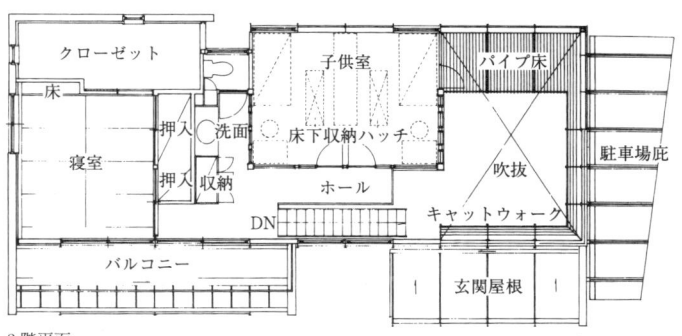

2階平面

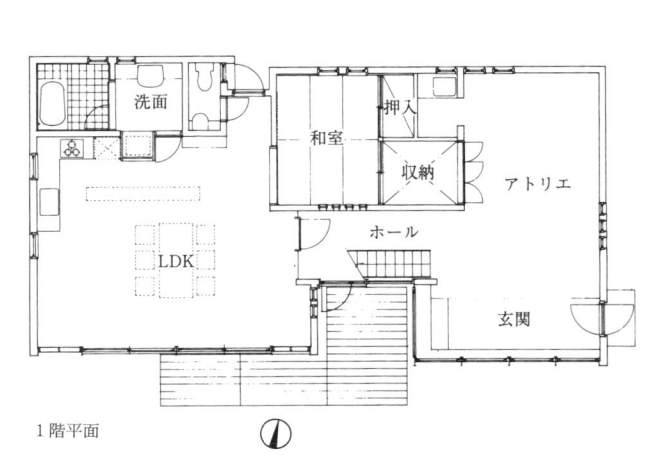

1階平面

空を映す家／飯塚章　1997

9 浴室と便所の計画

9-1 浴室の種類

外部付属型

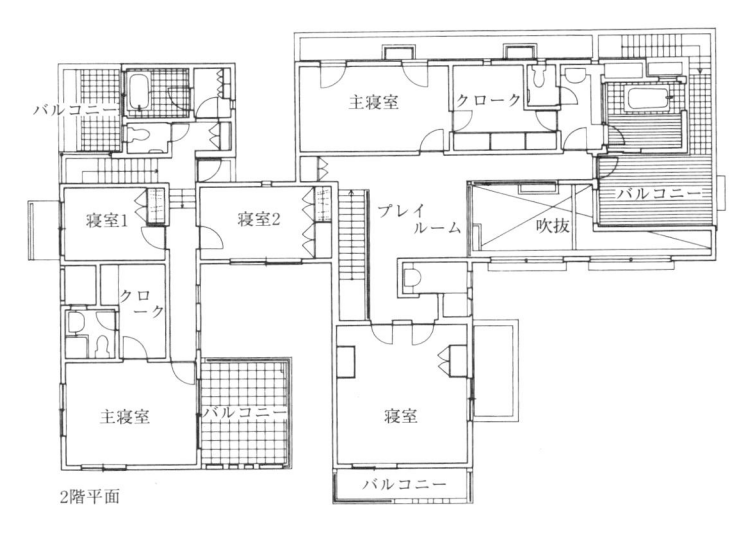

ARC HOUSE／井上搖子 1990
2階平面

コア型

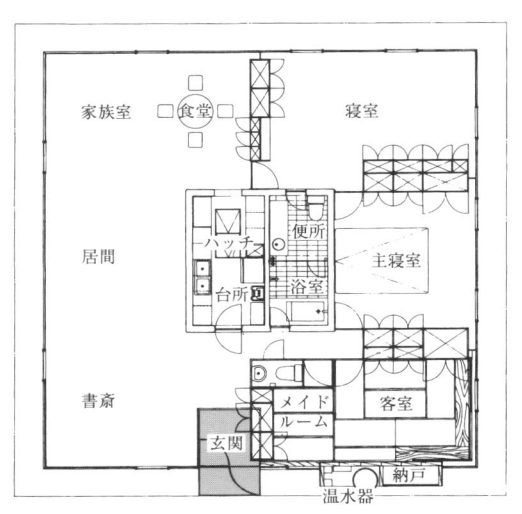

キャンティレバー・ルーフの家／葉祥栄・和久野博 1973

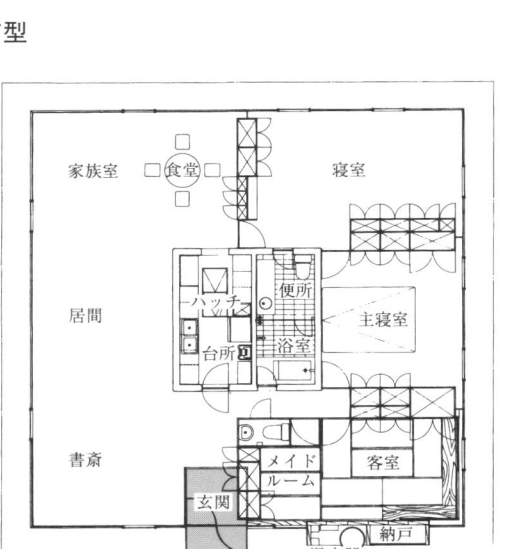

9-1 浴室の種類

浴室は，特に入浴の好きな日本人にとって生活の中で大切な要素となっている。日本人の生活が，食事の面でも，衣類の面でも和・洋の二重の生活をしているのと同じように，浴室についても和風，洋風があって，その様式も変化に富んでいる。

浴槽，床，壁，天井が一体化されたものや，浴槽，床だけが一体化されたユニットタイプのものが各種できており，現在ではかなり一般的に普及されている。また浴室の中にTV装置や電話，泡噴射装置を備えたものもみうけられる。

外部開放型浴室 浴室などを外部空間，庭やバルコニーなどと連続させ開放感やみどりとの一体化を構成したものである。

コア型浴室 住居の中心に浴室，便所や厨房を，いわゆる水回りを配置したものである。住宅の中心に水回りを配することにより，住宅の平面が自由度を増し室内空間の一体化が図れる。

独立型浴室 一般的なものである。ほかの部屋との関係が少ないので，浴室，便所の固有の空間をつくりやすい。

開放型浴室 この型は住居全体との関係が密接で，外部の庭，寝室などに開放され住居全体の空間構成が一体化されたものに多くみられる。

洗面・脱衣 洗面所は，洗面脱衣室として浴室に結びつけて設けられることが多い。また，洗濯機がおかれて洗濯室兼用とする場合も多い。脱衣室は夏の湯上りに備えて通風をよくすることを考える必要がある。

便所 便所についても，和風のものと洋風のものとがある。欧米では浴室と組み合わされて設けられている場合が多いが，日本では独立して便所が設けられ，大小別々にとられていることが多かった。近年，住生活の中に洋風の生活様式が浸透してくるにつれて，便所も洋風のものが多くなってきている。

最近バスルームはユニット化されるようになってきており，次第にこうした傾向が増加してくるものと考えられる。

9-1 浴室の種類

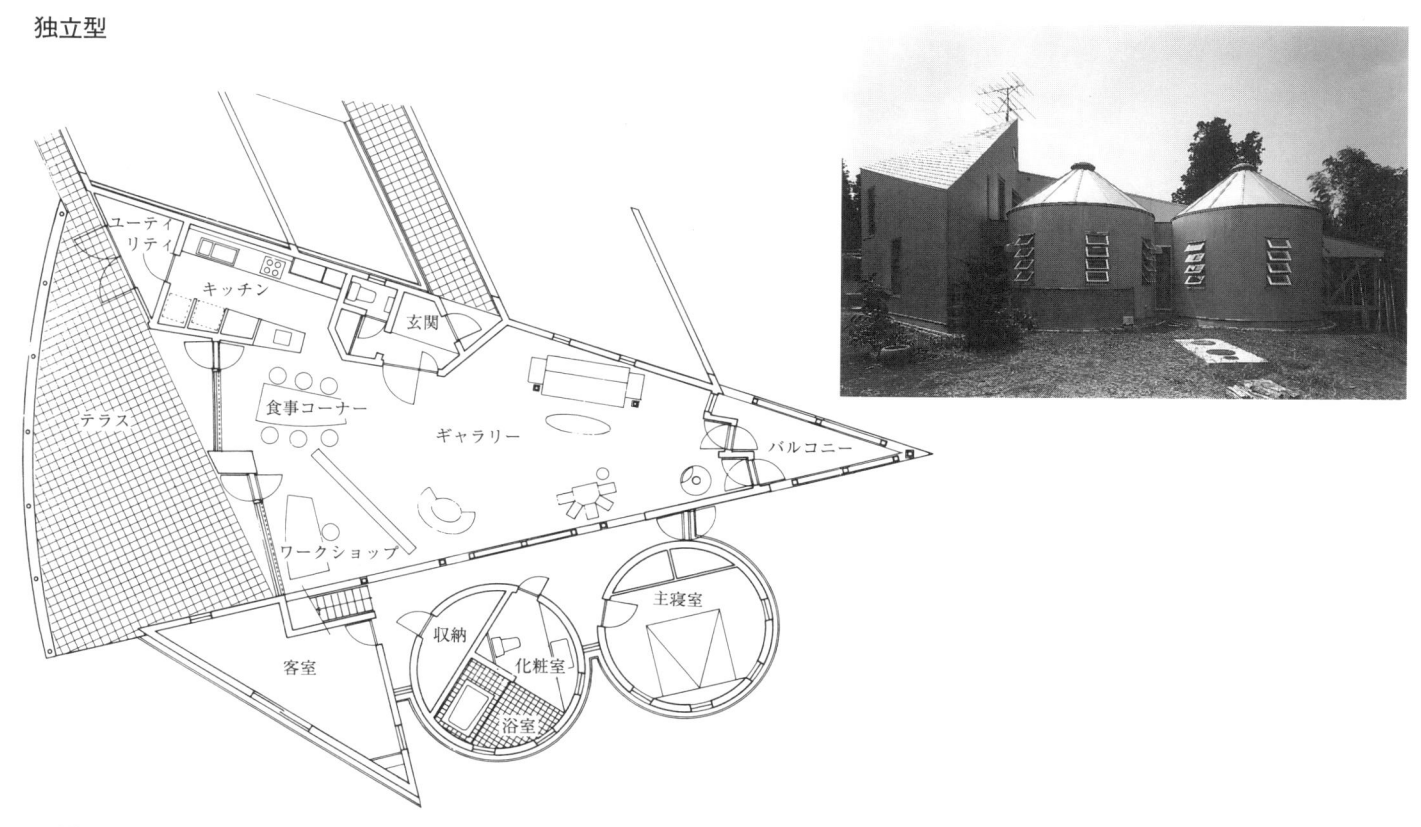

独立型

INSCRIPTION／松永安光　1988

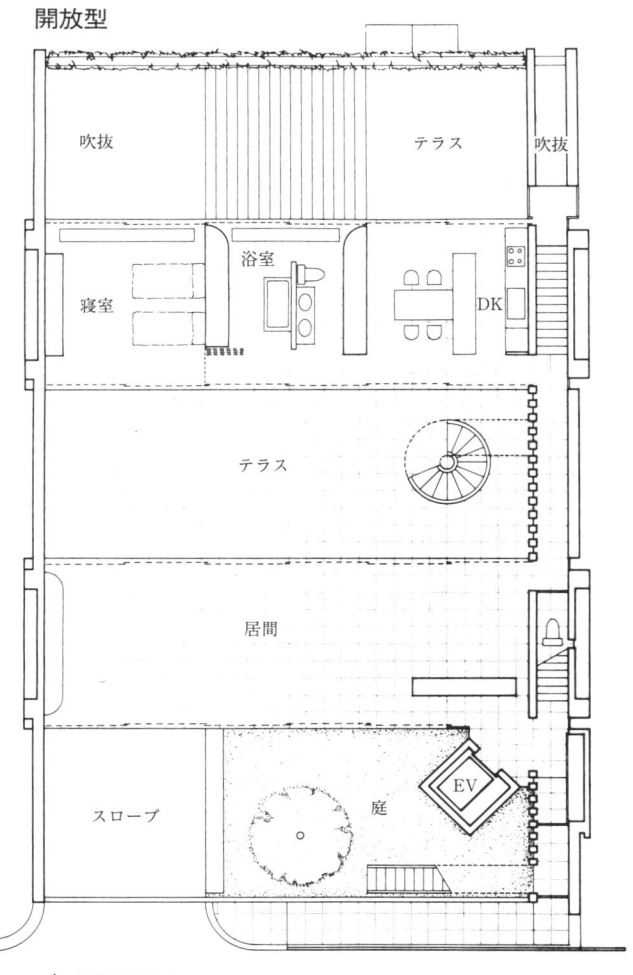

開放型

2/5 HOUSE／坂　茂　1995

9-2 浴室・便所のスペース

浴室・浴槽のスペース

9-2 浴室便所のスペース

浴室は体を清潔に保つためのスペースであるが，同時にくつろぎを得るための場所でもあるので，危険をさけ，清潔を保つための十分な広さや機能を確保するばかりでなく，他のゾーン（家事室，ユーティリティ，外部のテラス，庭など）との関係を考え機能と生活の心地よさを確保したい。また高齢者や身体障害者への配慮も必要である。車椅子の回転には直径約1.5mが必要。

便所は和洋を問わず人体の基本的動作寸法によりスペースが決められる。便所の動作空間は幅よりも前後のあきを十分とりたい。設備的にも照明を明るくし換気は充分取り，また他の生活ゾーン（洗面，化粧，脱衣など）と関連しているいることに，また便所の位置はプライバシーを確保するよう，十分留意すべきである。

（単位：cm）

9-2 浴室・便所のスペース

便所のスペース

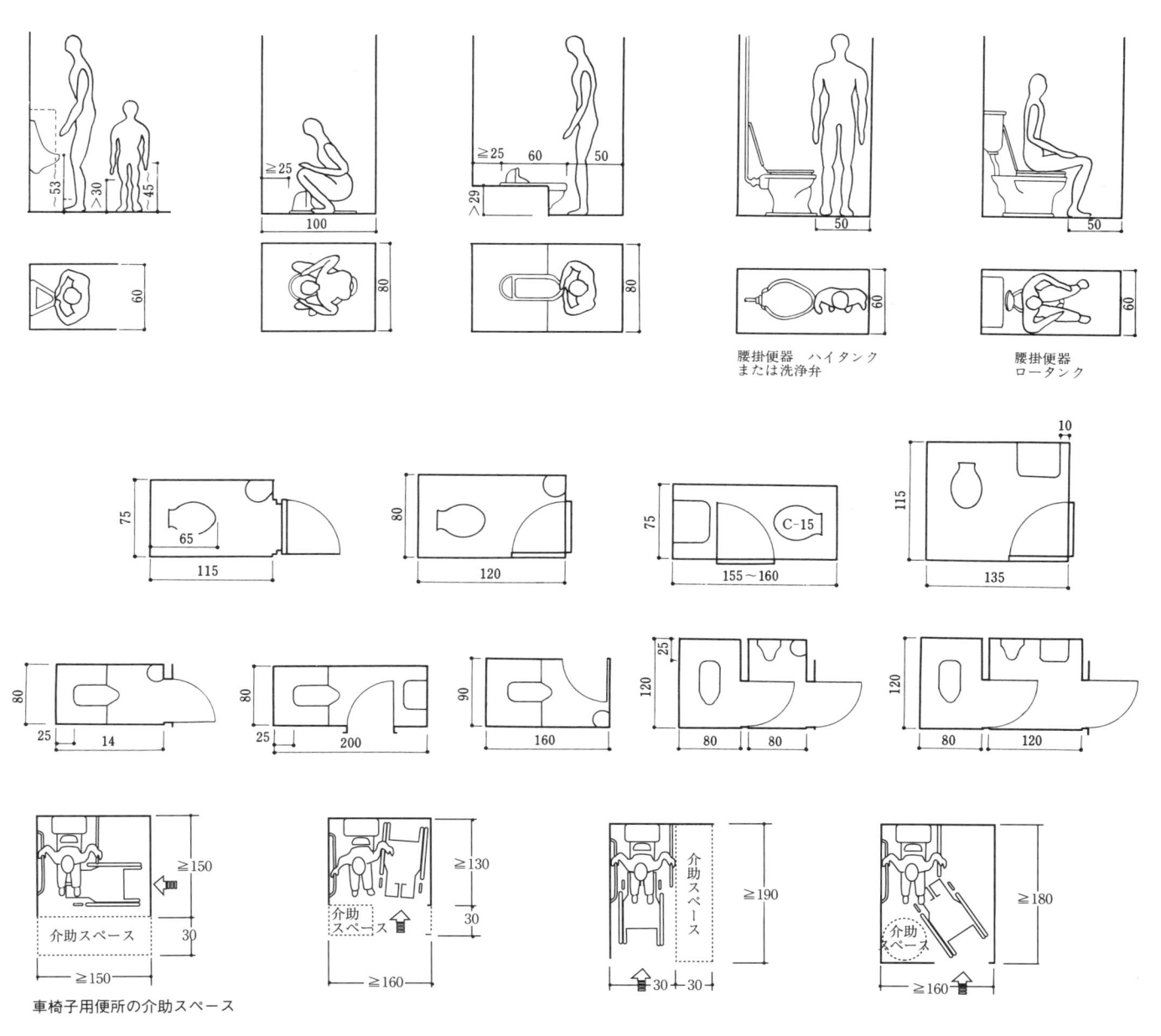

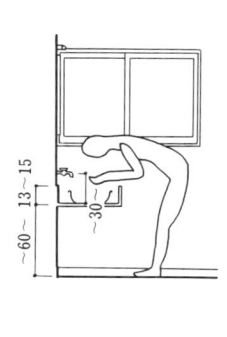

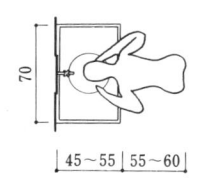

腰掛便器　ハイタンク
または洗浄弁

腰掛便器　ロータンク

車椅子用便所の介助スペース

洗　面

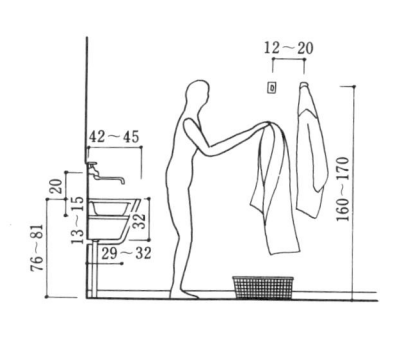

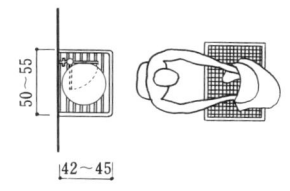

洗たく流し兼用洗面流し・脱衣

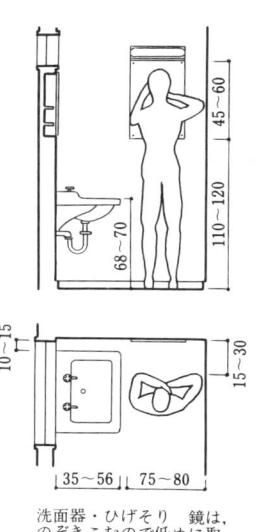

洗面器・ひげそり　鏡は、のぞきこむので低に取付ける

（単位：cm）

10 階段の計画

10-1 階段の種類

折返し階段

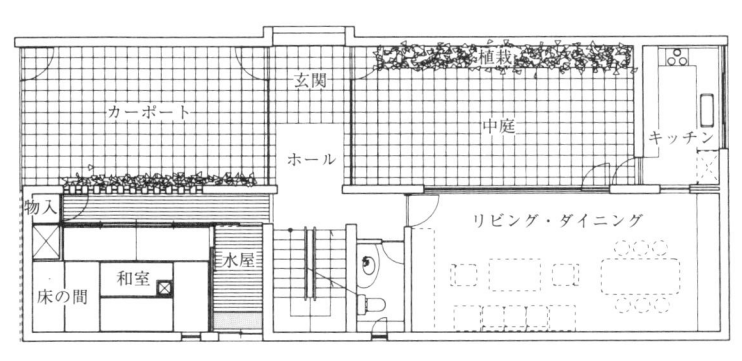

代沢の家／大江匡　1995

1階平面

直階段

南北断面1

南北断面2

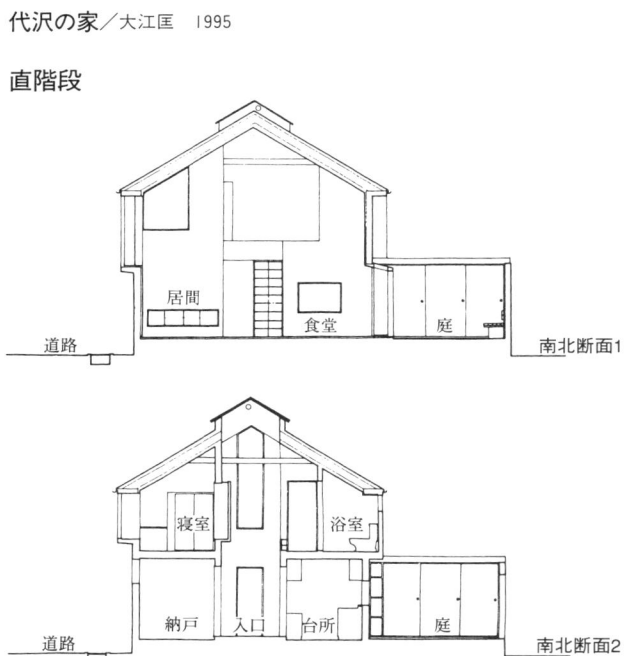

水無瀬の町家／坂本一成　1971

階段は上階と下階を結ぶ機能と上と下の空間をつなぐ大切な役割をもっている。
踏面，蹴上げ，手すり，手すり子のそれぞれの寸法，かたち，素材の構成により様々な空間や形体をつくりだしている。人が水平移動から上下移動をするための重要な装置である。また空間を構成する有効な装置であるために，いろいろな工夫がなされている。軽くする，重厚にする，透明化する，時代の様式を表現するなどである，また階段は構造的にも工夫されるところである，吊られたもの，壁からの跳ねだしのもの，支柱でささえられたもの，さまざまである。
階段は住宅全体の空間構成の主題をつくる大切な要素である。
また最近では身体障害者や高齢者のためにいす式階段昇降機や家庭用昇降機が普及しはじめている。

10-1 階段の種類

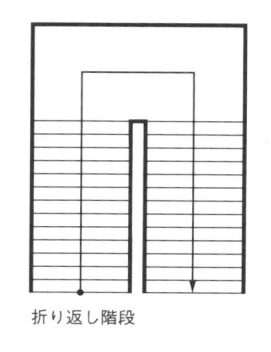

折り返し階段

直階段

10-1 階段の種類

螺旋階段

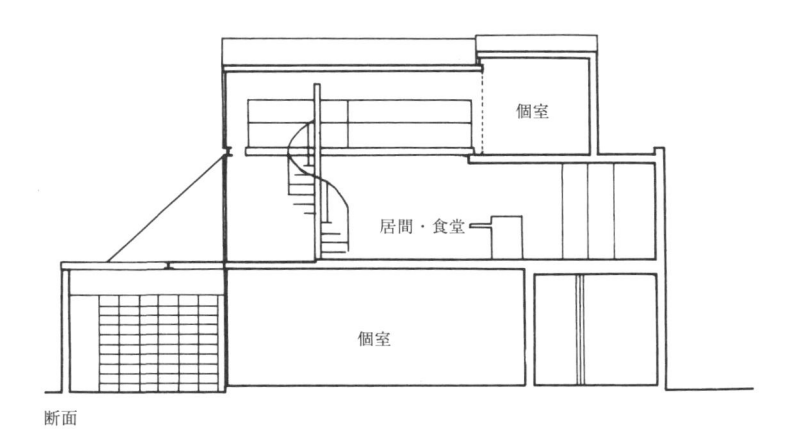

断面

江古田の家／早川邦彦　1989

折階段

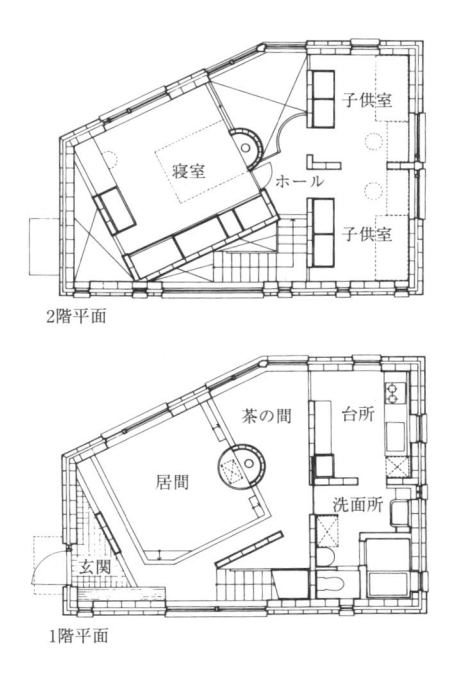

2階平面

1階平面

円窓のある家／圓山彬雄　1989

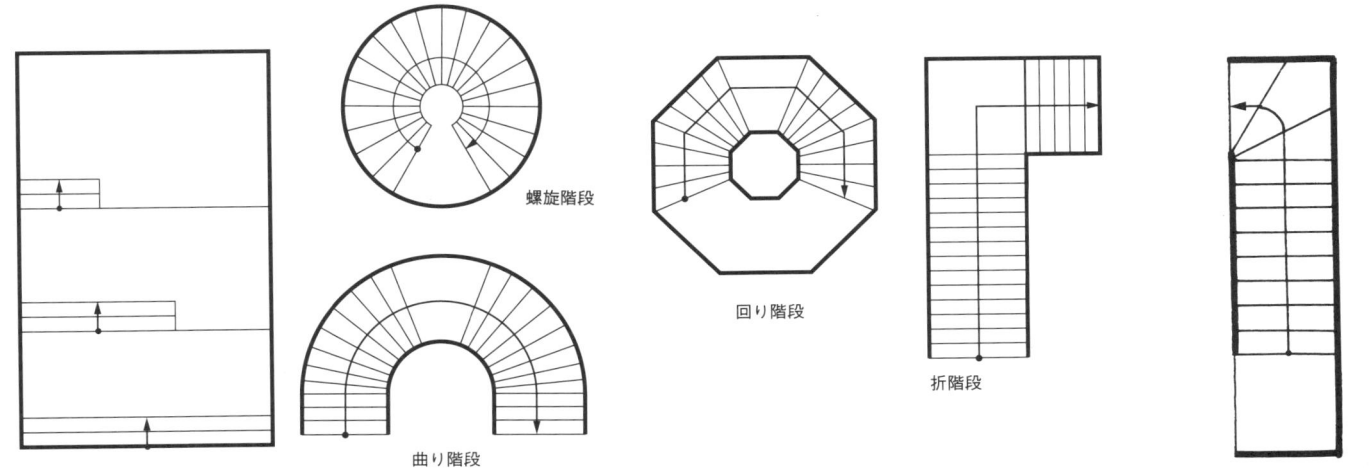

螺旋階段

曲り階段

回り階段

折階段

81

10-2 階段の設計

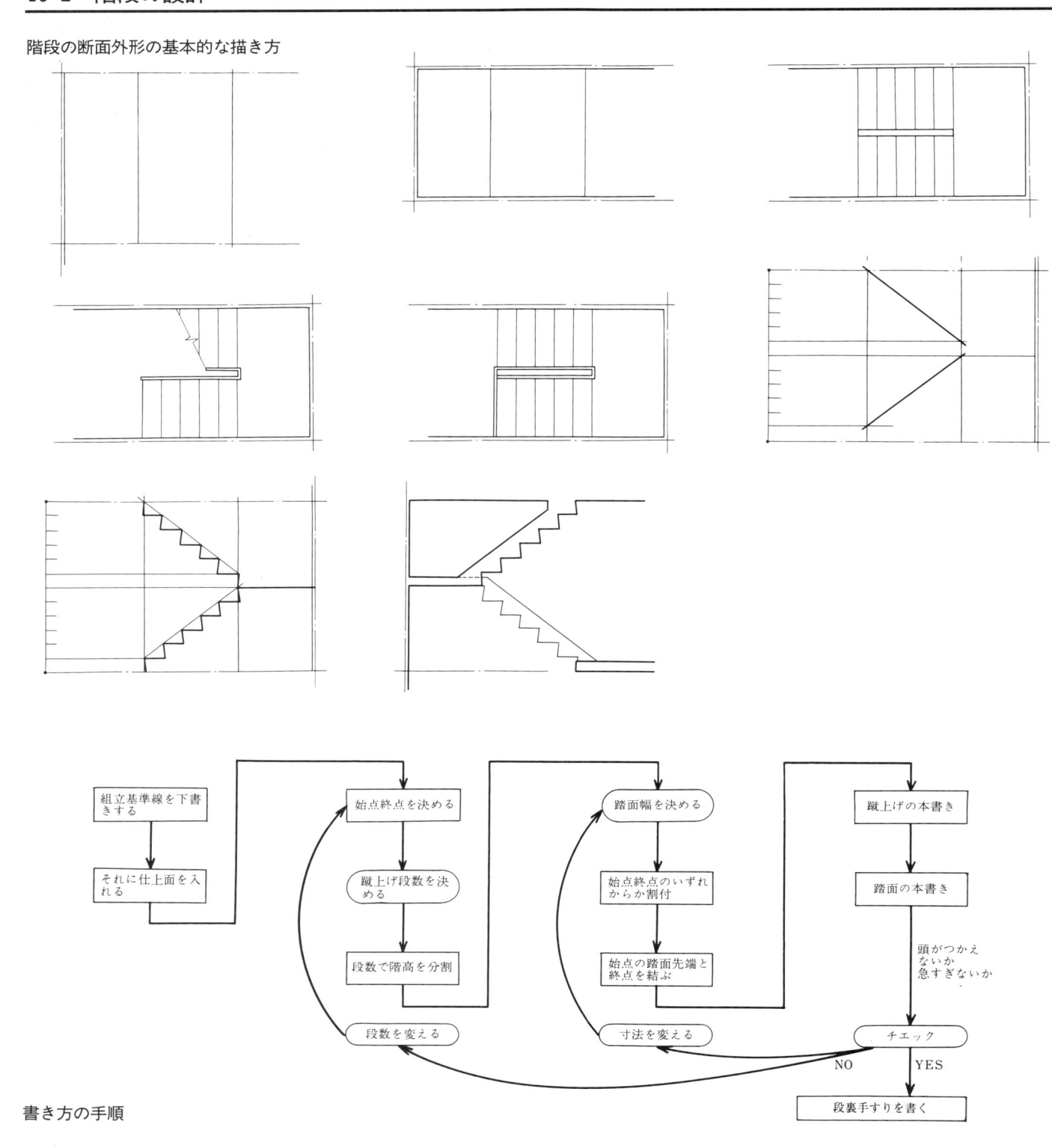

階段の断面外形の基本的な描き方

書き方の手順

10-2 階段の設計

階段の設計は，住宅ではどうしても最小限のディテールになりやすい。100 m²ぐらいの住宅では最小限度の階段でも上・下階の面積を合わせ，階段の前後のホール部や廊下の部分を合わせて，階段をとることで住宅床面積の約一割を占めることになる。したがって，それ以下の小住宅では本来2階建にすることが有利かどうか検討を要する。しかし敷地その他の条件により，2階建とする場合，どうしても階段を最小限の面積にしがちであるが，住宅である以上，勾配その他のディテールもできるだけゆったりとした階段とすべきであるので，階段割付けには工夫を要することになる，上の例は学生の設計例を指導したものである。限られた段数と勾配をいかに平面に収め込むかというために，設計図上において種々描き直し，漸次完成に近づいてゆく過程を示したものである。

階段のみならず設計はただ描き上げるだけではなく，このように図上において考えを練り上げる必要がある。頭の中で考えたことを図上に表し，検討を加え，また考え直す，この経過は設計をするということ，そのものを意味する。各種の設計においても，この繰り返しを大切にすることが良設計を生みだすこととなる。完成された住宅設計は，このような設計を考える思考作業から生まれるものである。

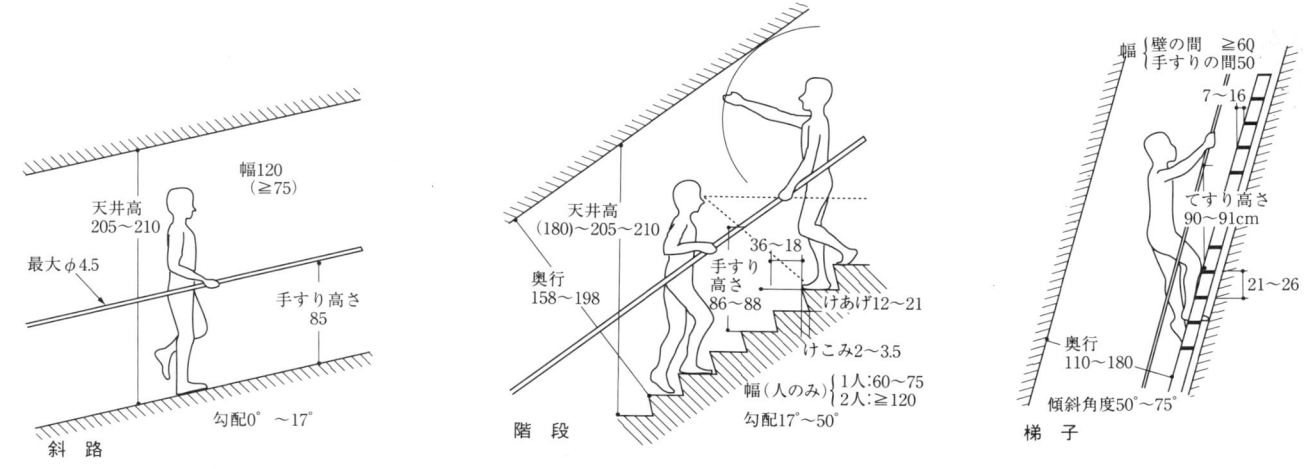

10-3 階段の寸法

斜路・階段・梯子の基本寸法 〔Henry Dreyfuss および Times Saver Standard より作成〕

斜路: 天井高 205〜210、幅120 (≧75)、最大φ4.5、手すり高さ 85、勾配 0°〜17°

階段: 天井高 (180)〜205〜210、奥行 158〜198、手すり高さ 86〜88、けあげ 12〜21、けこみ 2〜3.5、幅(人のみ) {1人:60〜75、2人:≧120}、段鼻 36〜18、勾配 17°〜50°

梯子: 幅 壁の間 ≦60 / 手すりの間 50、てすり高さ 90〜91cm、7〜16、21〜26、奥行 110〜180、傾斜角度 50°〜75°

階段の寸法規定

階段の種類	階段の幅 踊場の幅 L (cm)	けあげ R (cm)	踏づら T (cm)	踊場位置	踊場踏幅 D (cm)
1. 直上階の居室床面積の合計200m²の地上階用の階段	≧120	≦20	≧24	高さ ≦4m ごと	≧120
2. 居室床面積の合計100m²の地階または地下工作物内の階段	≧120	≦20	≧24	高さ ≦4m ごと	≧120
3. 1, 2以外および住宅以外の階段	≧75	≦22	≧21		
4. 住宅(共同住宅の共用施設は除く)	≧75	≦23	≧15		
5. エレベーター機械室用の階段	規定なし	≦23	≧15	規定なし	規定なし
6. 屋外階段 避難用の直通階段 / その他の階段	≧90 / ≧60	けあげ、踏づらの寸法などは、それぞれ1〜4に定める数値に準ずる。			

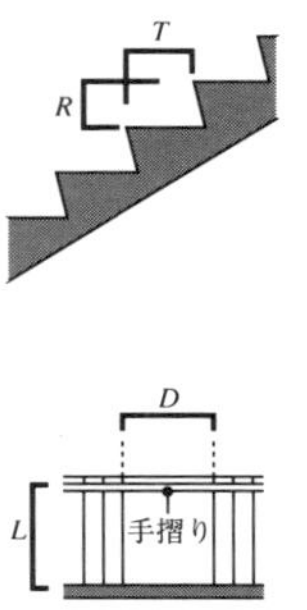

1) 上表は住宅および共同住宅に関わるものに限ってまとめた.
2) 階段および踊場の幅は有効内法寸法による。壁や手摺りの中心寸法ではない.
4) 直階段(まっすぐに昇降する階段)の踊り場の踏幅 (D) は120cm以上とする.
5) 階段および踊場の両側に壁のない場合は手摺りを設ける.
6) 階段幅3mを超える場合、中間に手摺りを設ける。ただし、けあげ15cm以下、かつ踏づら30cm以上の場合は不要.
7) 高さ1m以下の階段には、5)、6) は適用しない.
8) 階段の代りに傾斜路にする場合は、勾配1/8以下、かつ表面は粗面仕上とする.
9) 「特殊建築物」については各地方公共団体の条例などで、さらに規制されている場合がある.

階段の寸法規定 [建築申請memo'97, 新日本法規出版より作成]

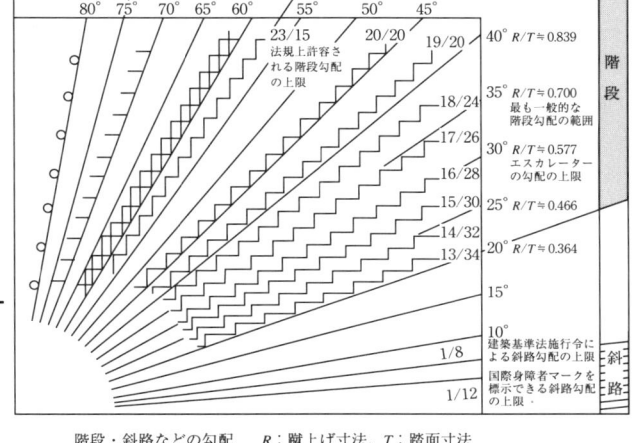

階段・斜路などの勾配 R:蹴上げ寸法, T:踏面寸法

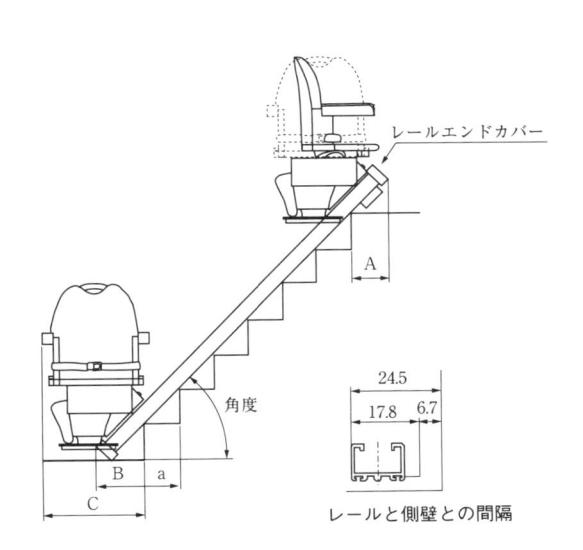

はしご / 段はしご・互い違いの踏面をもつ特殊階段 / 階段
80° 75° 70° 65° 60° 55° 50° 45°
23/15 20/20 19/20 40° R/T≈0.839
法規上許容される階段勾配の上限
35° R/T≈0.700 最も一般的な階段勾配の範囲
18/24
17/26
30° R/T≈0.577 エスカレーターの勾配
16/28
25° R/T≈0.466
15/30
14/32
20° R/T≈0.364
13/34
15°
10° 建築基準法施行令による斜路勾配の上限
1/8
国際身障者マークを標示できる斜路勾配の上限
1/12
斜路

階段用昇降機

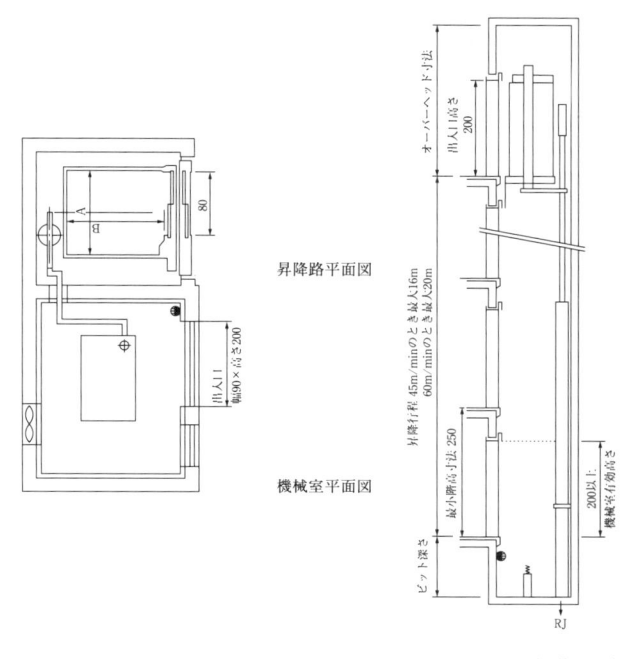

レールエンドカバー、角度、24.5 / 17.8 / 6.7、レールと側壁との間隔

住宅用昇降機

昇降路平面図、機械室平面図

昇降路断面図

オーバーヘッド高さ 200、出入口高さ 200、出入口幅90×高さ200、昇降行程 45m/min のとき 16m / 60m/min のとき 20m、最小昇降寸法 250、200以上 機械室有効高さ、ピット深さ、RJ

(単位:cm)

10-4　階段の詳細（直階段）

1階平面

2階平面

断面

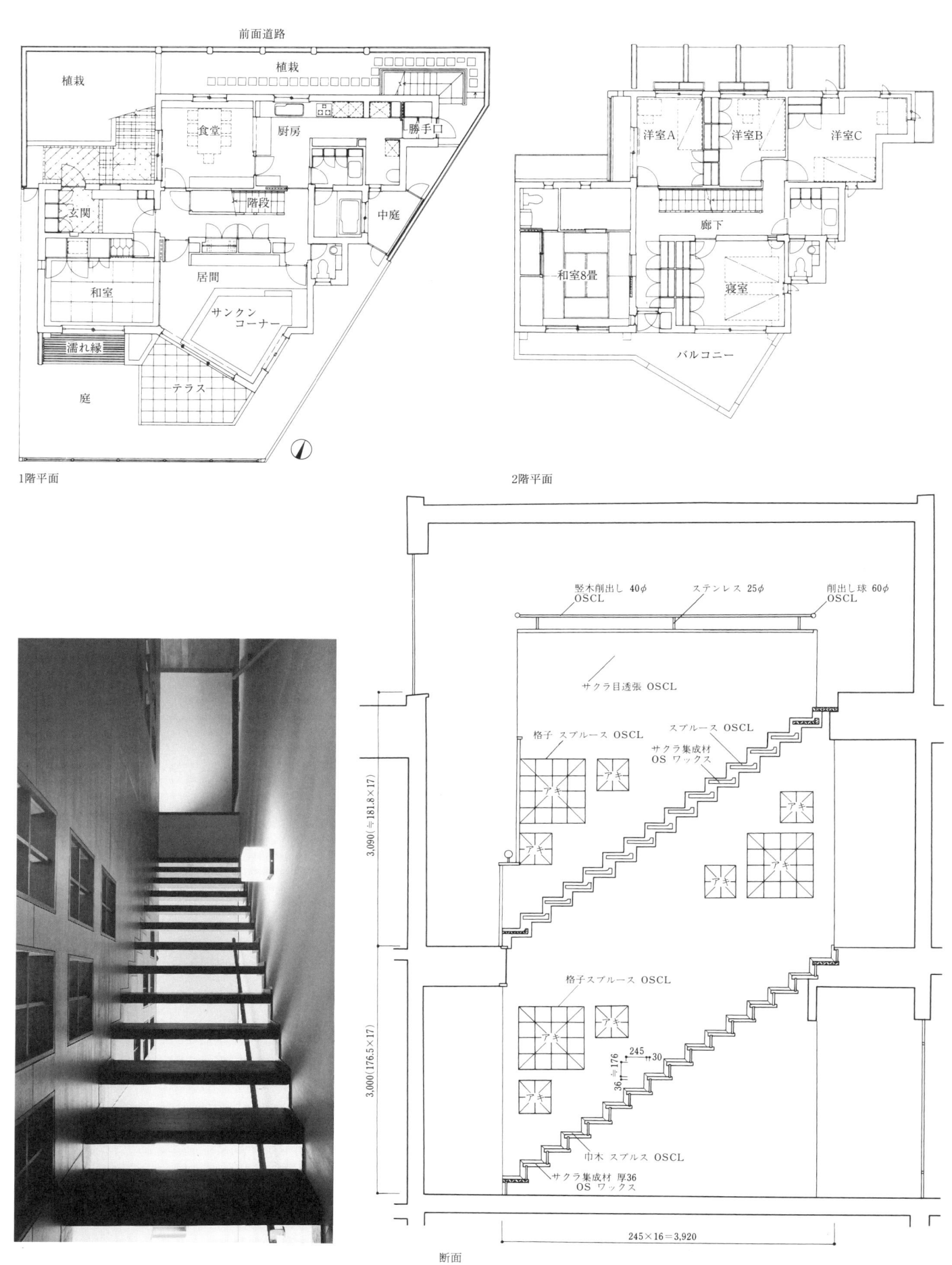

245×16＝3,920

3,090≒181.8×17
3,000(176.5×17)

竪木削出し 40φ　ステンレス 25φ　削出し球 60φ
OSCL

サクラ目透張 OSCL
格子 スプルース OSCL
スプルース OSCL
サクラ集成材 OS ワックス
アキ

格子スプルース OSCL
アキ
245　30
≒176
36

巾木 スプルス OSCL
サクラ集成材 厚36
OS ワックス

中目黒の家／保坂陽一郎　1995

10-4 階段の詳細（折返し階段）

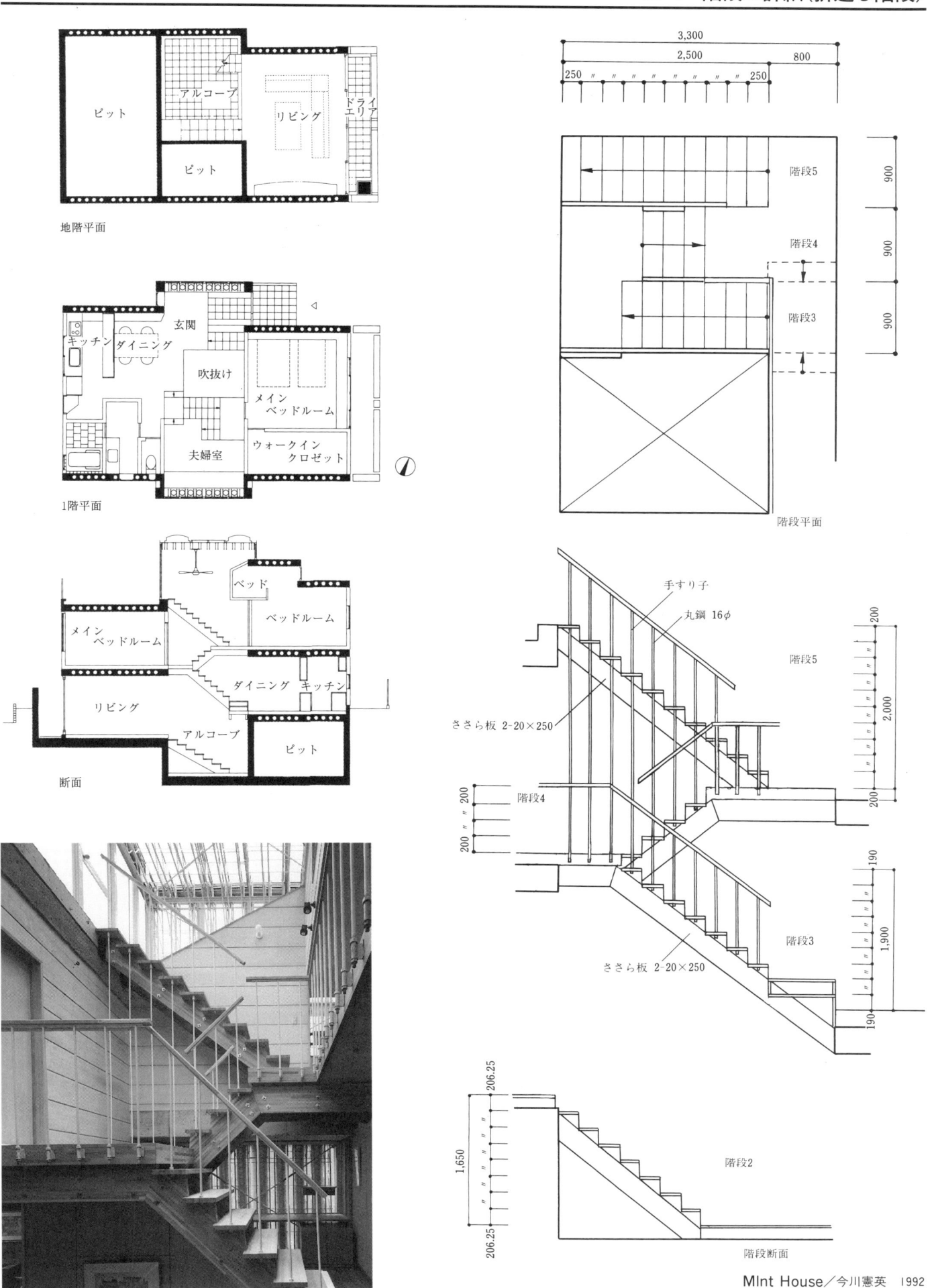

地階平面

1階平面

断面

階段平面

階段5
階段4
階段3

手すり子
丸鋼 16φ
ささら板 2-20×250
ささら板 2-20×250

階段2

階段断面

MInt House／今川憲英 1992

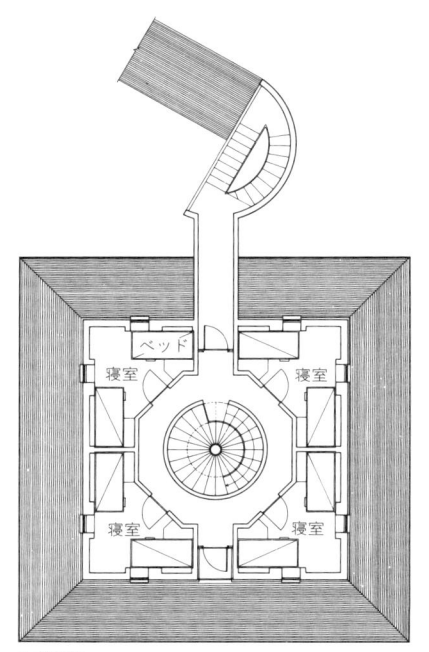

10-4 階段の詳細（螺旋階段）

2階平面

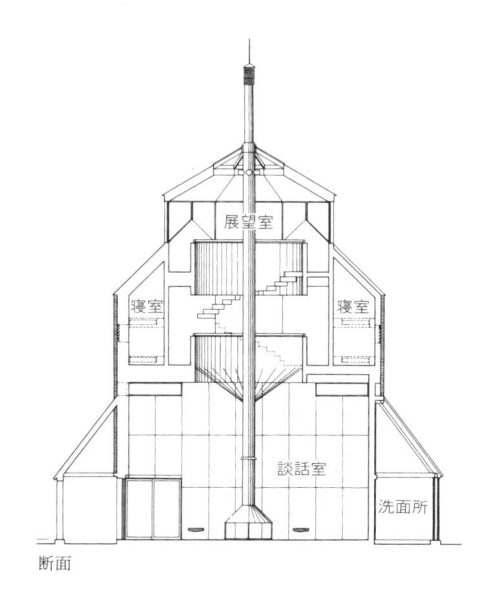

断面

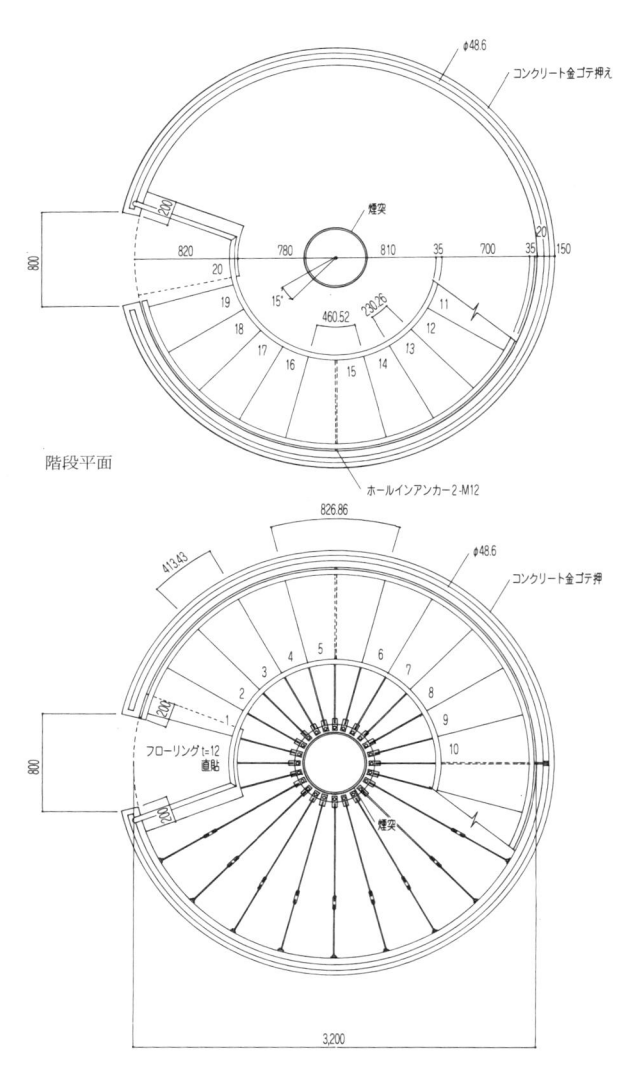

階段平面

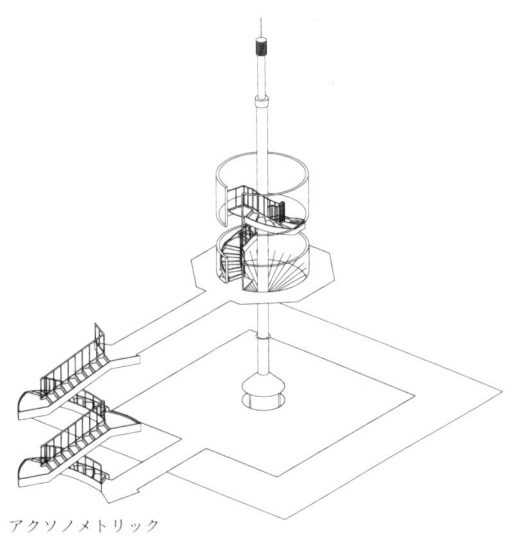

アクソノメトリック

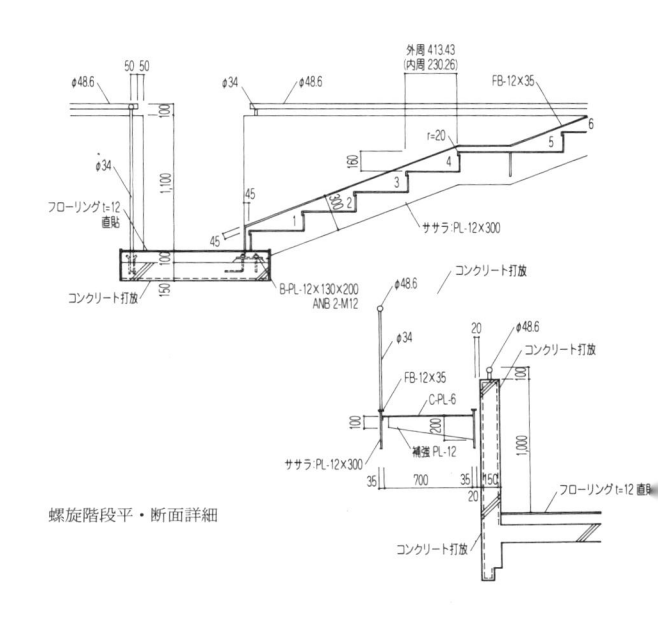

螺旋階段平・断面詳細

靚山荘／高橋靚一　1990

10-4 階段の詳細（箱階段）

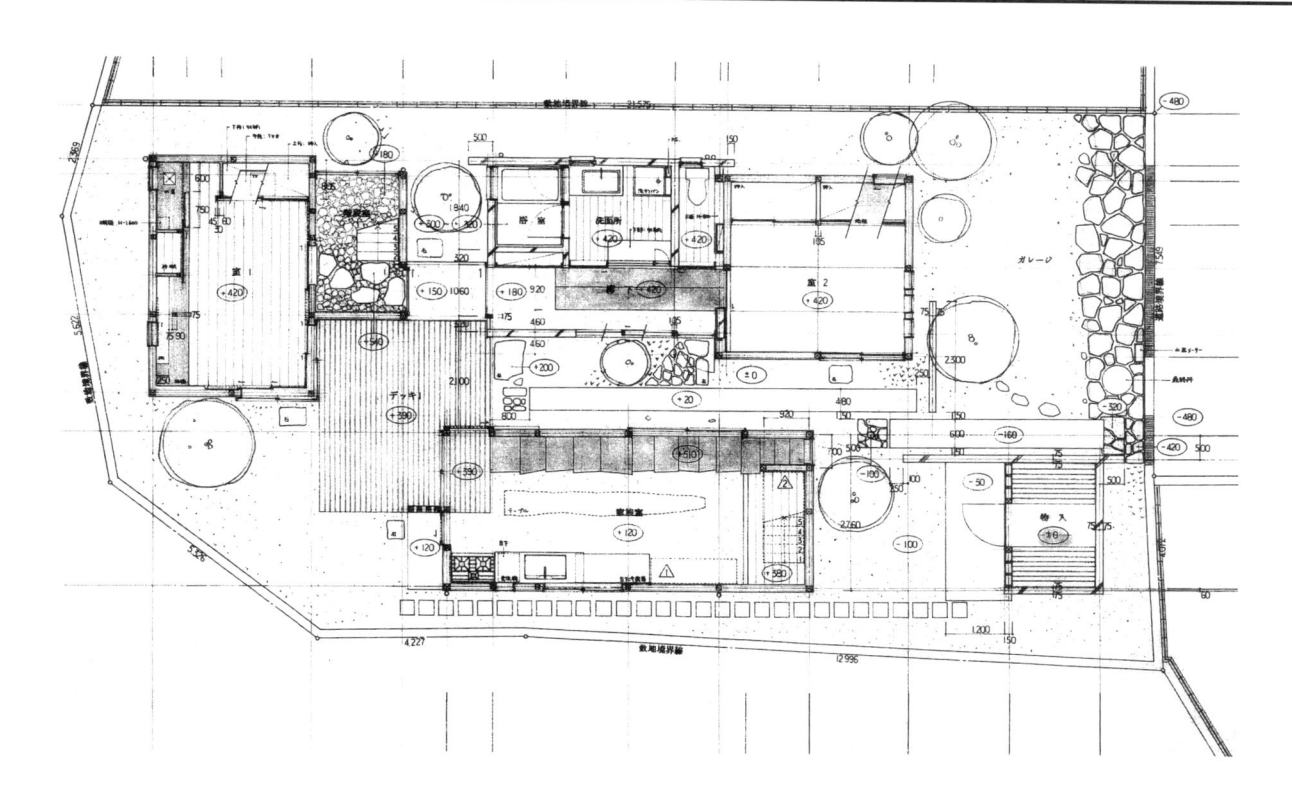

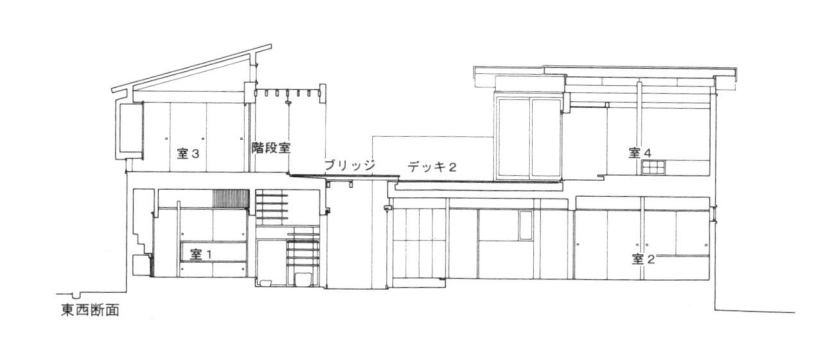

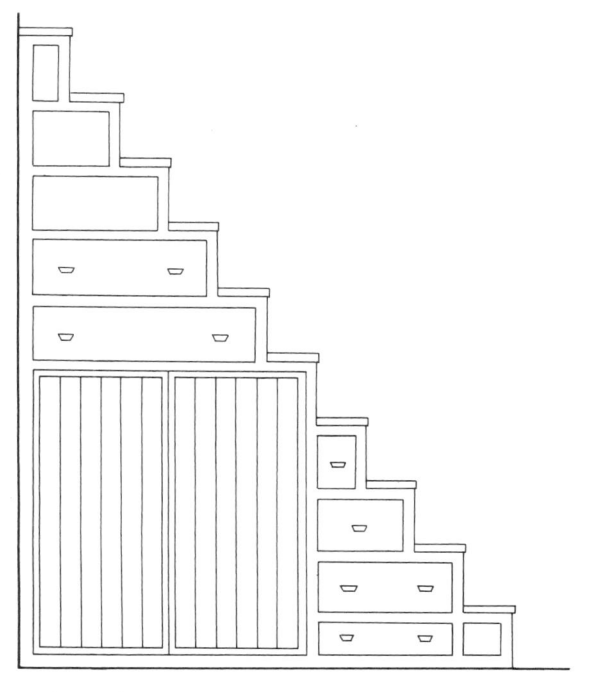

東西断面

広陵町の家／竹原義二　1997

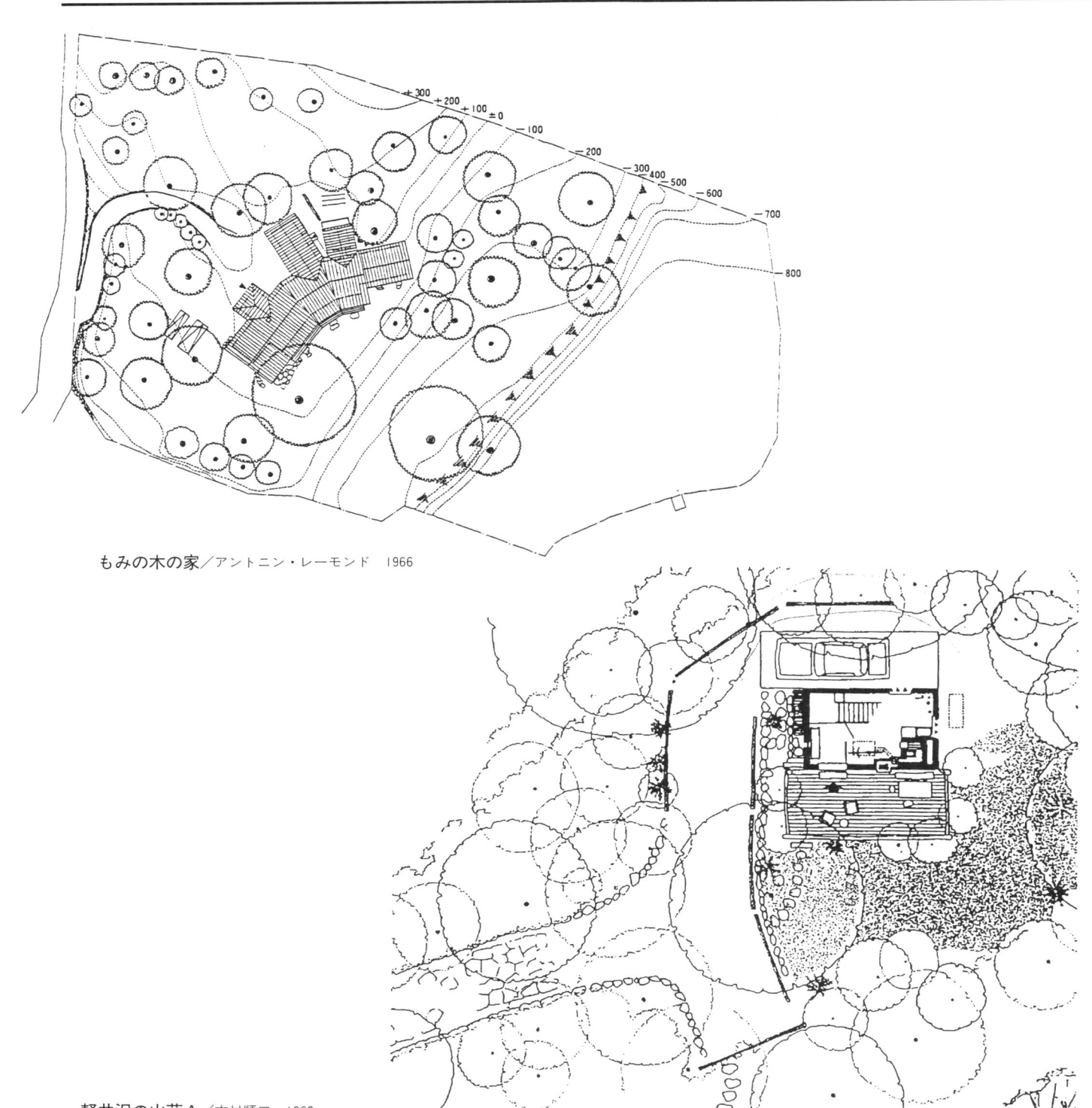

11 外部空間の計画

11-1 外部空間と内部空間のつながり

もみの木の家／アントニン・レーモンド　1966

軽井沢の山荘A／吉村順三　1963

11-1 外部空間と内部空間のつながり

外部空間とは，常識的にいえば，建物から外の空間を指しており，その限りでは全く物理的な意味により分類されている。つまり物理的条件に対して，人為的に快適な内部環境を区画することから，外部空間が意味づけられる。

しかし外部とか内部とかの認識の仕方はほかにもある。かりに非常に気候がよくて，そのような人為的環境をつくる必要がないとしても，おそらく私たちは内部と外部を区別するだろう。なぜなら居住する場は，単に物理的に環境を与えるだけでは成立しないからである。たとえば住宅なら，個人的，家族的，あるいは年齢的な，また毎時，毎日，毎週，毎月，などの種々のレベルとサイクルで生活が営まれており，それが織り合わされて，一つの住戸から，種々の外部空間やコミュニティにまでつながっている。したがってそれに応じた居住の場も，隣り合うばかりでなく，互いに影響しあいながらつながってゆく。しかもこれらの場を区画するのは，必ずしも人工的な物（壁や塀など）だけでなく，自然の植栽や広さである。

このように，外部と内部は相対的なもので，空間を二者択一でどちらかに区別してしまうわけにはゆかないだろう。外部空間と内部空間はそれぞれ融合して明快な区別なくつながるものである。

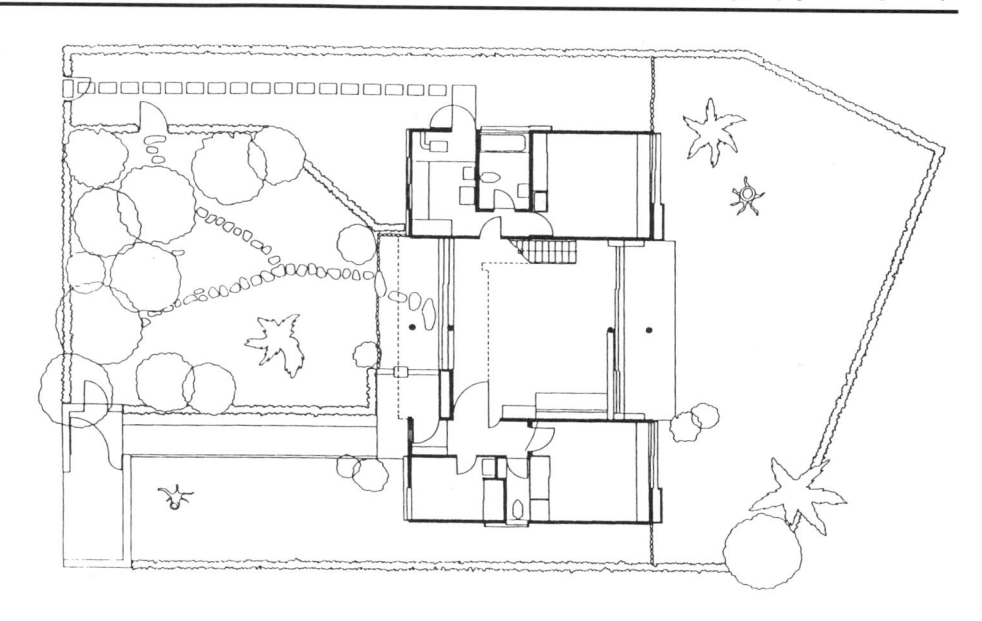

11-1 外部空間と内部空間のつながり

前川國男邸／前川國男　1942

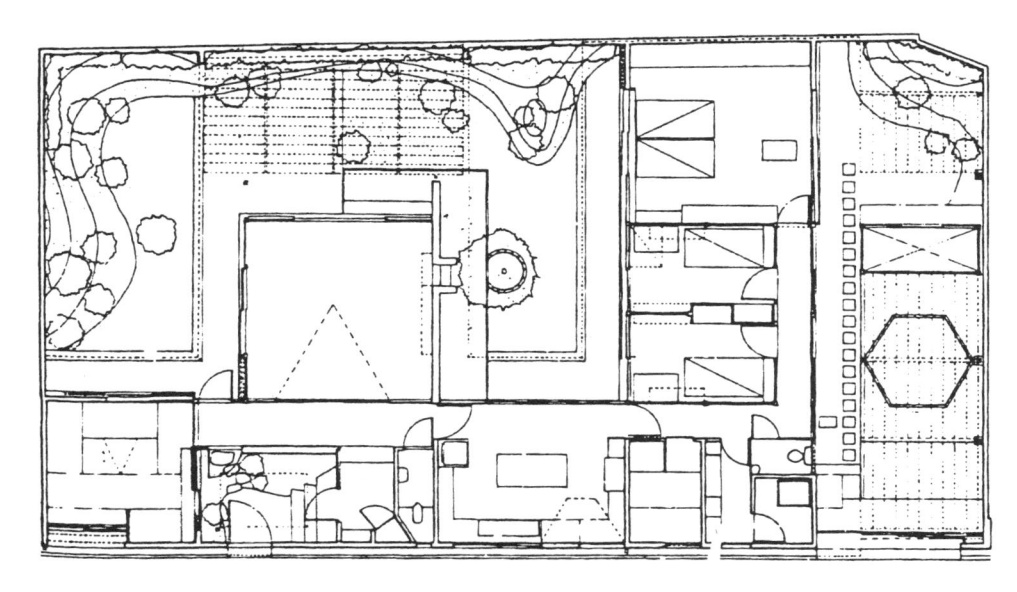

No Front House H／坂倉建築研究所大阪支所　1962

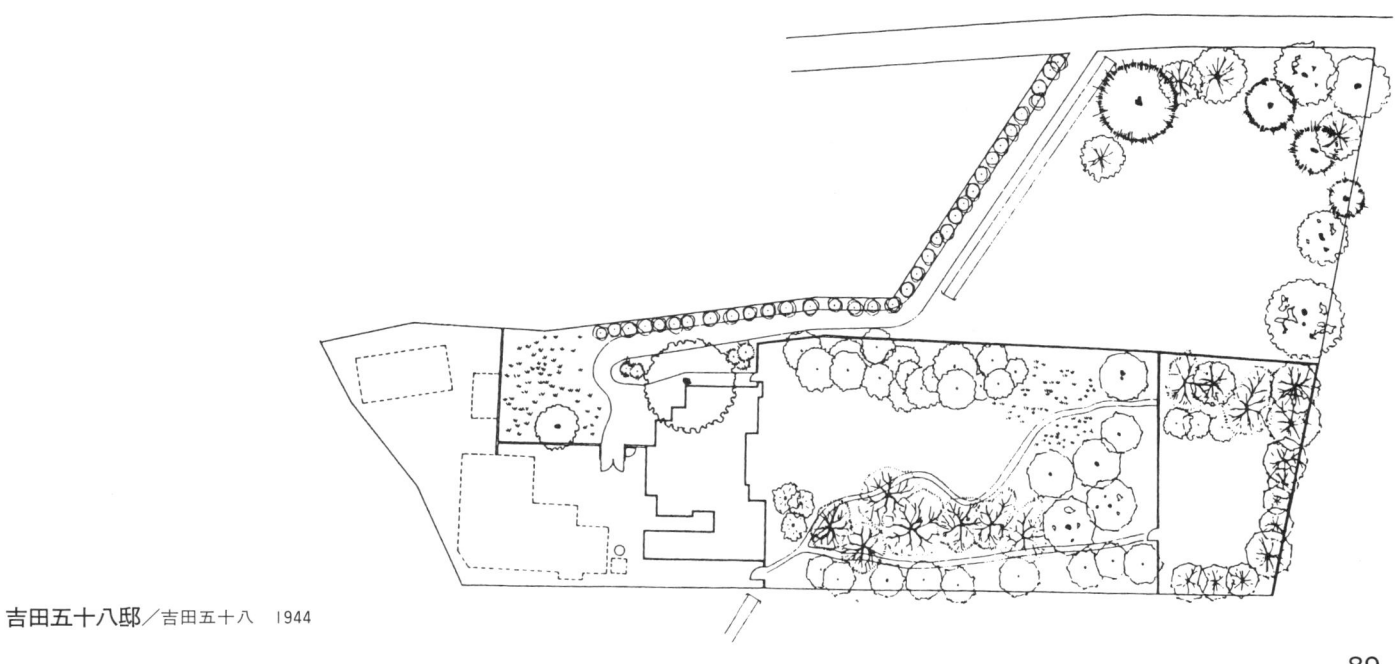

吉田五十八邸／吉田五十八　1944

11-2 外部空間の種類

庇

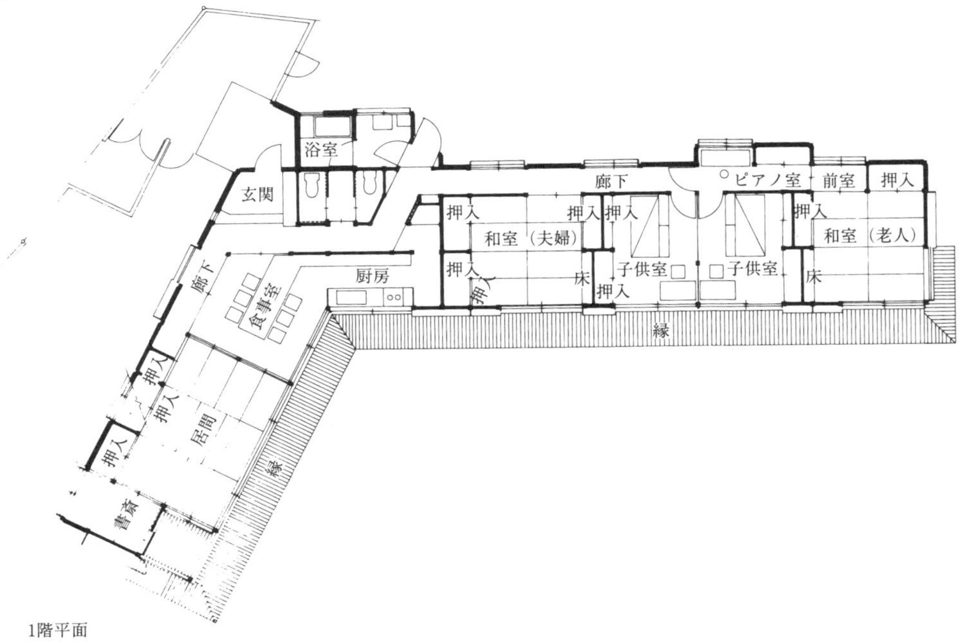

1階平面

勝田の家／高須賀晋　1985

テラス

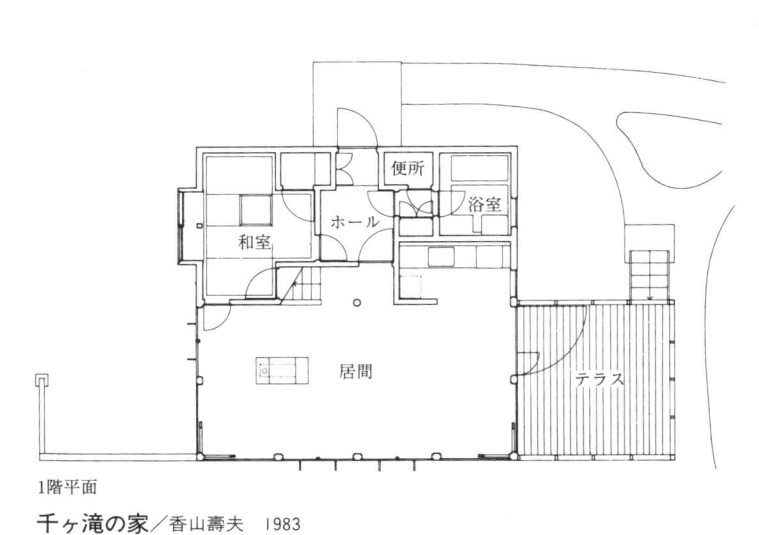

1階平面

千ヶ滝の家／香山壽夫　1983

11-2 外部空間の種類
例として，伝統的に，あるいは新しくつくりだされたものや，様式的に定着した代表的なものをここに挙げておく。これらには固有の名称がつけられているが，もちろん厳密な定義などない。

これらの例を質的に理解することが，外部空間の設計を具体的に発展させる糸口となろう。

庇　庇の下の空間は勾配屋根が壁面の外部につくる魅惑的な空間である。壁面を雨，雪，日差しから守りまた開口部からの採光を調整し，日常の暮らしを豊かにする役割を持っている。雪国の雁木も庇を上手く利用した例であろう。

11-2 外部空間の種類

半戸外

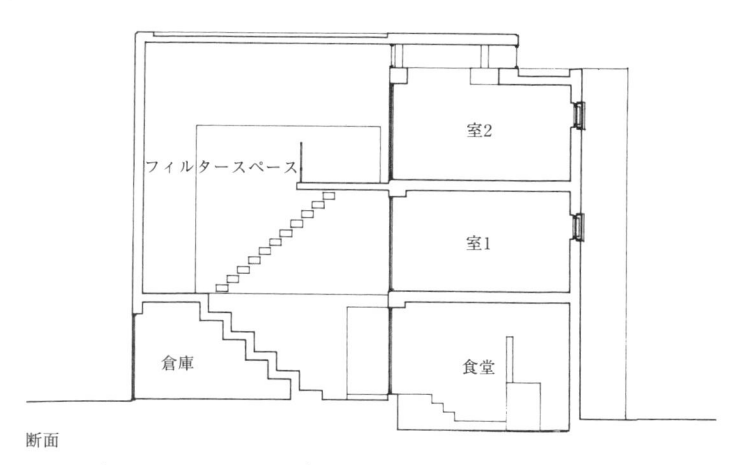

断面

フィルタースペースのある家／井内清志　1994

ピロティ

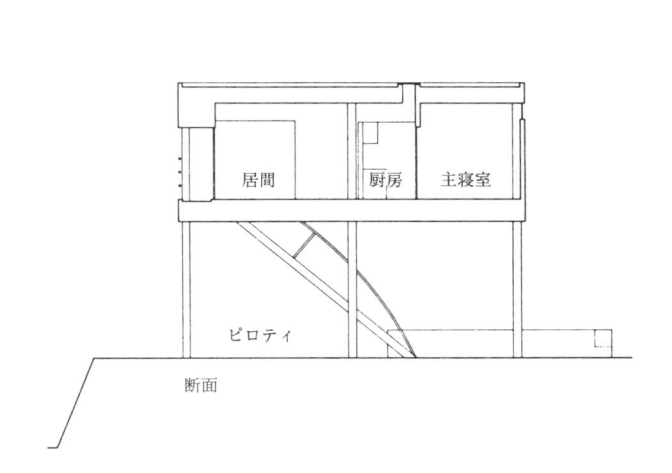

断面

ARABESQUE／小川晋一　1987

テラス　屋外の床である。建物のの内部から外部への床の延長である場合や庭などに独立して置かれる場合もある。屋外での食事や読書，遊びなど生活の多様化を図る場である。また各住戸が区画され専用の庭を持つ連続住宅をテラスハウスと呼ぶ。

半戸外　屋根，パーゴラ，などによっておおわれた屋外空間や壁などによって囲われた外部の空間である。戸外でもなく，戸内でもないあいまいな空間であるが，住居の内部と外部を一体化したりそれぞれの空間に躍動感をあたえる。また機能的に暮らし方の多様化が考えられる場である。

ピロテイ　建物を地上から柱や壁で切り離し内部と外部をつなぐ屋外の空間である。地上階を歩行者や車に開放したり，戸外の生活をする場である。フランスの建築家ル・コルビュジェによって提唱された。

91

11-2　外部空間の種類

カーポート

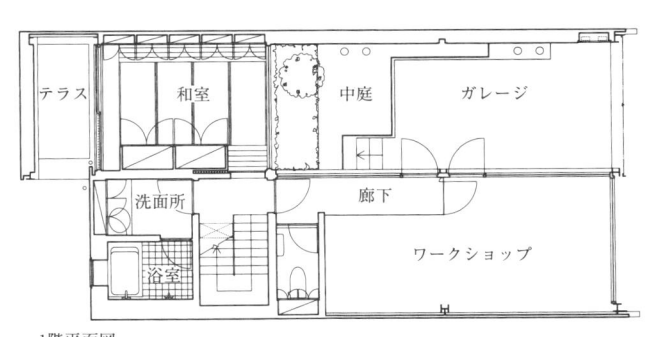

1階平面図

下鴨の家／岸和郎　1994

白翳の家／坂本昭　1996

1階平面

カーポート　自動車を止めておく場所である。屋根だけのものや壁だけのものもあり，出入口，外部ユーティリティにつかわれることもある。

中庭　スペインではパティオともよばれる。部屋や壁によってかこまれた外部空間で植栽などで構成するやわらかい中庭や，石などを床にはりめぐらしたかたい中庭がある。
建物の中に取り込まれた庭であるので住宅などでは外部から干渉されることがない私的な空間が多い。
また集合住居や都市空間の中では求心的空間を構成する。

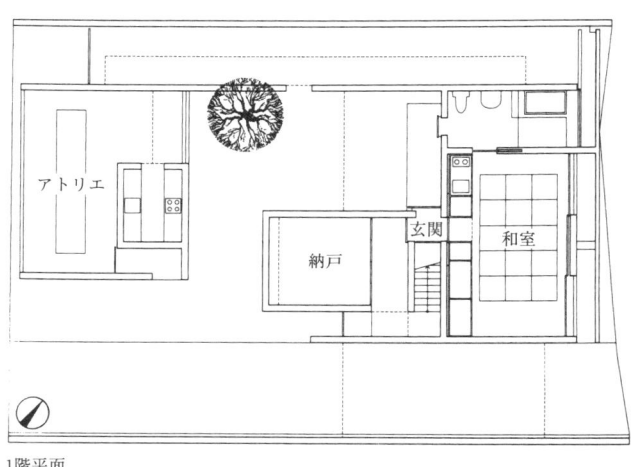

装置　個別的な直接の用途をもたないが，心理的，空間構成上重要な装置。たとえば，柱だけが構造上必要なく並べられていたり，透過性ある壁や屋根が空間構成上配置されることがある。これらの装置を取り入れることによって，視覚的，触覚的により個性的な空間をつくることができる。

11-2 外部空間の種類

装置

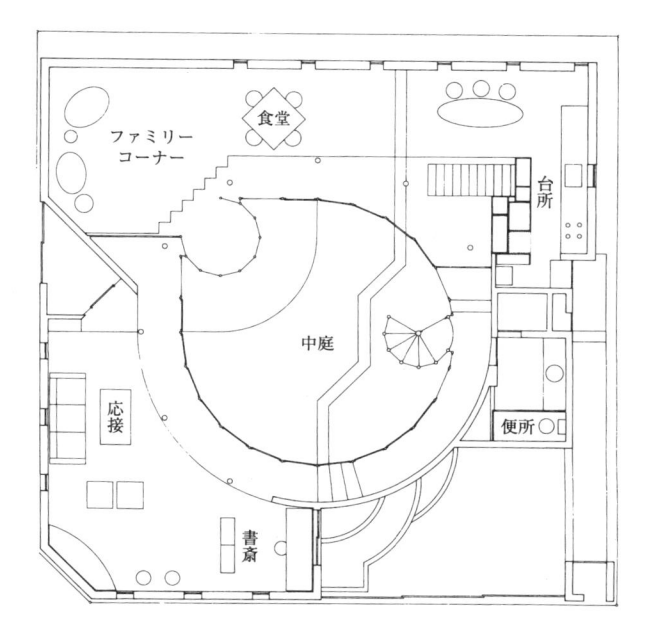

東玉川の住宅／長谷川逸子 1988

屋上庭園

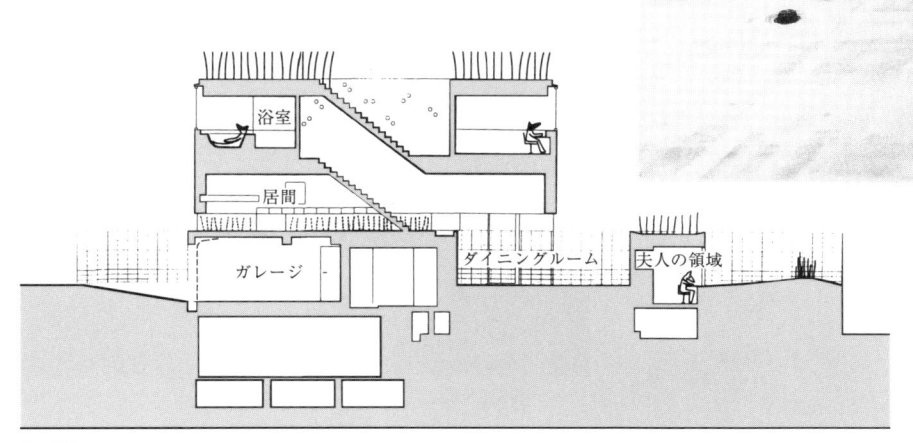

東北断面

O／青木淳 1996

屋上庭園 建物の屋上につくられた庭，屋上階に植木鉢などを並べたものや，土を載せ直接植栽をしたものなどがある。屋上階の外部の床としての利用は生活の活性化に役立ち，また自然エネルギー（光，風，みどり，など）を有効に利用できる場である。また，上の図に例はないが，

ポーチ 入口へ行くための通路。本屋根とは別の庇をもち壁から突き出ている建物への入口。

土庇（どびさし） 数寄屋建築でよくみられる。ここでつくられる空間はベランダとよく似ている。

バルコニー 建物の外壁から突き出して，室内生活の延長として，利用できる，室外の床。

ベランダ 建物の周囲に沿った長いポーチ。縁側がこれに当たる。
などがある。

11-3 外部空間の設計

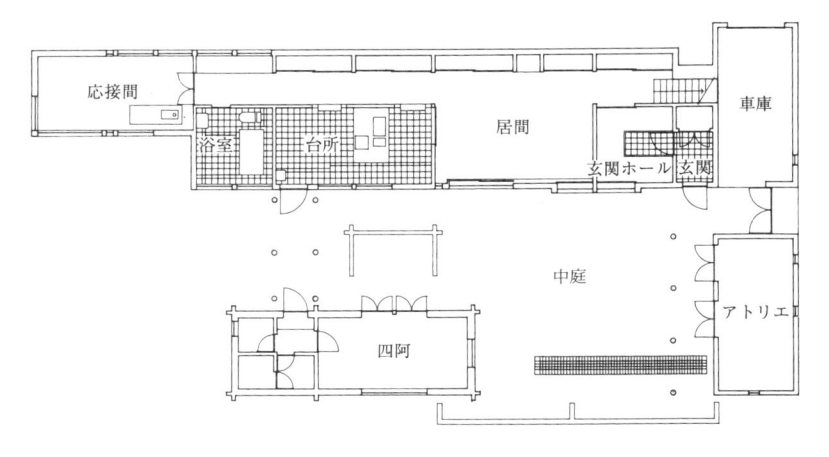

おばさん家／倉本龍彦　1988

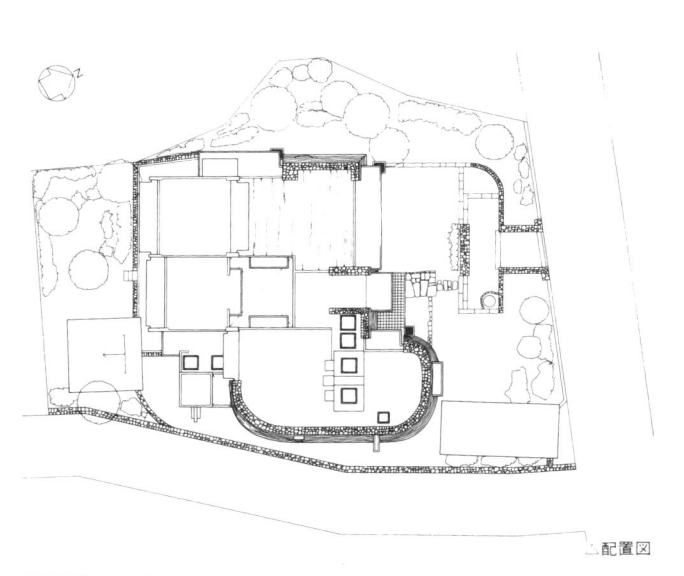

野石積みの家／設計同人 GAN　1981

11-3　外部空間の設計例

外部空間にも，機能的な要求がある。たとえば日照や採光などのために必要な余地，あるいは家具や器具，自動車などが置けるとか，運動ができるとかというようなことである。

しかし，これらの要求を満たすだけなら，土地が十分ありさえすれば，技術的にそれほどむずかしいことではない。もっと重要な問題は，外部空間をどのように居住する場にするかということである。その意味では，エレメントの質的な違いはあっても，内部空間の設計と本質的には同じだと考えてよい。

外部空間は大きくは地球のことからそして国土のこと地域のこと近隣のことを常に視野にいれ設計されなければならない。また私有空間であると同時に共有空間でもある

ことの認識は大切である。豊かな地域をつくるためには個と群との関係が重要である。たとえば道側の植栽の高さや植種や塀の材質を揃えたりするだけでも複数一群になることで人を包み込む豊かな外部空間がつくられるはずである。

また風土の持つ自然環境を意識することも大切である。北には北の南には南の環境がある，それぞれの気温も高低があり，雪量

11-3 外部空間の設計

天と地の家／石井修　1974

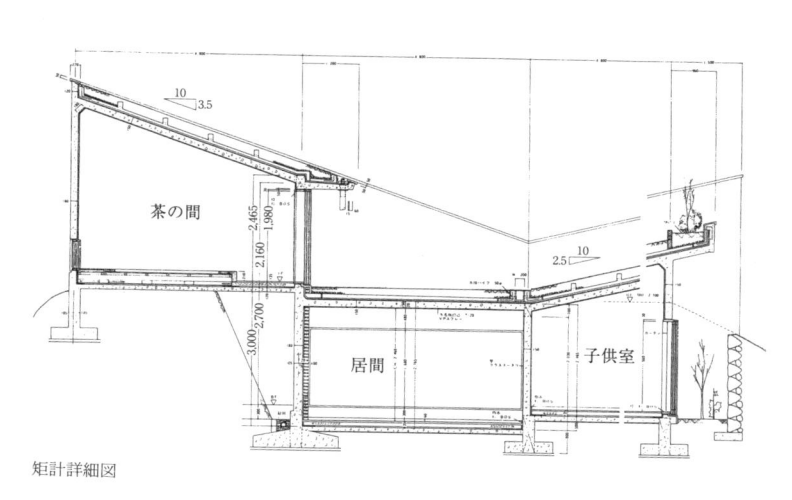

矩計詳細図

ニラハウス／藤森照信＋大嶋信道　1997

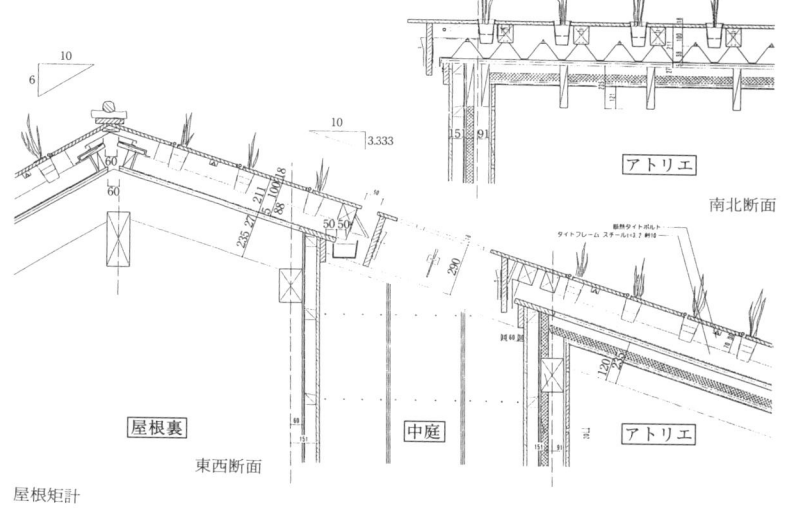

屋根矩計

も，雨量も，風量も地域によって異なる。また地域で産出する，素材も異なっている。当然ながらそこに育つ樹種も異なっている。
住居が建つ環境はこの風土のことを除いて考えられないことである。

上の図は北（北海道）の住宅と南（沖縄）の住宅のそれぞれの外部空間の例である。北の住宅は短い夏を豊かに過ごすための，また多雪の冬を心地よく暮らせる囲われた外部空間が配され，南の住宅はその風土が持つ材料を使い外部空間を構成し，風雨への強い防御がなされている。

上の図は自然と一体化を図り，屋根は大地の延長であるという考え方の実例である。一例は屋根の上を歩行したり植栽を配し人工的に大地化を考え，一例は植物を屋根に植え住宅を自然化したものである。このような例は環境を考えたり，住宅が自然の中に存在するための手がかりである。住宅の外部空間は自然の循環，自然のエネルギー利用の大切な場所である。

また，都市住宅や集合住宅の中に自然の循環，自然エネルギーの利用を積極的に取り入れたものがみうけられる。

12 住宅の環境

12-1 日照調整

フォーラム湘南／白鳥健二　1987

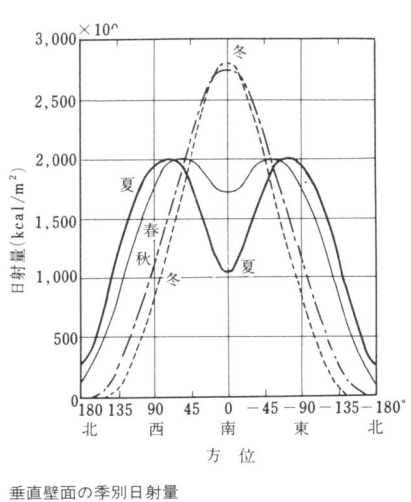

垂直壁面の季別日射量

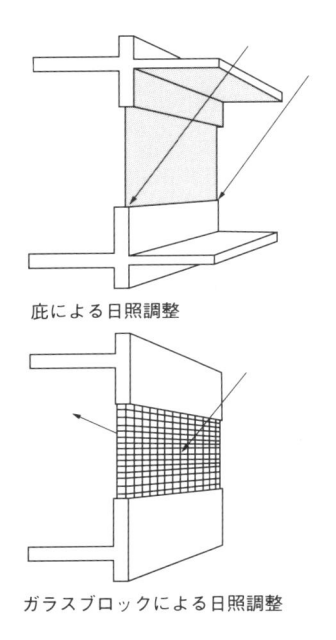

庇による日照調整

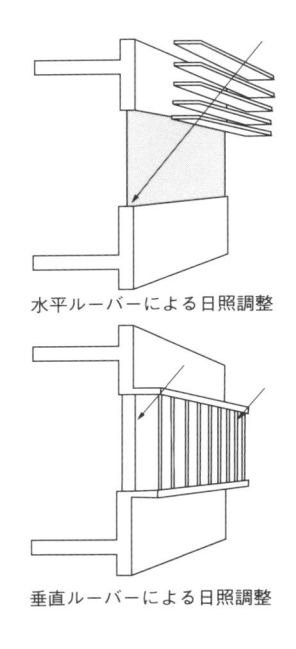

水平ルーバーによる日照調整

ガラスブロックによる日照調整

垂直ルーバーによる日照調整

国場の家／福島駿介　1986

12-1 日照調整

まぶしさと日射熱を防ぐために，直射日光を遮ることを日照調整という。日照調整の手法としては，建物の向き・建物の形態・窓の面積・日除けなどがある。また，その日除けは室内環境を調整すること以外に，建物の外観デザインにも大きく関わってくる。

日照調整計画と同時に，デザイン計画として日除けの種類・形態・大きさ・材質等を計画する必要がある。

庇による日照調整

庇は太陽高度が高いときに最も良く働き，逆に低いときにはあまりよく働かない。つまり，よく計画された庇は夏の日差しは遮り，冬の日差しは室内に通す。

ルーバーによる日照調整

庇は遮光的には優れているが，採光的には非常に不利である。

また，庇裏の暗部が不快であり重く感じるのに対し，ルーバーはその欠点をすべて取り除いたもので，明るくて軽快な庇と言える。

ガラスブロックによる日照調整

ガラスブロックの遮光・遮熱効果は高く，日除けとしての利用価値は高い。したがって，見通しや通風を考えなくてもよい場合は十分な効果が得られる。

また，ガラスブロックの性能として，光を拡散させるものや，光を一定の角度に放射するものもある。

その他の日照調整

遮光方法は多く，日々，新しいものが発想されている。したがって，建物を設計する段階でその建物にあった方法等を工夫する必要がある。

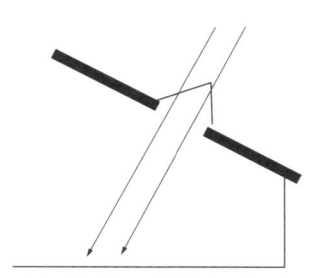

12-2 採光

トップライトによる採光

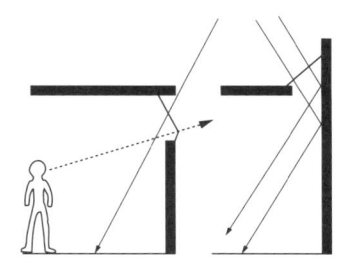

ハイサイドライトによる採光

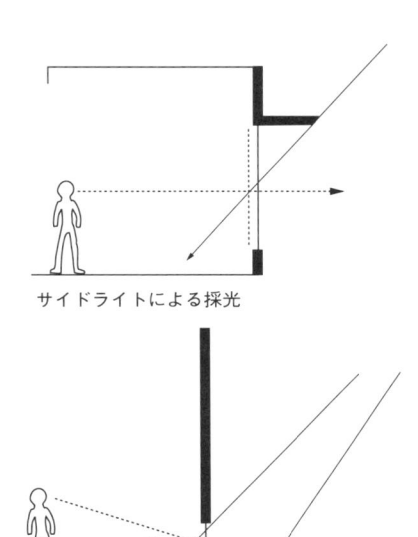

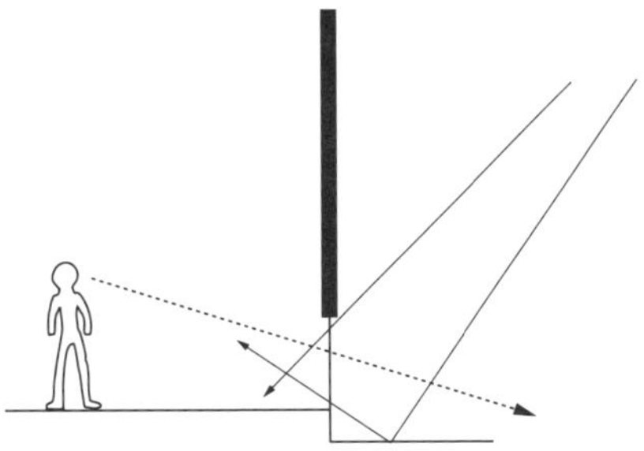

サイドライトによる採光

ローサイドによる採光

松岡邸／吉田勝　1986

シャトルスペース／伊左次徹紀　1986

1/4円弧IWT／黒沢隆　1986

扇垂木のある家／野村加根夫　1984

12-2 採光

用途に見合った適切な明るさを確保することが採光計画の目的である。人工照明だけに頼ることなく、どのような自然光をどの程度取り入れるかによって、時間的、空間的な制約が大きい、また、予測不可能な自然光の変化が空間に大きなメリハリを与えてくれ、自然の演出性が得られる等の利点をもたらしてくれる。

そのため、光を利用すること、演出することは建築をデザインする上で大きなポイントになる。

トップライト　高い位置からゆったりとした柔らかい光で空間全体を満たすことが出来る。

また、開口の形・大きさもしくはルーバー等によって、空間内部の強弱やポイントを造り出すことも可能である。

ハイサイドライト　壁の高い位置にある開口は均質でゆったりとした光を取り入れることができる。そして、壁を明るく光らせ壁に表情を持たせることも可能であり、外部的な内部空間を演出することも可能である。

サイドライト　開口部の高さ・大きさによって、そこから取り入れることのできる光の表情・内部から見ることのできる景観・内部空間の質が変化する。目的がはっきりした計画が必要であり、庇などと共に計画するとよい。

ローサイドライト　視界を壁で閉じ光を床に導くことで、落ち着きと安定感を演出できる。また、外部の水面に反射した光で揺らいだ空間を造り出せ、低い視線で変化の少ない風景を見せることで時間を長く演出することができる。

12-3 通風

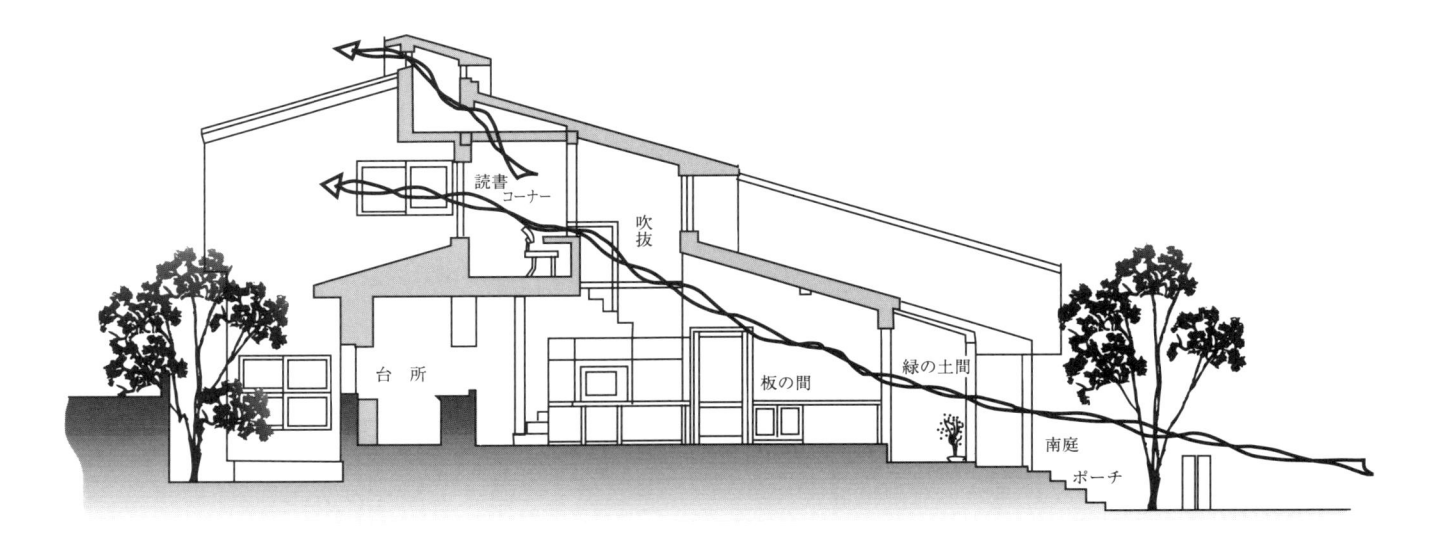

緑の土間でもてなす家／長谷川順持　1995

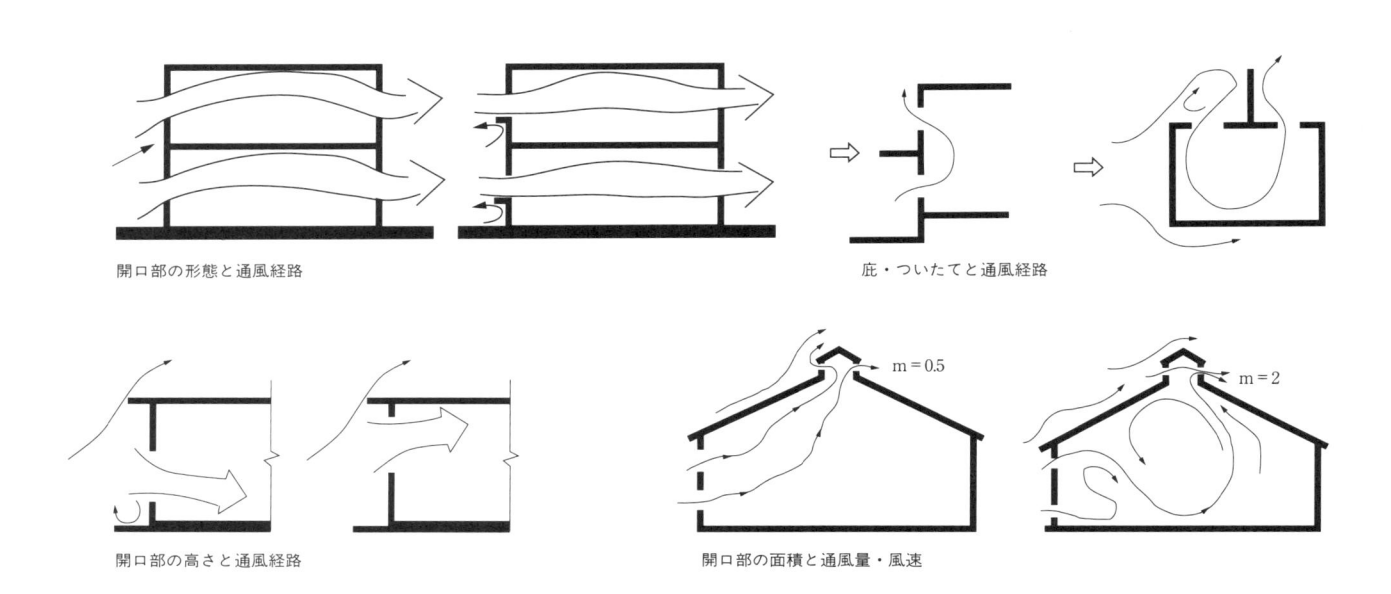

開口部の形態と通風経路

庇・ついたてと通風経路

開口部の高さと通風経路

開口部の面積と通風量・風速

12-3 通風

自然風を室内へ積極的に取り入れることによって、人体からの放熱を促進し、体表の湿度を下げることができ、冷却感・爽快感をもたらすことが可能である。

そのような計画によって、冷房機器への依存度を低下させることができ、結果として省エネルギーの効果をもたらすことができる。

通風計画のチェック項目

1) 通風経路を考える
   - 開口部間の相対的な位置
   - フレキシブルな開口のディテール
   - フレキシブルな間仕切り
   - 袖壁・庇の効果
   - 熱い風を避け、涼しい風を取り込む
2) 開口面積のバランスを考える
   - 開口部の開閉メカニズムと実効面積
   - 流入・流出開口部の面積比
3) 気積を大きくする
   - 気流の流動性を増す
   - フレキシブルな間仕切り
   - ワンルームシステムの可能性

開口部の形態と通風経路　開口部の下に障壁を設けることにより、下から吹き上げてくる風を遮断するために、壁面に垂直な通風が得られる。

開口部の高さと通風経路　開口部の位置を高くすることにより、室内に流れ込む気流を上向きに、逆に位置を低くすることにより、気流を下向きにすることができる。

開口部の面積と通風量・風速　流入口と流出口との面積比によって通風量・風速ともに変化する。

$$m = \frac{流出開口面積}{流入開口面積}$$

$m>1$ のとき、量・速度ともに大きくなる
$m<1$ のとき、量・速度ともに小さくなる

庇・ついたてと通風経路　庇・ついたてによる通風経路への影響は大きい。上手は上下二つの窓の中央に庇を設けた場合と、外壁面の二つの窓の間についたてを設けた場合の通風経路である。

12-4 高気密・高断熱

気密層
防湿シート等を内側から連続的に張る

内側での気密化

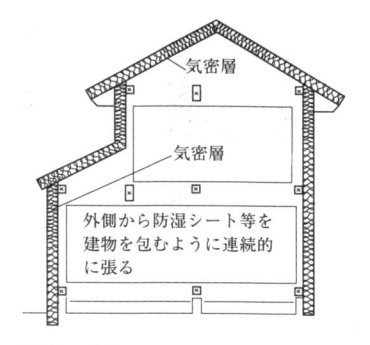

気密層
外側から防湿シート等を建物を包むように連続的に張る

外側での気密化

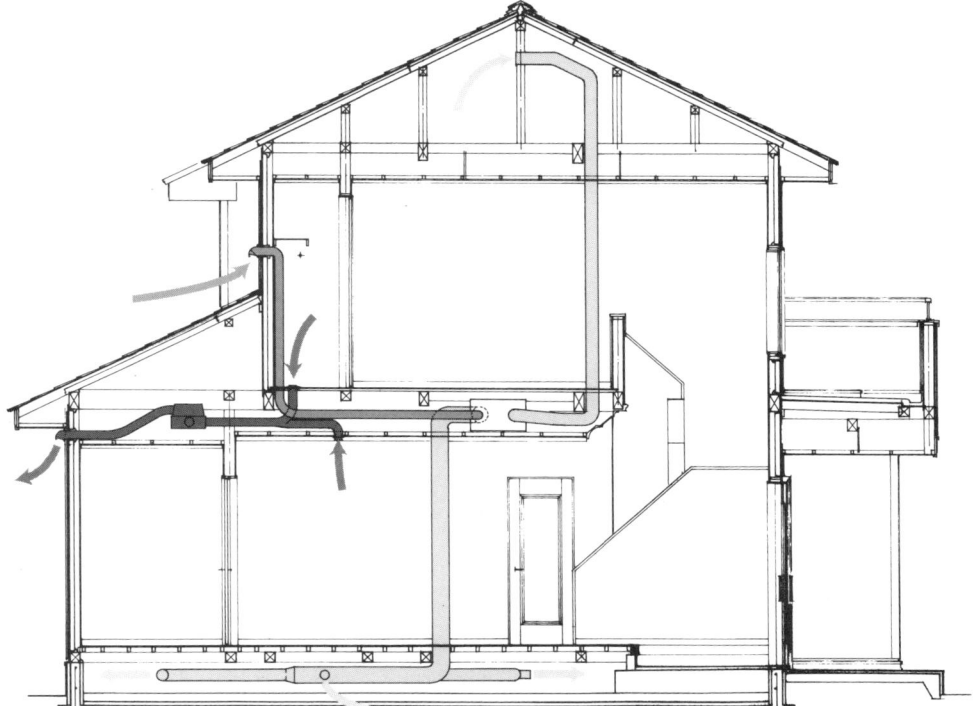

内断熱工法モデル

高気密・高断熱と計画換気例

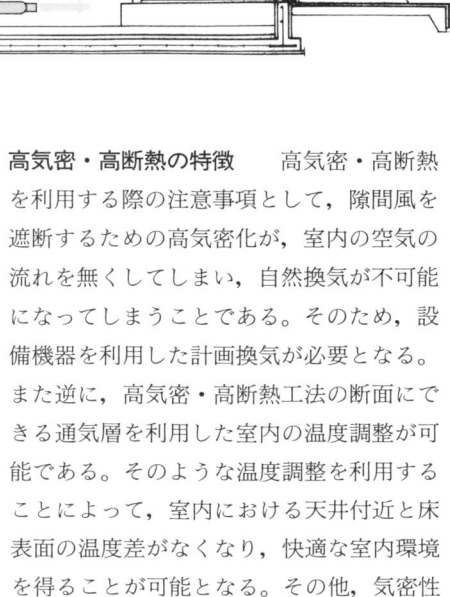

外断熱工法モデル

12-4 高気密・高断熱

高気密・高断熱は室内環境の改善，そして省エネルギーのために考えられた技術である。隙間風を遮断し熱損失量を小さくすることによって冷暖房の効率を高め，また，室内における温度差を小さくする。その結果として，吹き抜け等の大きな空間を造ることができ，自由度の高い計画が可能となる。高気密・高断熱に関しての技術は，高気密自体でも高断熱自体でも独力での働きは小さく，その両方を組み合わせたとき，大きな効果を発生する。それゆえ高気密，高断熱そしてその他の技術をどのようにして組み合わせるかといった新しい発想が必要となる。

高気密・高断熱の特徴 高気密・高断熱を利用する際の注意事項として，隙間風を遮断するための高気密化が，室内の空気の流れを無くしてしまい，自然換気が不可能になってしまうことである。そのため，設備機器を利用した計画換気が必要となる。また逆に，高気密・高断熱工法の断面にできる通気層を利用した室内の温度調整が可能である。そのような温度調整を利用することによって，室内における天井付近と床表面の温度差がなくなり，快適な室内環境を得ることが可能となる。その他，気密性の高いことから，木材の腐朽対策にも効果があり，花粉等による室内環境汚染防止にも効果がある。

内断熱工法 一般には室内側から，室内仕上げ材・石膏ボード・断熱材・防湿シート・通気層・外壁材といった層からなる。柱と外壁材の間に断熱材がこないため，外装の自由度が高い。しかし，壁内配線が断熱材を通過しなくては室内にたどり着かないので，気密性・断熱性は損なわれる。

外断熱工法 一般には室内側から，室内仕上げ材・石膏ボード・通気層・断熱材・防湿シート・外壁材といった層からなる。柱と外壁材の間に断熱材がきてしまうために，重い外壁材が使えない等の外装の自由度が低い。しかし，壁内配線が断熱材を通過しないので，気密性・断熱性は確保できる。

12-5　パッシブソーラー

直接利用型パッシブソーラー実例　逗子小坪の家／野沢正光　1964

温室型パッシブソーラー実例　ITO HOUSE／伊藤隆道＋布川俊次　1983

パッシブソーラーの種類

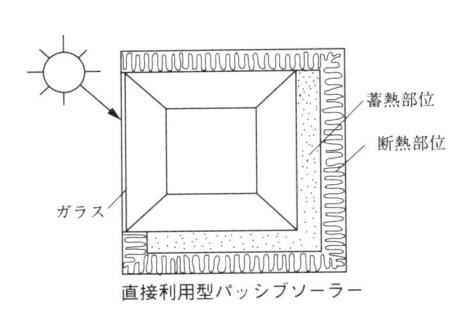

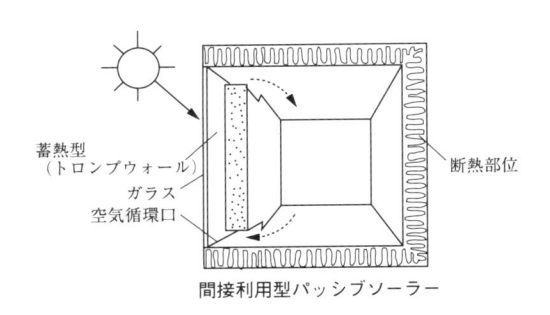

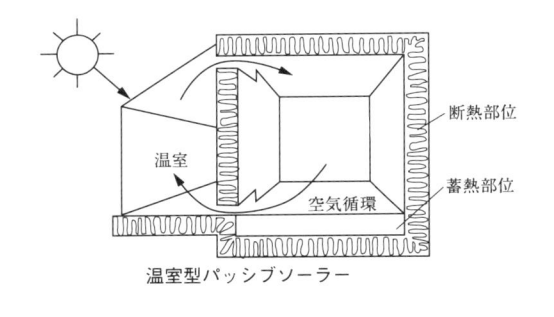

直接利用型パッシブソーラー

間接利用型パッシブソーラー

温室型パッシブソーラー

12-5　パッシブソーラー

パッシブソーラーそのものは特別に新しいものではなく，昔から家造りの知恵として考えられたものが始まりである。アクティブソーラーと違う点は，機械力を利用せず対流・放射・伝導の原理により，太陽熱を週熱・蓄熱・放熱し，室内環境を快適に保つシステムである。60年代のエネルギー危機が引き金となって，省エネルギーといったテーマのもとで自然主義をバックに持つパッシブソーラーが再び見直されることとなった。

直接利用型パッシブソーラー　日射を直接居室の中へ取り込み蓄熱部である床・壁・天井を暖め，日射のピーク時から時間を遅らせ放熱し暖房する。この方法は日射をより多く取り込むのに，開口部を広くとる必要があるため，日射時以外は，開口部からの熱損失が大きいことに注意しなくてはならない。

間接利用型パッシブソーラー　開口内部もしくは天井に設けた吸熱性・蓄熱容量の大きい壁を日射により暖め，日射のピーク時から時間を遅らせ放熱し断熱する。この方法は開口部に蓄熱材を設置してしまうため室内への日射・通風が制限されてしまうことに注意しなくてはならない。

温室型パッシブソーラー　南側にサンルーム，もしくは温室的なものを設け，そこで昼間の日射によって暖められた空気を，北側室内空間に対流させて暖房する。ガラスでできたボックスを付帯させるため，建物の外観に大きなアクセントとなる。

12-6 床暖房

TH-1／朝倉則幸 1993

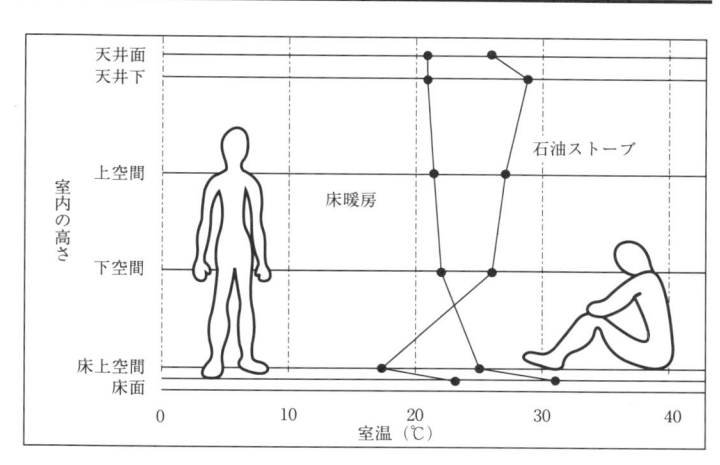

室内温度分布比較表

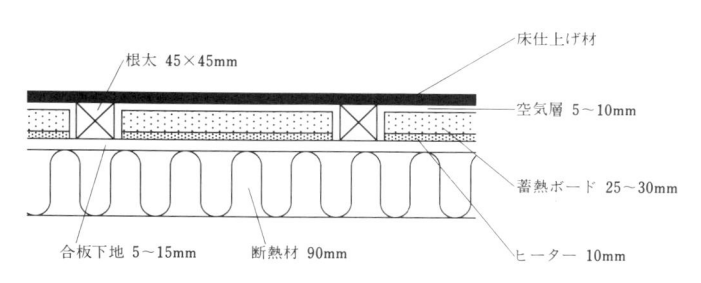

床暖房断面詳細図例（木造・電気式）　床暖房断面詳細図例（木造・温水式）

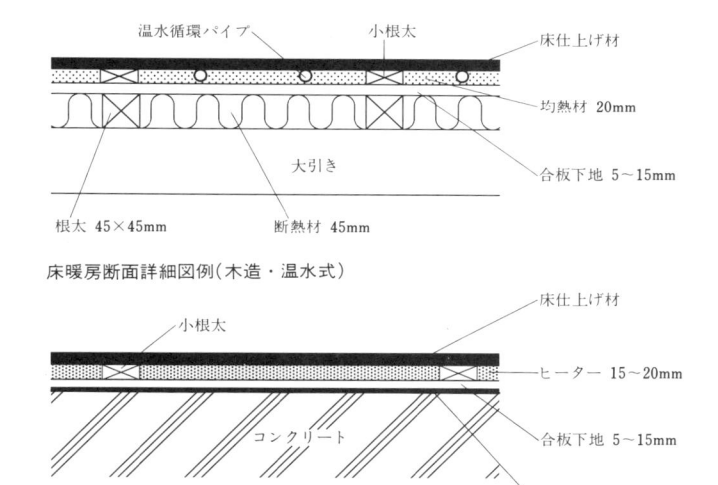

床暖房断面詳細図例（木造・温水式）

床暖房概念図

床暖房断面詳細図例（RC造・電気式）

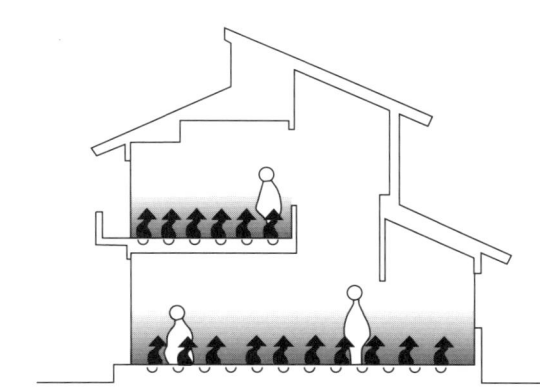

12-6 床暖房

寒い環境の中で最も多く利用されている採暖の方法は，暖房器具による灯油やガスを燃焼させて直接暖をとる方法である。しかし，室内において暖かさと寒さのむらが生じてしまい，快適な範囲が限定されてしまう。

さらに，燃焼ガス等による空気の汚染や，不快な湿度の原因になる。そのため，快適な空間造り，人体への健全な環境を造るために床暖房という技術は考えられた。

床暖房の技術は必要な部分を暖められるため，無駄なエネルギーを省くことが可能であり，吹抜けなどの自由な空間構成も可能になる。

床暖房の利用範囲　床暖房の利用される場所は多くの場合，人の集うところや人が長い時間いるスペースに利用される。建物の全部を暖めるのではなく，必要な場所に限定して，人体への健全な環境を造り出すことを目的としているからである。

床暖房の断面　床暖房は大きく分けて2つある，電気式床暖房と温水式床暖房である。

電気式床暖房は電気によって熱を発生させるヒーターを床下に敷き，温水式は温水の循環するパイプを床下にめぐらせて床を暖める方式である。

両方の方式とも根太の間に設置する工法と，根太の上に設置する工法があり，設計の際に，床の厚さを考慮して利用するとよい。

13 住宅の構造

13-1 分類

(a) 屋根
梁の上に束を立て，棟木や母屋をのせ，垂木をならべ，その上に野地板を葺いて木造の屋根が出来上がる。屋根の重さを支える構造体（小屋組）と屋根面を構成する部分に分けて支えられる。

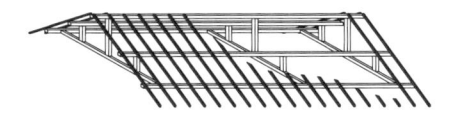

(b) 壁体
外周壁と内周壁に分けて考えられる。その骨組を軸組といい，屋根や2階床の荷重を支え，また仕上げ壁材を張る下地ともなる
窓や開口がこれに取り付けられている。

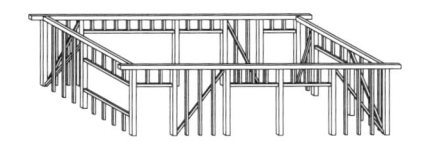

(c) 床
床は梁や根太を組み合わせてつくるものと，コンクリートのように一体のものとある。室内の荷重と床の支点距離の大小によってその材料が選ばれ寸法が決まる。表面材と架構材によって水平の力に耐える力も要求される。

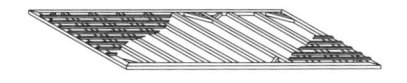

(d) 基礎
支える建物の重量とそれを載せる地盤の強弱によって物理的にその構造が決められる
建物の性質によって基礎の耐久度も違ってくる。

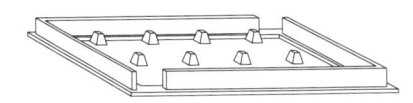

構造体の四つの分類

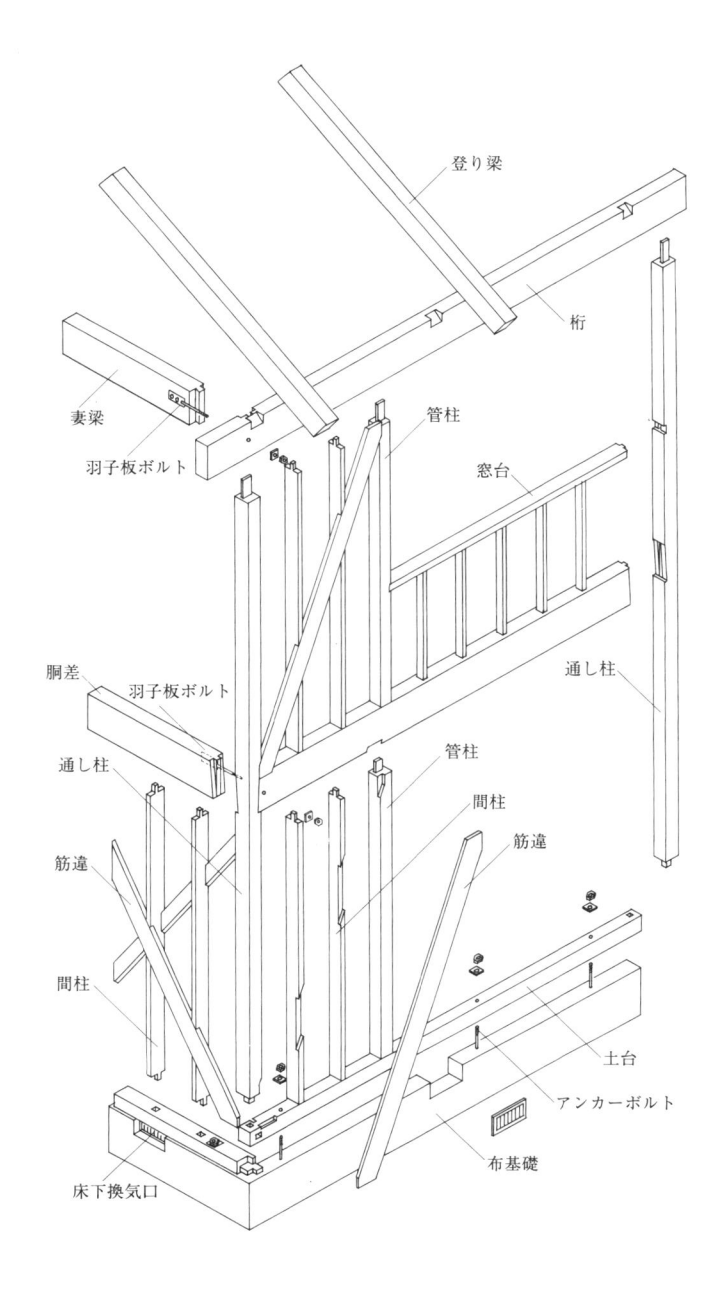

軸組分解図（P&B HOUSE）

13-1 分類

(1)住宅の設計は人間の動作，生活をどのような空間に入れるかということから始まる。
それにふさわしい室や住宅全体の空間の内容を目標として図が描かれる。
(2)この住宅を実際に建てるには，その空間を形づくる建物の軀体をどうつくるかが問題になる。
(3)すなわち，(1)は「何をつくるか」についての設計であり，(2)は「どうつくるか」を設計することである。創造のためのデザインとそれを実現するための生産方法が考えられて，初めて住宅の設計が出来上がる。

(4)この軀体は，表面の仕上げのディテールとその骨組みからできている。仕上げによって囲まれたものが各室であり，住宅の外側なのである。各室の住空間を安全に保ち，建物全体を外部からの力に耐える軀体とするために骨組などの構造体が必要となる。
(5)はじめに(1)の計画ができて(2)の構造体を考えるように説明したけれども，実際には計画を進める上で，構造体についての知識も必要である。木造の柱・梁の構造体とコンクリートの壁・床とでは出来上がった空間の質や感じも異なるし，平面計画にも影響する。
(6)建築は気候・風土の所産といってよいほ

ど構造体のつくり方が違う。また材料や規模などでも，そのディテールは全く違うものである。
(7)しかし，その構造体は，屋根と壁体と床それから基礎の四つの部分から成り立っていることは，すべての住宅にいえることである。
(8)構造体の四つの部分，屋根，壁，床，基礎には，それぞれ共通した考え方があり，それによって各ディテールが生まれるものである。住宅を計画する上に必要最小限のことをこの四つの分類に従ってこの項で説明する。

13-2 各種構法

木造在来構法

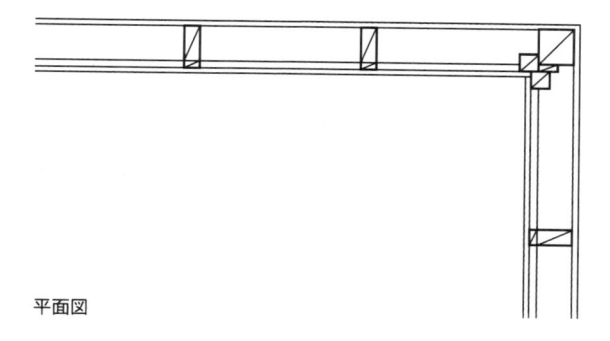

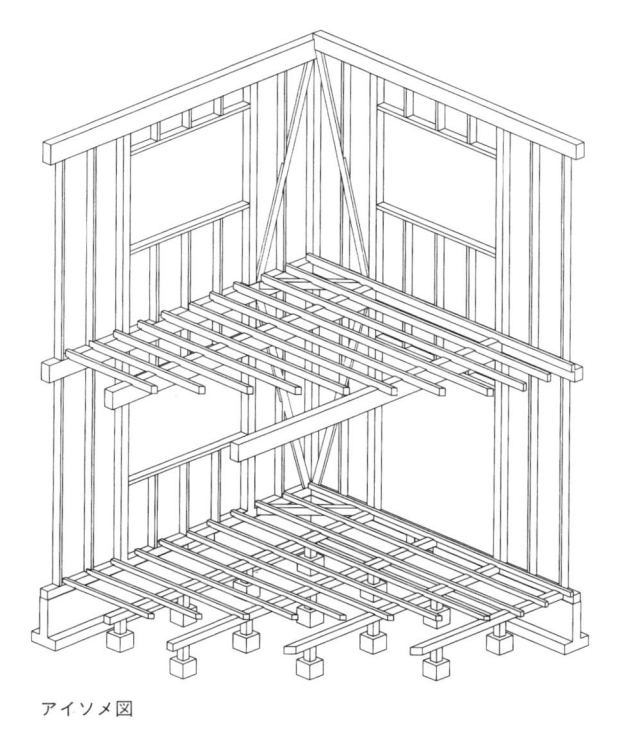

平面図

アイソメ図

枠組壁構法（2×4）

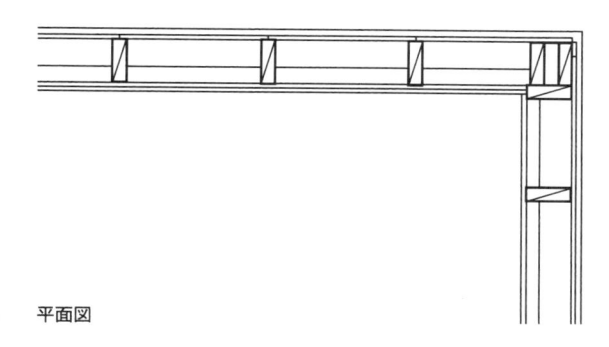

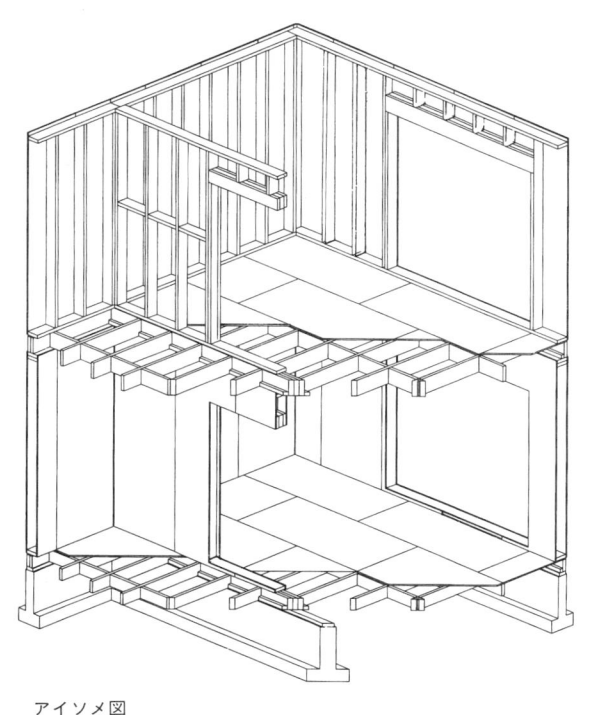

平面図

アイソメ図

13-2 各種構法

木造在来構法　木造在来構法の特徴は、一品生産であること、構造体を構成する部材が軽く、加工しやすく、運搬や組立が簡単であることから、間取りが自由に設計できるという利点があり、増改築も比較的容易である。しかし火に弱いという欠点がある。

従来の木造在来構法では、柱と梁を外に表したまま、柱と柱の間に壁を設ける、真壁造りであったが、最近では金属系の壁や塗壁などの仕上げ材で柱や梁を覆う、大壁造りが主流である。

真壁造りでは木の美しさは味わえるが壁厚が薄く、耐震性に難がある。

大壁造りの場合には耐震性は良いが、木の味が出ず、通気性が良くないため、木が腐りやすいという問題点がある。

枠組壁構法(2×4)　この構法の特徴は、規格化された部材を組み合わせて家を形づくるところにあり、部材の基本寸法が2×4インチの断面をもつ角材であることから名付けられている。

床、壁、天井からなる箱型の枠組構法であるため、構造的には優れた耐震性、耐風性を備えている。

一般に木造住宅は火に弱いというのが通説であるが、この工法は各室がパネル壁で分離されているので、ある程度防火的であり、気密性、断熱性にも優れている。

この工法の場合には壁自体が主構造体であるから、自由設計といっても間取り、開口部のとり方に制約があり、強度を確保するために、1階と2階の壁位置がずれないよう配慮すべきである。

13-2 各種構法

組積造

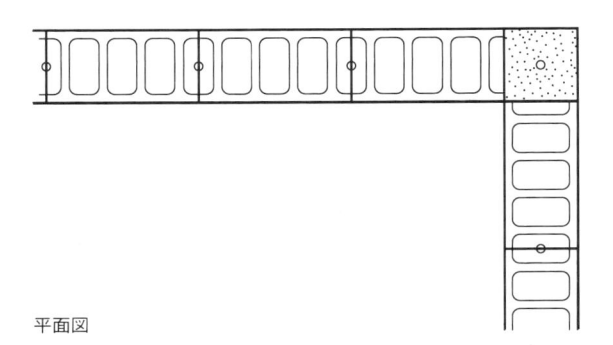

平面図

鉄骨造

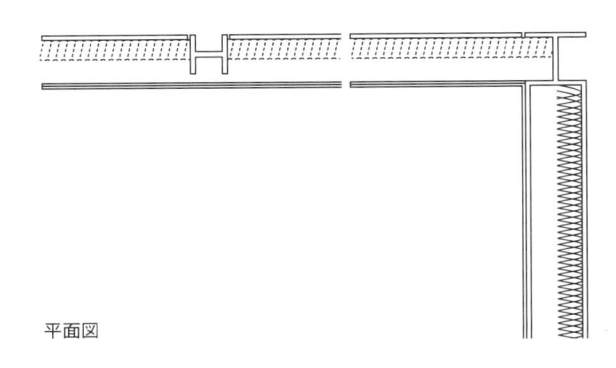

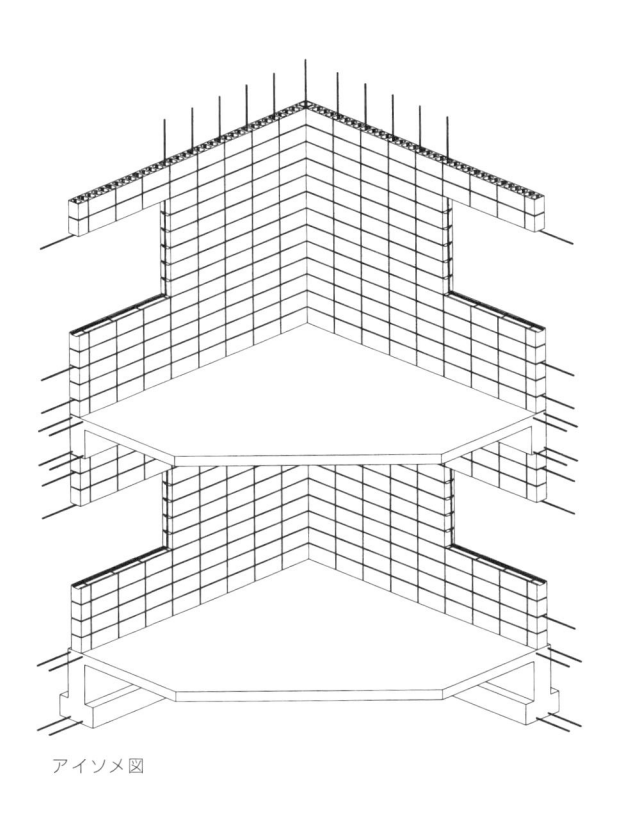

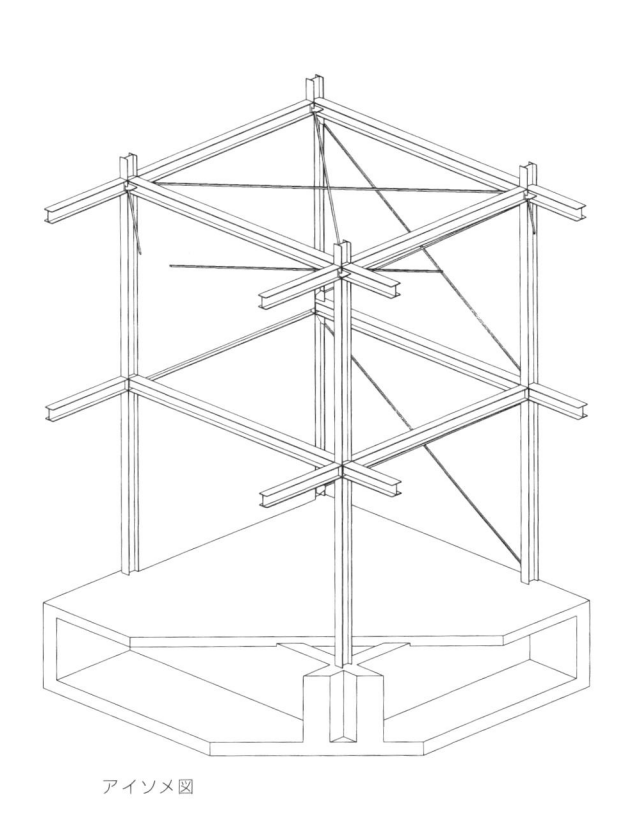

平面図

アイソメ図

アイソメ図

組積造 組積造はヨーロッパのように地震が少なく、鉛直荷重だけ処理すればよい場合に適しており、日本では地震を考えて、鉄筋で補強した形式が多い。組積造には柱に類するものが無く、一種の壁式構法である。柱と筋かいや耐震壁とを兼ねた耐力壁とその上ののがりょう、それに布基礎が主要な構造要素である。

またこの構法は開口部があまり大きくとれないこと、透水性や亀裂のため漏水の可能性があり、十分な防水処理が必要とされる点などが難点であるが、鉄筋コンクリートより簡便である。

鉄骨造 鉄骨造は、鉄のもつ力学的に優れた特性が外力に対して強さを発揮し、耐震性、耐風性が良い。しかし、素材が鉄であるため防錆処理と、地域によっては耐火被覆が必要である。この工法は基本的には木造の軸組と同じであるが、材料として重量鉄骨あるいは軽量鉄骨を加工し、現場で土台と柱、柱と梁を、ボルト、ナットで結合、あるいは溶接接合する。鉄骨構造の軸組は柱と梁による構法であり、外観、間取りが自由に設定でき、合材の強度が木材と比べると極めて大きいことから、スパンが長く加工でき、広い部屋をつくることができる。

13-2 各種構法

RCラーメン構造　平面図

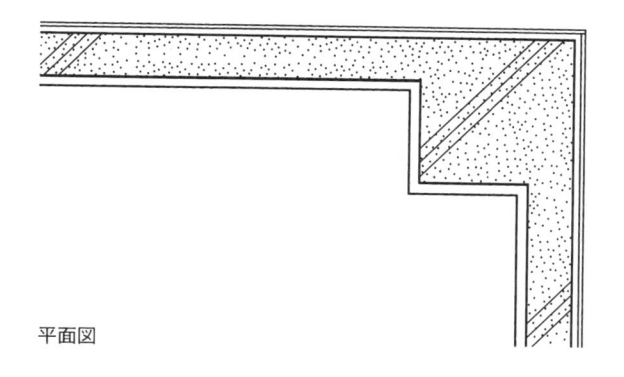

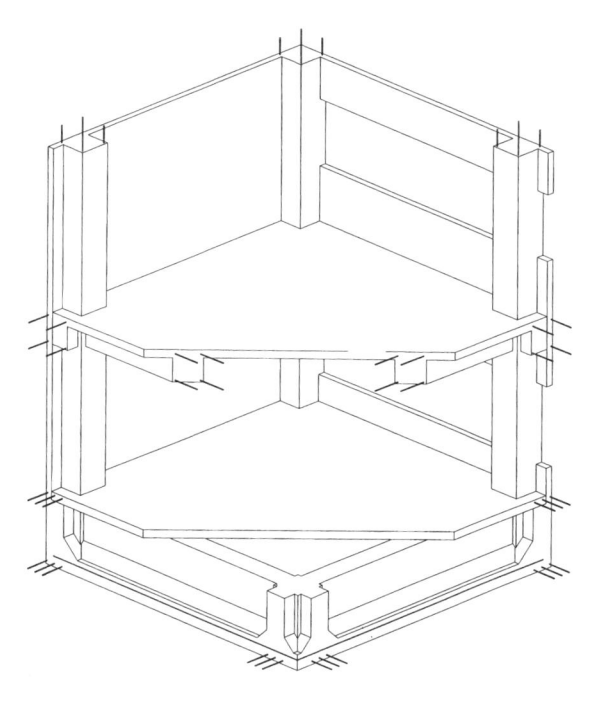

RC壁構造　平面図

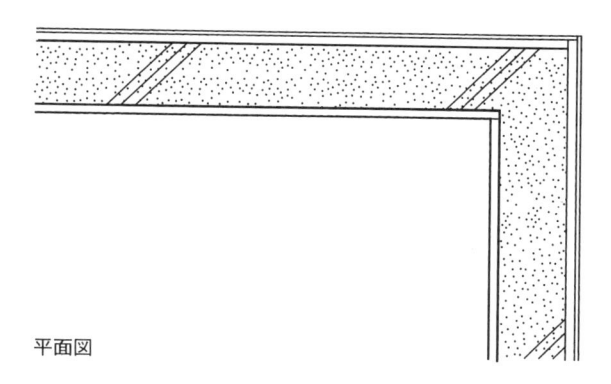

アイソメ図

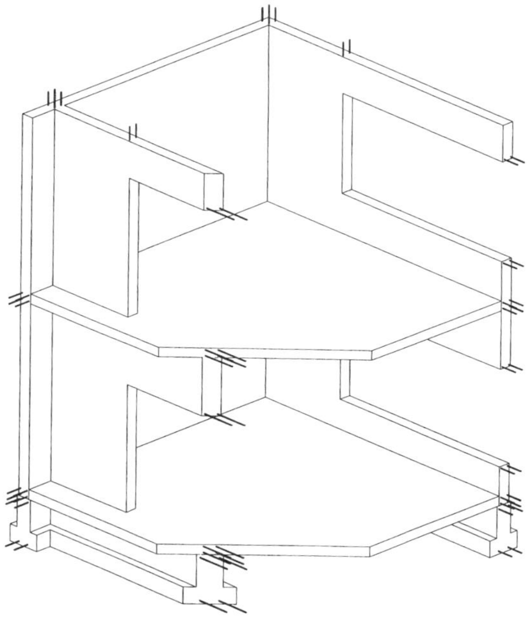

アイソメ図

また，現場での工期が比較的短くすみ，工事費も経済的である。

RCラーメン構造　鉄筋コンクリート構造は，鉄筋の引張りに対する強さと，コンクリートの圧縮に対する強さを利用した構法で，鉄筋を組んだものをコンクリートで固めたもので，ラーメン式は柱，梁，床（屋根）スラブの3者を基本架構要素としているものである。経済上の理由から，あるいは構造上の余力を増すなどの理由から耐震壁を併用するものもある。この構法は，耐久性，耐火性に優れており，造形的自由度も大きい。しかし建築工事期間が長い，構造的な改造が容易でないという難点がある。

RC壁構造　壁式構造は主要な構造を，柱や梁の代わりにそれらを壁として同化した耐力壁と床とで構成するものである。住宅ではある程度の間隔で壁があっても，それほど問題にならない。壁と構造体とが一体であるため経済的，柱・梁に対する特別な処理が不要，耐震，耐火に優れている等の利点から住宅建築で使われることが多い。しかし壁量や壁厚に配慮するために，開口の大きさが制約を受けたり，熱容量の大きな材料なので夏期をしのぎにくく，また結露もしやすいという難点がある。

105

13-3 設計例

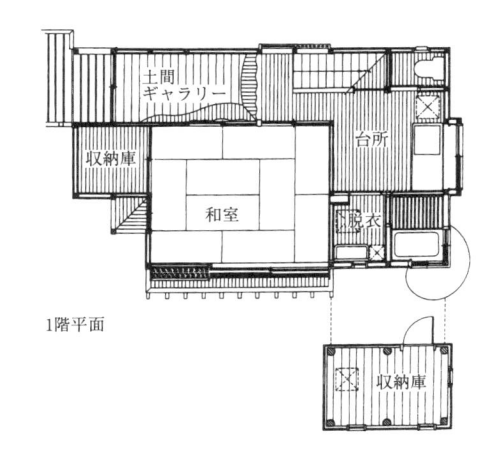

木造在来工法　須永博士アトリエ／桂英昭　1996

木造枠組工法

濱田邸／伊藤真一　1991

組積造　鮫島邸／首藤廣剛　1992

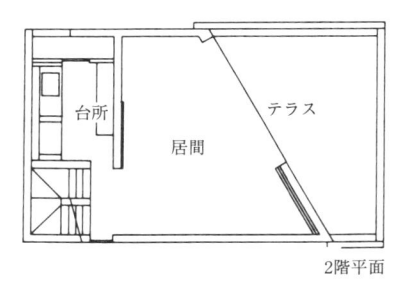

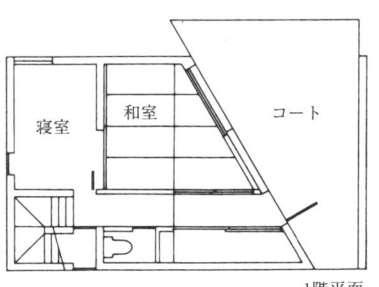

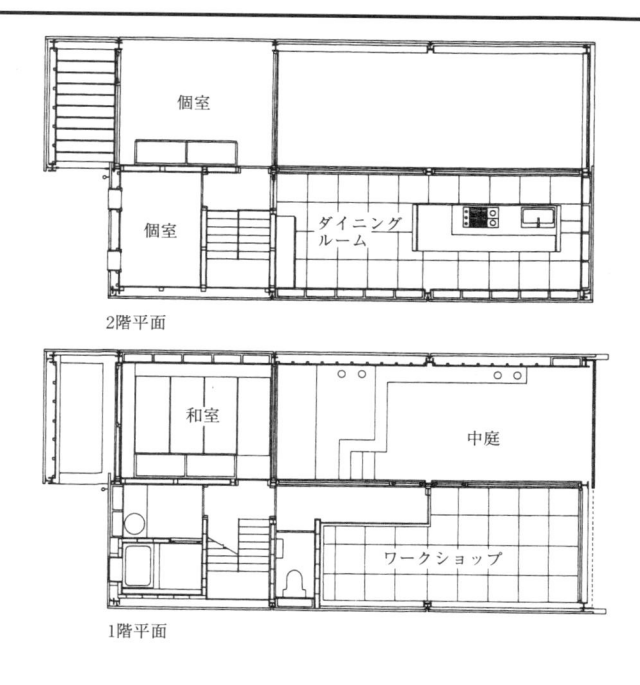

13-3 設計例

鉄骨造　下鴨の家／岸和郎　1994

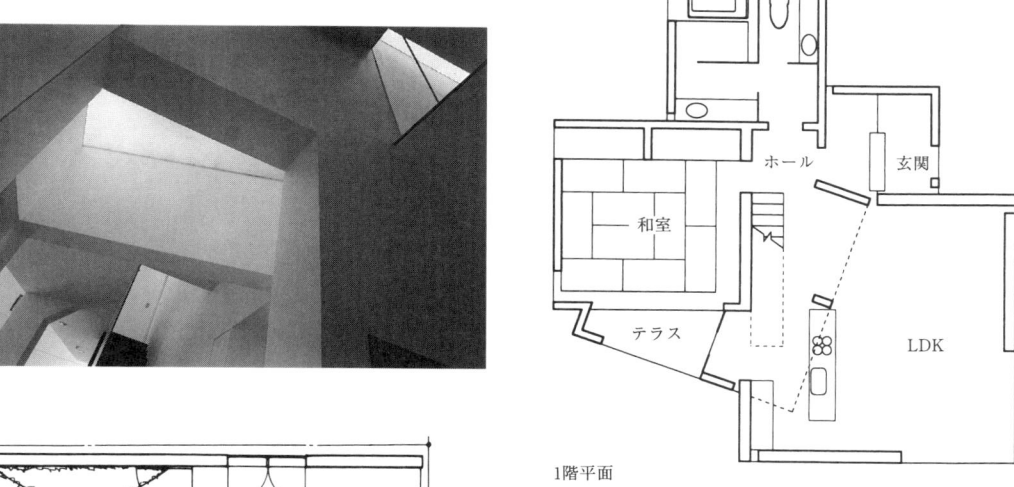

RC ラーメン構造　KAWANISHI RESIDENCE／鈴木エドワード　1995

RC 壁構造　6 CUBES IN LIGHT／葉祥栄　1994

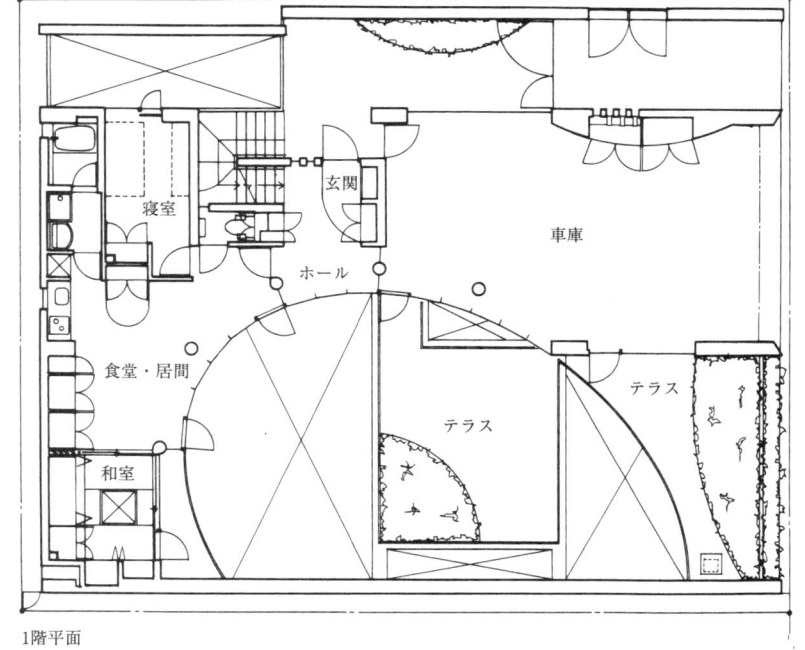

14 設計のプロセス：エスキースからプレゼンテーションまで

14-1 敷地を分析する

敷地周辺写真

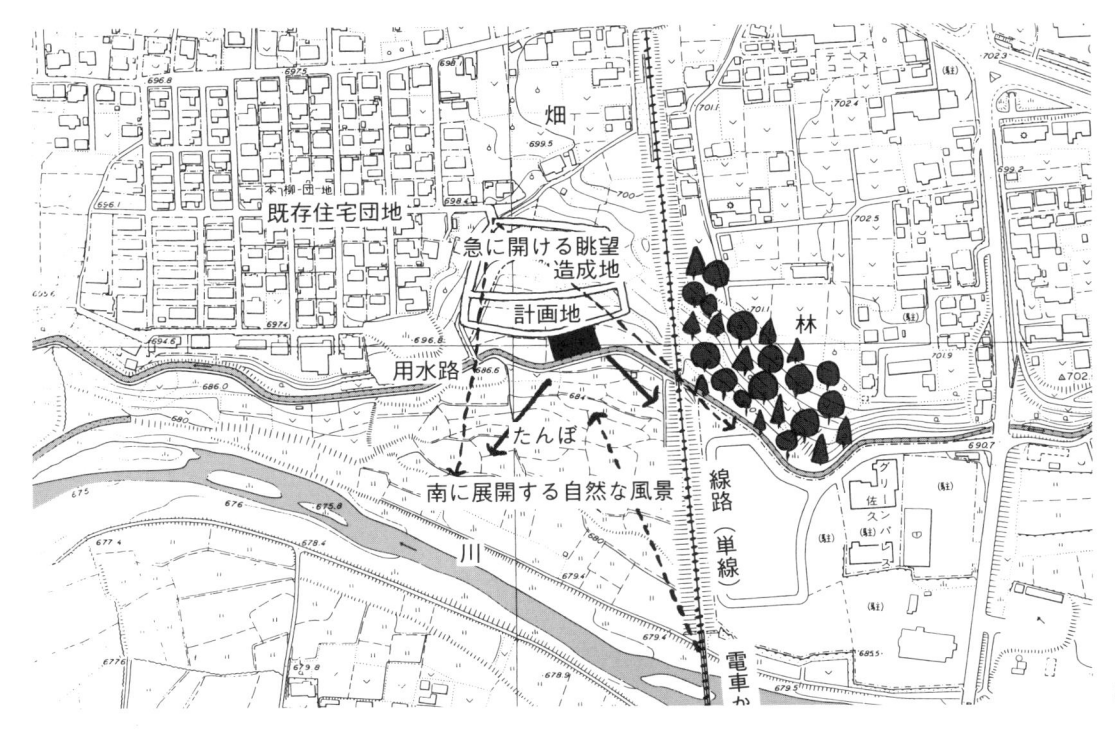

敷地周辺地図

14-1 敷地を分析する

敷地へのアプローチ　最寄り駅からも町の中心街からも離れた場所にあるが、それだけ逆に落ち着いた場所としての性格がある。幹線道路から敷地に向かう道路は農道そのままといった感じで、スプロール的に拡散した日本中どこにでもある風景ということができる。しかし、そうした平凡ともいえる風景からこの住宅団地入口にアプローチすると、一転して展望が開ける。まだ住宅が建て込んでいないこともあって、計画敷地はそこから見下ろすような格好の位置にある。

宅造された住宅地　敷地はひな壇状の耕作地を住宅用地として造成、開発された一角にある。周辺には、設計者不明の一戸建て住宅団地や住宅メーカーによるカタログ的な住宅群が所々に点在している。計画団地内にはすでに幾つかの住宅が建ち始めていたが、開発宅地としての全体像がある訳でもなく、それらから想像できることは、新建材のステレオタイプ化された住宅が脈絡を持たずに建ち並ぶ風景だった。

川に面する　幸いにも造成地の最も南寄りに計画敷地があり、それより更に南にはわずかの田圃があるのみで、そこからは河川地になってしまっていた。つまり、今後とも南側に建物が建つことはないと考えられることがこの敷地に大きな利点を与えていた。田圃と計画敷地との間には細い畦道があるものの、その間の用水路と2m程度の段差によって区切られた感じがあり、外からの視線を気にせずにプライバシーを計画できるという点も特徴として捉えることができた。

北に高く南に低い地勢　造成地全体の地勢は、北側の既存住宅地から南側の川方向にひな壇状に低くなっている。計画地の北側の背景には今後徐々に住宅が建ち並んでくることが予想されるが、どの敷地からも南方向への、つまり川やさらにその遠方の山並みを展望できるという印象的な場所である。また、夏は川からの風によって爽やかな空気も期待された。

東西に長い敷地　川に面した2ブロック分の敷地ということで、当然のことながら横長の敷地形状となっている。しかも北側を道路に接して、東西方向が南北方向の約2倍というプロポーションの敷地である。

鉄道線路　計画敷地の2ブロック東側のところを単線の鉄道が走っており、南側から近付いてくる電車からは、計画敷地がよく見渡せる関係にある。視線を妨げるものがなく、川の向こう側からすぐ近くを通り過ぎるまで、東西に長い敷地は十分に目立った存在になっている。

寒冷地　積雪量はないが、冬季には北側からの風があり、寒さの厳しい地域である。1年の半分くらいは暖房をするということで、寒冷地特有の対策が必要とされた。

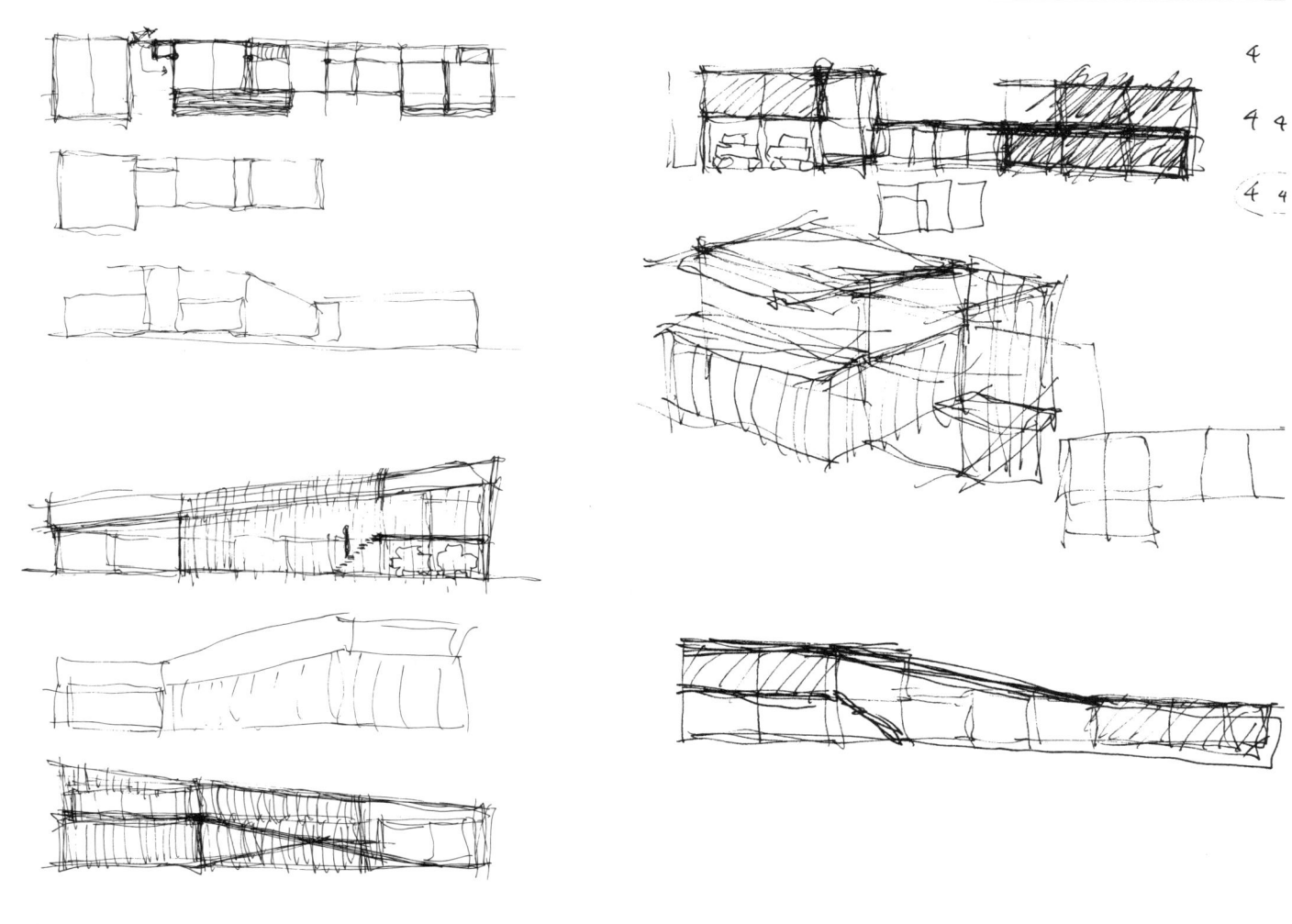

14-2　設計条件の整理と案の構想

スケッチ

14-2　設計条件の整理と案の構想

予算と入居予定時期　実際の設計で最も厳しい縛りは予算である。施主に依頼された時に提示された金額は1000万円でできる住宅ということだった。しかし，おおよその希望を聞くと，1500万円は最低でも必要であると見積もられ，その了解を得て設計をスタートした。入居時期は，依頼されたときから約1年後の春ということにした。

設計条件の整理　施主が希望する内容を理解し，設計者が構想を組み立てるのは単純な作業ではない。施主が希望する条件を整理するため，繰り返し打ち合わせが行なわれた。それを概略すると，・一般的な住居機能（寝る・食べる・洗う等）が確保されること，・来客が宿泊できること，・仕事の関係で人が集まる場所が室内外にできること，・家でも仕事ができること，・車庫スペースを用意すること，といった点に要約できた。この共通認識の下に，設計側から案を示してそれをたたき台として案を発展させる方法を採った。

川に望む/川から見られる　南側が川に開け放たれた敷地であることから，川を居ながらにして望む場所とすべきと考えた。それはまた逆に，川側つまり電車から見られることをも意識するものとなった。川に開かれ，風も光もが通り抜けるような，しかし背後の道路や住宅群からは守られた領域を作ることが必要だと考えた。

団地入口から見られる　敷地にアプローチするときに，最も印象的なポイントが北側の団地入口の場所である。ここから敷地を通して望まれる川とその遠望に連なる山々とが住宅の輪郭によって鮮やかに切り取られることで，その風景をより印象深いものとすることができると考えた。

河川側の広がり感を取り込む　周囲の住宅敷地に対して，2ブロック分の広さを持っていることを生かして，南に広がった展望を敷地に取り込むように計画する。川と河川敷的に川に沿って広がっている田畑を含めた伸びやかな風景を室内外で居ながらにして感じられるような住まい空間を作り出す。

屋外空間を演出する　限られた予算の中でできる限り豊かな住空間を生み出すために，敷地内の屋外空間と内部空間と巧く関係付けることで，住まいの延長空間を作り出すことを考えた。いわば縁側のように，内と外をつなげる半外部・半内部空間を何段階にも分けて演出することだった。

最小限の設備スペース　全体面積における生活空間の割合を高めるためとコスト面から，設備スペースをできる限りコンパクトになるように考えることが重要だった。すなわち，台所・便所・浴室・洗濯コーナーといった水周り空間を1箇所に集中的に設け，かつ最小限の大きさで計画する。

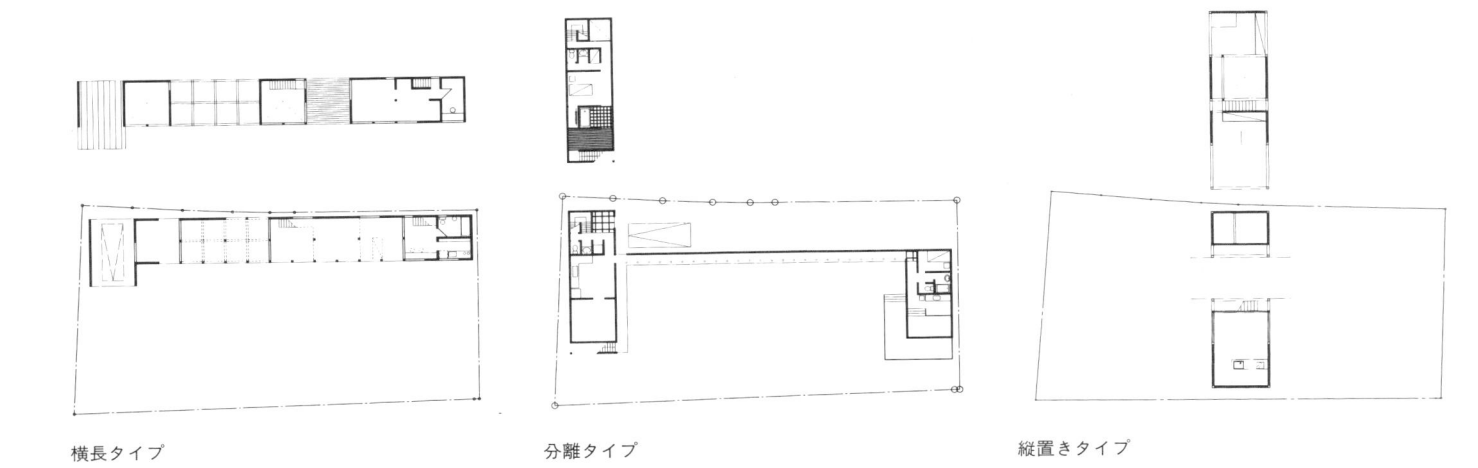

14-3 可能性のスタディと案の選択

横長タイプ

分離タイプ

縦置きタイプ

① 分離タイプ-1

② 分離タイプ-2

③ 横長タイプ-1

④ 横長タイプ-2

縮尺 1/100 の
スタディ模型

14-3 可能性のスタディと案の選択

バリエーション　はじめに，どのような可能性があるかを幾つかの基本バリエーションに基づいて考え，検討した。最初は建物となる部分と外部との関係を大まかなボリュームでスタディし，それと平行してより具体的なスケッチを描いてその内容を検討した。この段階では，できるだけ幅広い可能性を求めることが大切である。決定的な問題点がない限り，むしろ構想の特色を生かすよう考え，案を絞り込まないよう努める。ここではスケッチとともに縮尺 1/100 のスタディ模型も制作して案を検証する。

横長タイプ　東西に長い敷地形状から，敷地いっぱいに伸びた横長案が幾つか検討された。この案の特徴は，南面に広い庭を確保できることで，その庭の延長に河川まで延びた広がり感を無理なく作り出せることにある。どこでも陽当たりと展望を確保できる点も有利である。

一案は西側に駐車場を設け，そこから屋根のある土間や屋根のない土間を経てプライバシーの高い領域へと導かれるもので，最も奥まった位置に必要諸室をまとめることで，冬季には最小限の空間を暖房するだけで済むように工夫した。

分離タイプ　2棟の建物を配置し，その間の外部空間をある程度閉じた空間とすることで，南に向かって開かれながらも隣接する住宅の視線からは切り放された前庭を作り出す案として考えた。分離案の場合には，それぞれ機能別に室を構成させたり，季節に応じて住み分けられるよう計画したり，主屋と客屋といったように日常の住まい方から空間を考えたりといった構想の発展が可能である。

縦置きタイプ　南北方向を軸に縦長の住宅を考えた案。南側の風景を望みながら，東西に二つのプライベートな庭を計画することができる。また，北側の住宅や道路を行く人に対しても，建物に遮られずに河川までつながる視線を提供することで，個人的な住まいの建築を社会的な存在物として意識することを提案した。

案の比較検討　次の段階として，三つに大別された各バリエーションのスタディを比較しながら，それぞれの特徴と可能性および限界を検討した。

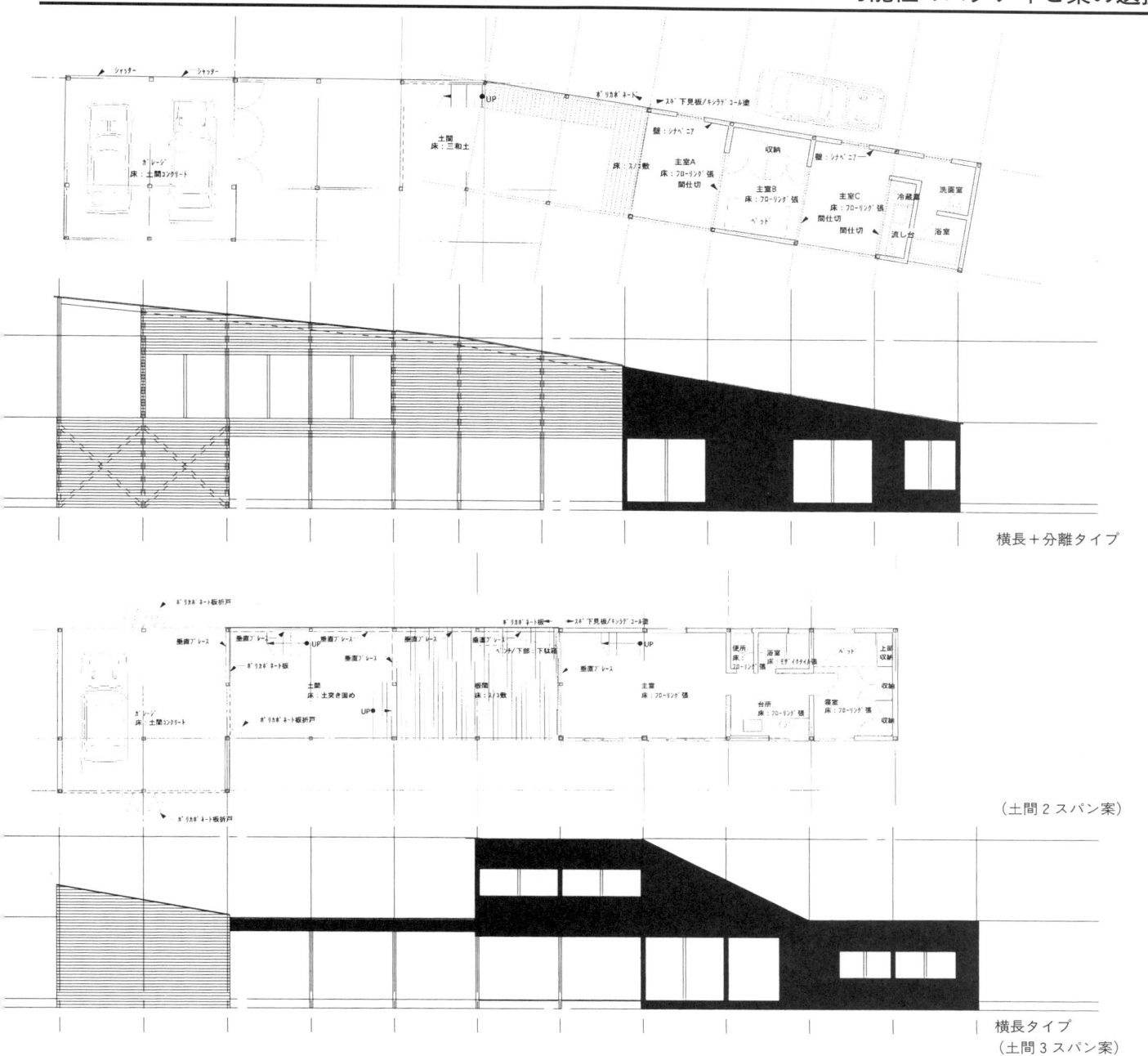

14-3 可能性のスタディと案の選択

横長＋分離タイプ

（土間2スパン案）

横長タイプ
（土間3スパン案）

内外のつながりが生まれる横長タイプ
横長タイプの場合には，建物によって南側の庭の奥行きが狭められないように，南北方向に浅い平面計画である必要があった。計画上は必要諸室を全て1階レベルに設けることができるが，内部空間の伸びやかさや外部から見られたときの姿を考えると，部分的に上階のレベルを設けることが望ましいと考えられた。それに伴って，1階にはテラスや土間のような室内化されない空間が生まれる点で，室内―半屋外―庭といったつながりや北側から河川への抜けを作り出せる案であると判断された。

機能・住まい方の純化を求める分離タイプ
分離タイプの面白さは，複数のボリュームとその間に生まれる中庭によって，全体を統一的にも異質的にも扱えるバリエーションの豊かさにある。ただ，建物の表面積が他に比べ自ずと増え，コスト高になりがちな点が心配された。そこで，夏の家，冬の家といった住まい分けをすることでコスト配分を考慮した計画を探ったり，あるいは主屋と別屋に分けて日常のランニングコストを押さえる案などを検討した。しかし便所などの水周りを各々設けるか二つの建物間に共通で置くか，各ボリュームを屋根でつなぐか内部化するかを含めて考ると，住まい方を逆に制限してしまうのではないかという懸念が拭えなかった。

縦置きタイプ　最もコンパクトで外部空間の解放性を計画できる可能性をスタディした。敷地を貫いて南北につながる庭を形成する点で特徴的であり，建物を敷地のどこに配置するかで性格付けが決まる。中央に配置すれば2分された等しい庭となるし，一方に偏って配置すれば，1区画分以上の外部空間を生み出すこともできる。南側の風景を敷地内に取り込むことで川辺という状況をそのまま生活空間化すること，建物コストが押さえられるだろうという2点が魅力だった。しかし，東西の隣家が庭越しに見えてしまうこと，安全管理上道路との境界を解放とすることができない点が，趣旨に反する難点として解決困難だった。

案タイプの選択とプロトタイプの発展
以上のような検討のプロセスを経て，横長タイプが最も可能性があると判断し，具体的な案の検討を進めることとした。

14-4 案の発展

縮尺 1/100 のスタディ模型

縮尺 1/20 のスタディ模型

縮尺 1/50 のスタディ模型

コンピュータグラフィックスによるスタディ

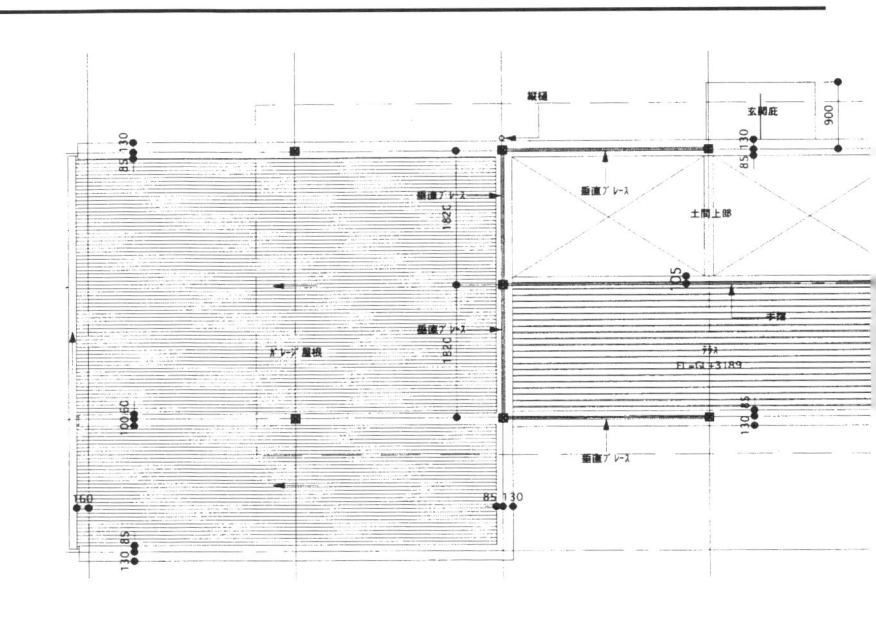

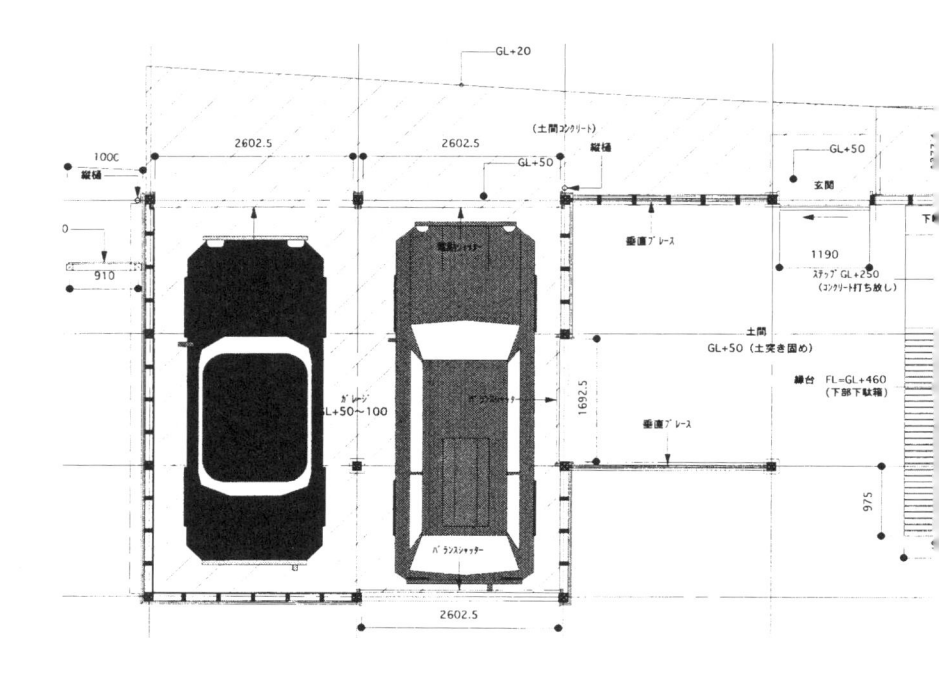

14-4 案の発展

横長タイプを選択した後，再度設計条件を施主と共に整理した。設計者側からの提案は，寒さの厳しい冬季においても全室が等しく使えるようにすることは，建築や設備のコストアップにつながるため，日常的に使う室と臨時的に行なわれる打ち合わせやパーティなどの室，場をある程度割り切って考えるというものだった。一方，横長タイプの中でも建物自身が道路との境界になりながらしかも完全に閉じきってしまうのでなく，南の風景を北側の領域にも連続するように通り抜けさせることで，従来の田園の住まい方や風景を尊重しようとした。この結果，農家の伝統的な住形式である田の字プランに則りながら，それを直線上に配列し直すバリエーションをスタディした。すなわち，庭―土間―板の間―座敷という空間的なヒエラルキーをそのまま平面に置き換えた。現代の地方都市における庭は車庫に置き換えられて，そこが住まいの入口になるという提案だった。

こうした平面構成に加えて，外観上の理由から屋根をどう架けるかなど，この段階に入ると縮尺 1/50 の図面・模型の両面から検討を行なった。

14-5 実施案の設計

2階平面図 1/100

1階平面図 1/100

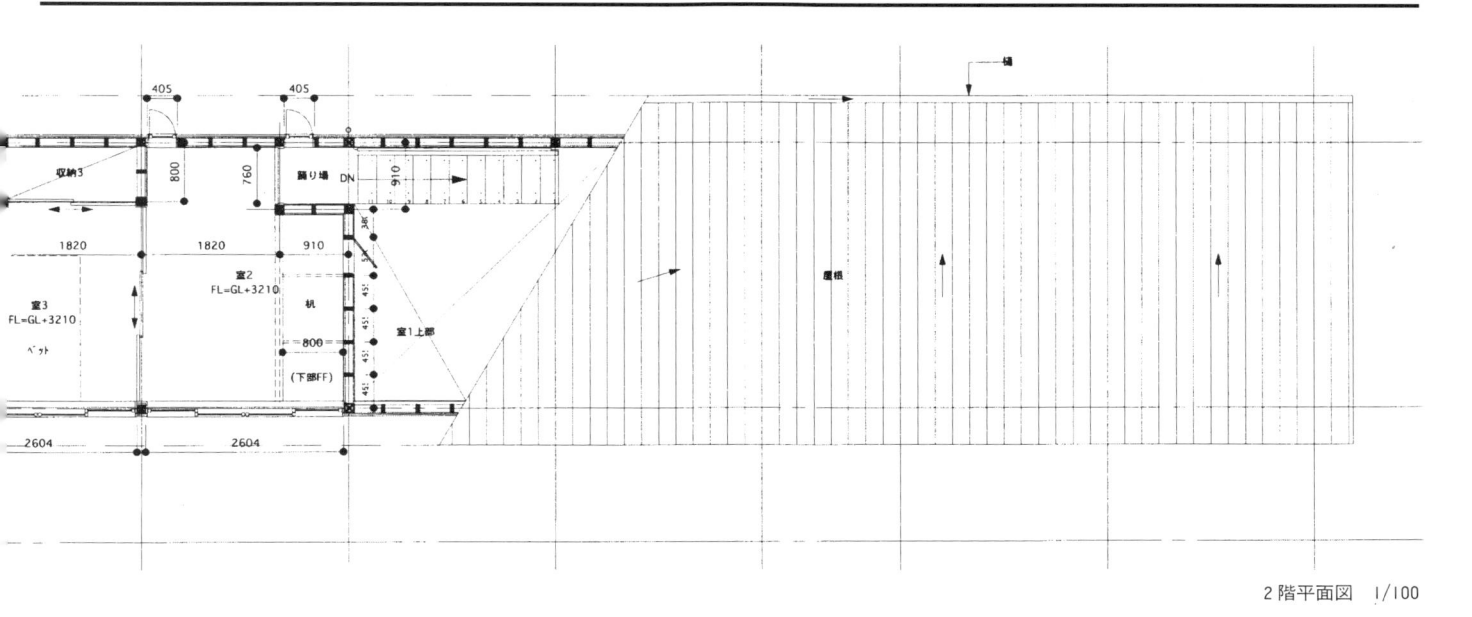

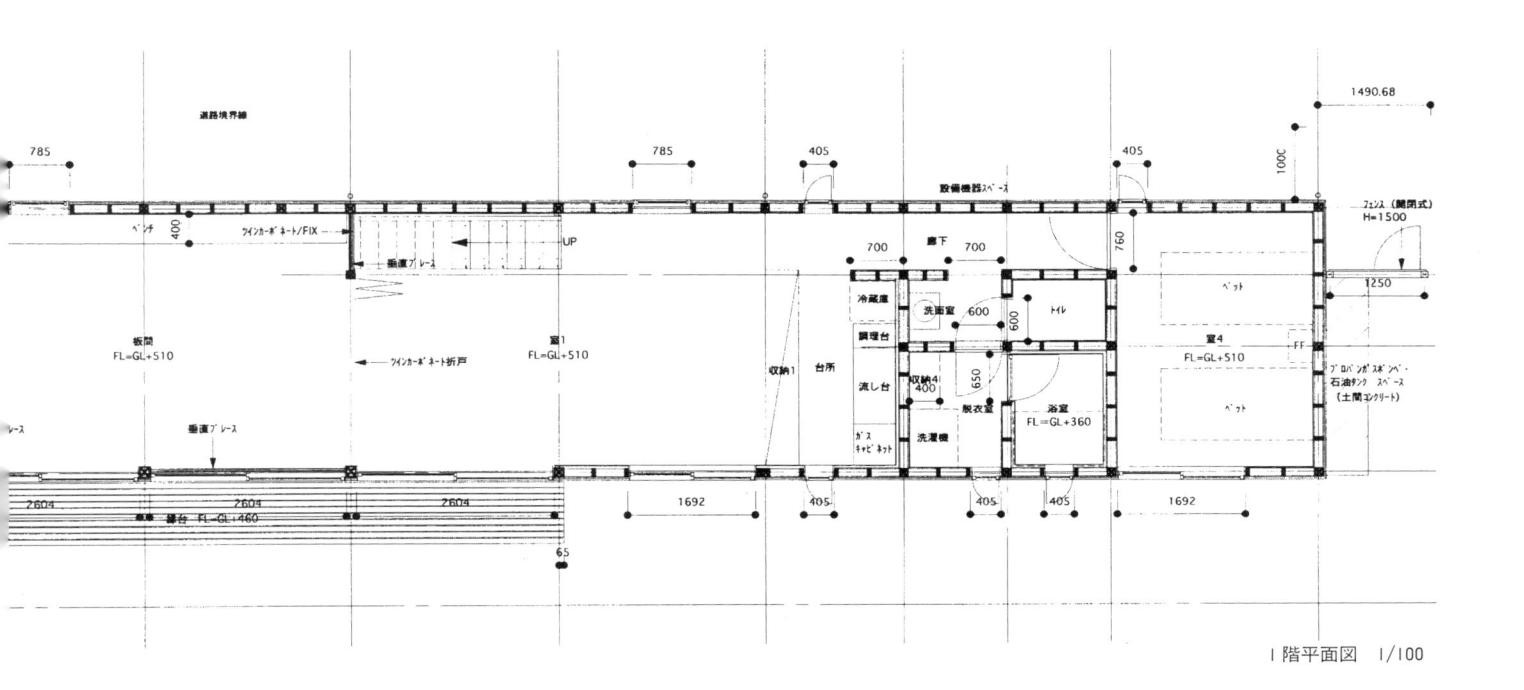

14-5 実施案の設計

実施案の決定と変更点　最終的にまとまった案は、西から東に車庫・土間・板間・室1・台所・便所・浴室・室2を並べて、室1の吹き抜けに面して室3・室4を2階部分に持つというものだった。いわゆる玄関といった形式を持たずに、車庫から土間を経て板間に至るという考え方は最終段階で施主が難色を示し、直接土間に入る玄関を設けた。この他、板間を他の室と同じように冬季でも使えるようにすること、車庫の屋根全面のルーフテラスを取り止めて土間上のすのこを広げてそれに代えるなどの変更点があったが、スタディを通して提案された構想がほぼそのまま盛り込まれた。

構造の検討　南北の奥行き寸法は2間（3,636 mm）、東西方向は1間半（2,727 mm）を基準としたモデュールで構成した。ただし、車庫の奥行きと台所の幅は機能上最小限の寸法とした。南面に多くの開口部を設けたいことや東西方向を曖昧に連続させたいために壁をできるだけ設けず、また土間の上から車庫にかけては、風景が通り抜ける屋根だけの空間を軽い架構に見せたいという理由から、構造設計者と早い時期から相談し、壁面内に設けられる筋かいに加えて開口部では鉄筋のブレースを要所に配置することとした。

ブレース、柱梁接合部の詳細　土台および梁とブレースの接合部分は、構造的に十分強度が得られるものであることの他に簡単に施工できる納まりである必要がある。また、土台や梁が柱としっかり接合されて初めてブレースと一体となって働くものであるために、その部分には補強金物を用いてきちんと固定する方法に注意を払わなければならない。このためブレース・土台・梁・柱接合部の詳細については、構造設計者に詳細図をおこしてもらった。

14-6 詳細のスタディ

縮尺 1/20 のスタディ模型

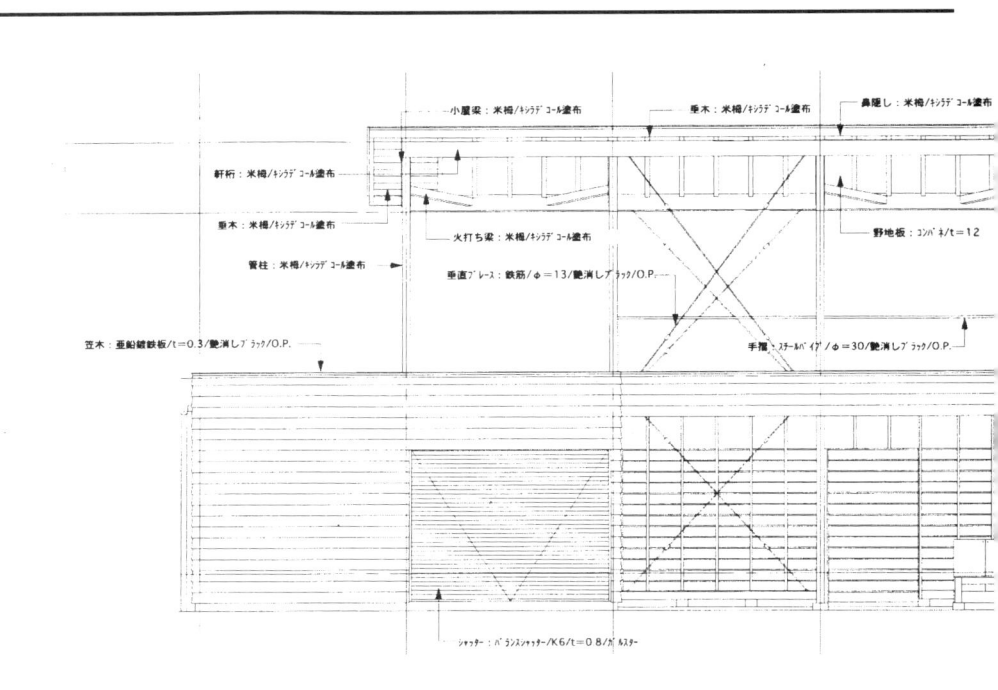

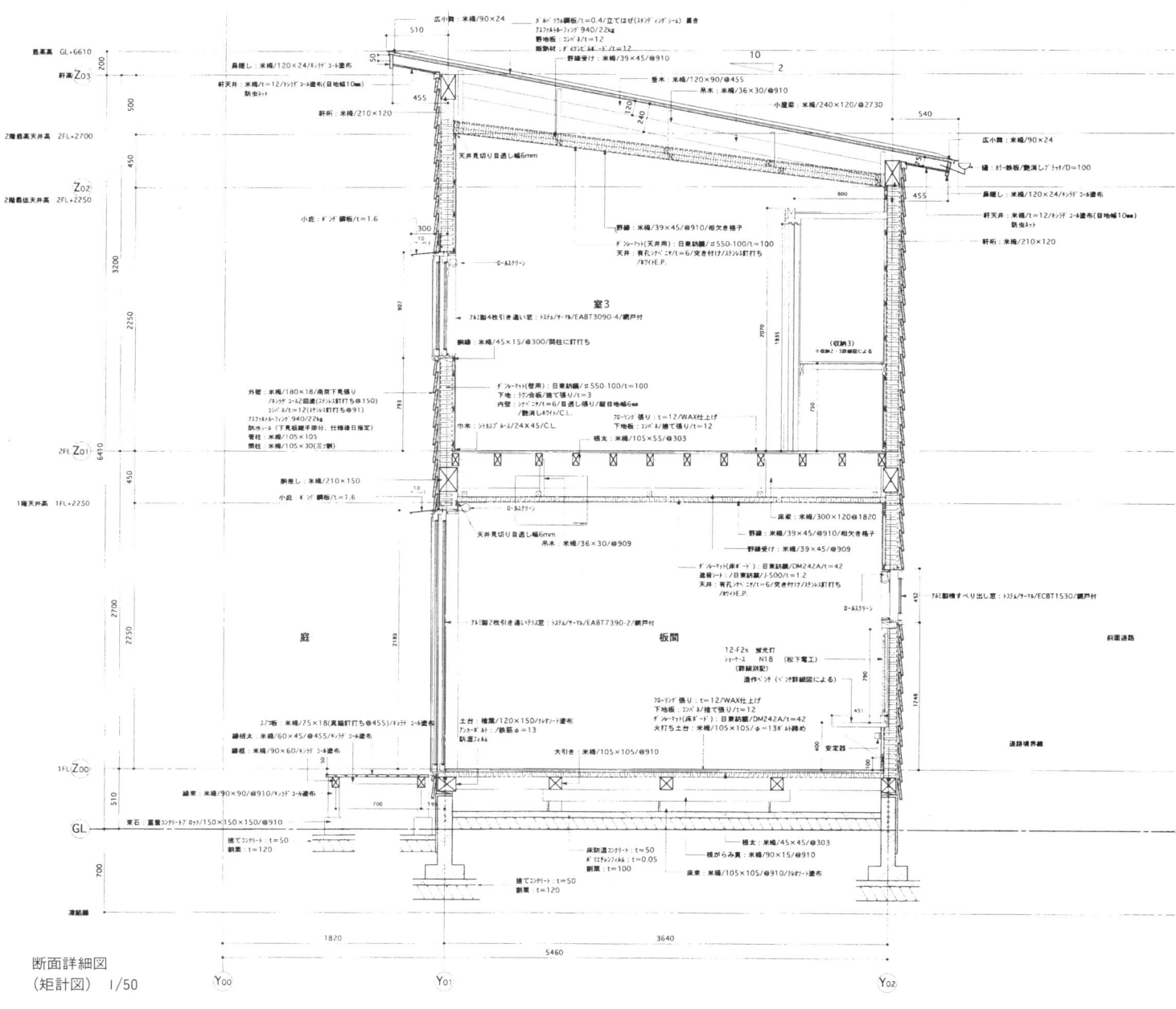

断面詳細図
(矩計図) 1/50

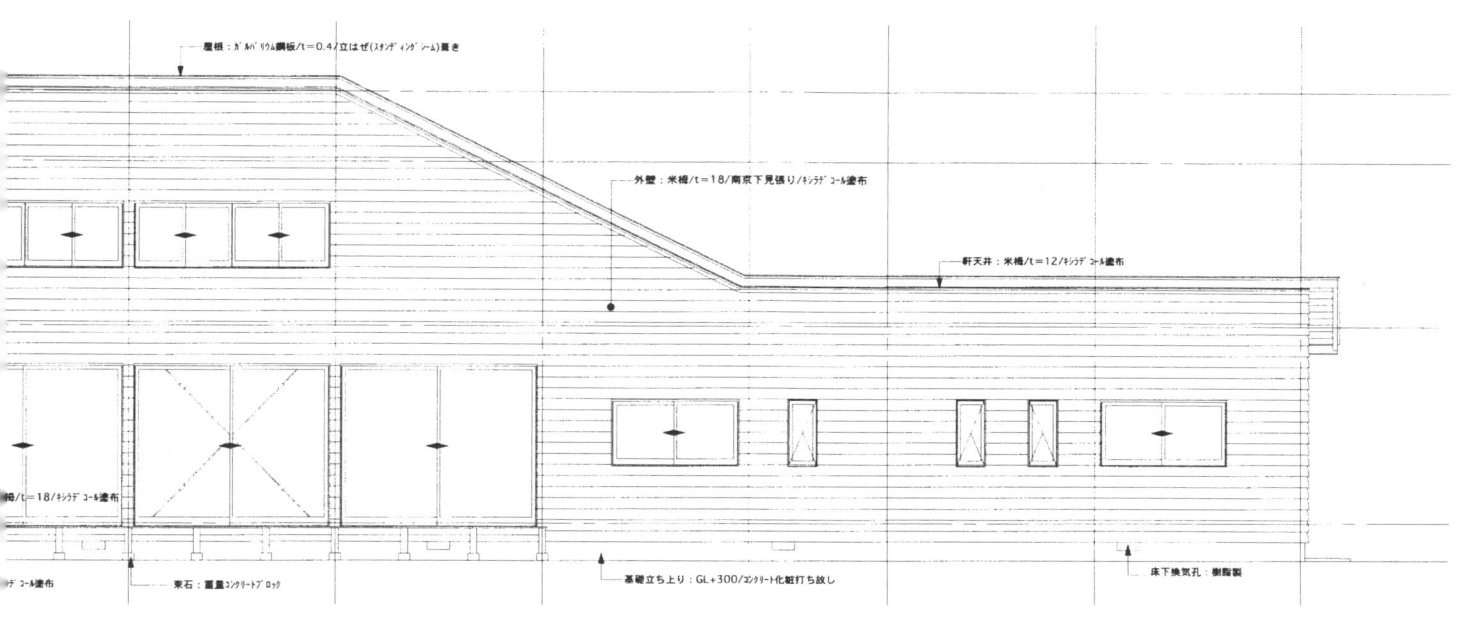

14-7 完成

南側立面図 1/100

川より見る

道路側外観

庭より見る(左より車庫，土間・板間)
設計：日本大学理工学部本杉研究室（本杉省三，佐藤慎也，石井雅也）

板間内観
構造設計：梅沢良三構造設計事務所（梅沢良三）
照明デザイン：ライトフィールド・アーキテクツ（角館政英）

14-6 詳細のスタディ

模型による内部空間の検討　室1を中心に板間とのつながりや室3との階段・吹抜け，台所との間に配置される戸棚等の関係およびインテリア空間の雰囲気などを検討することを目的として，縮尺1/20の部分模型を制作した。大きな模型でそれぞれの部分を作っては取り替え，比較しながら見ることによって，図面上では確信が持てない点を具体的に検討することは，設計上大変有効な手段である。

照明デザイン　プロトタイプを選択した段階で，照明デザイナーに相談を始めた。こんな雰囲気にしたいといった設計者の構想を受けて，縮尺1/50の模型で検討するくらいの段階から照明デザイナーと具体的な打ち合わせを行ない設計を進めた。

各部のスケッチ　建築と一体化して考える必要から，壁に埋め込まれた照明器具，家具，玄関引き戸，郵便受けなど各部の詳細は，模型での検討と平行して設計された。

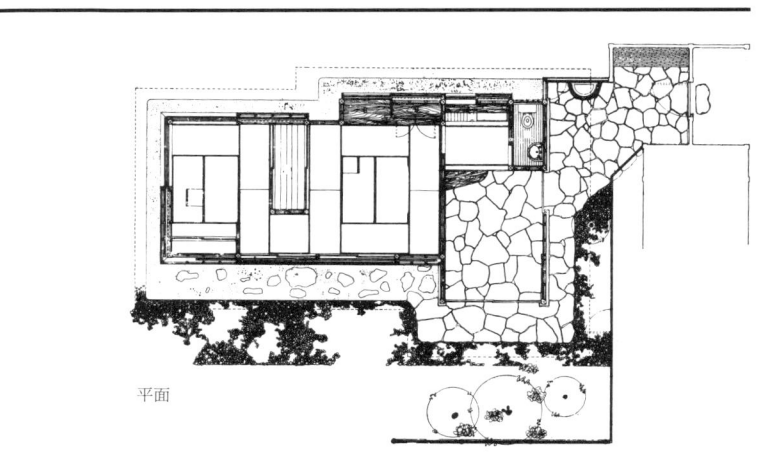

15 作品事例集

15-1 国内編

平面

K氏書屋／白井晟一　1953

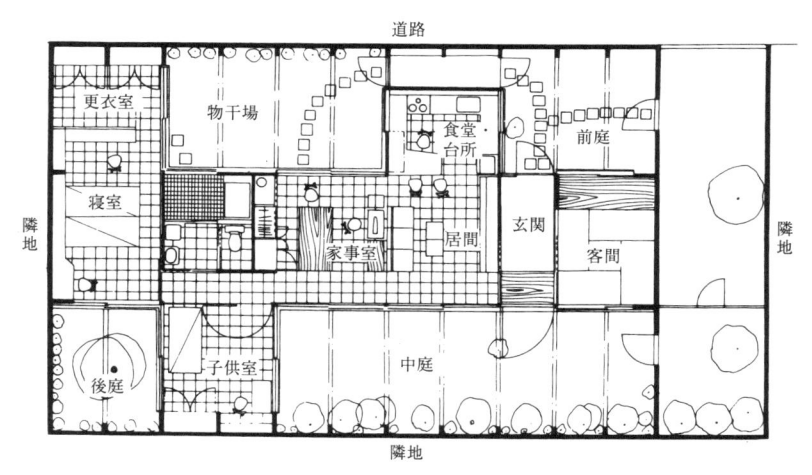

道路

更衣室／物干場／食堂・台所／前庭／寝室／家事室／居間／玄関／客間／後庭／子供室／中庭／隣地／隣地／隣地

平面

中庭／家事室／物干場

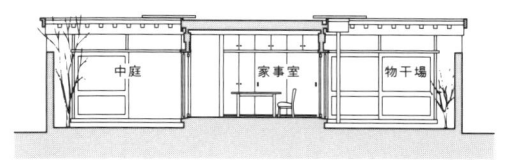

断面

正面のない家-N／西澤文隆　1960

15-1 国内編

2階平面

1階平面

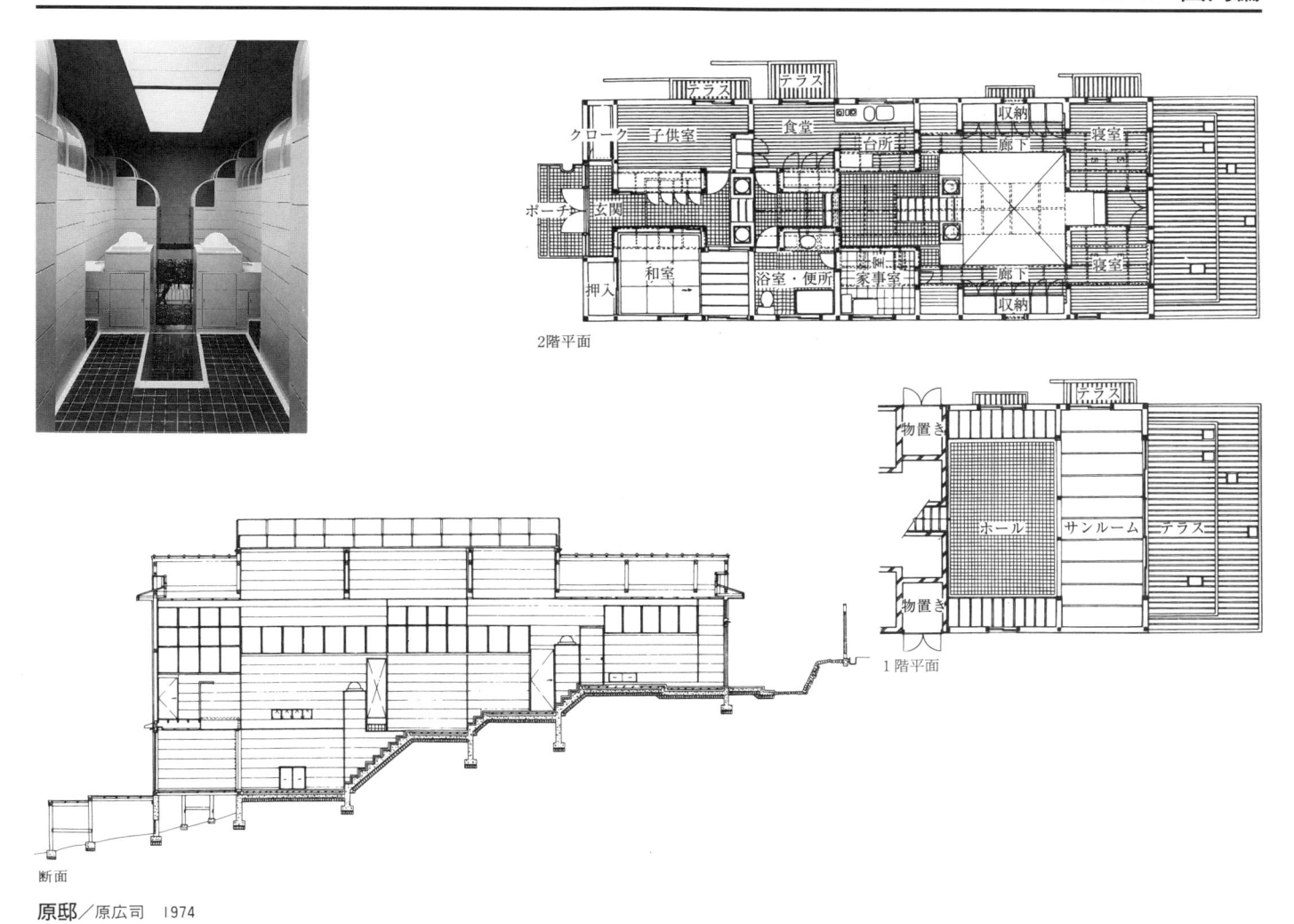

断面

原邸／原広司　1974

幻庵／石山修武　1975

正面　　　背面

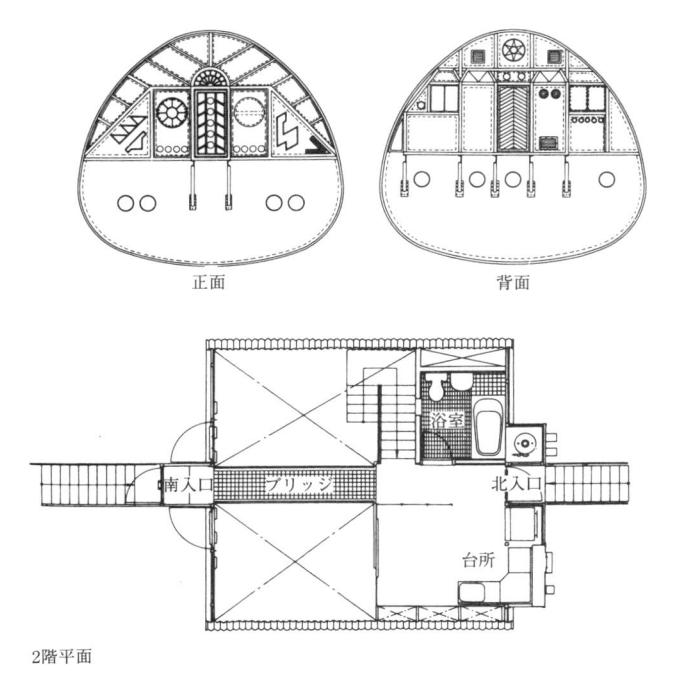

2階平面

15-1 国内編

緑が丘の家／長谷川逸子　1975

1階平面　　2階平面

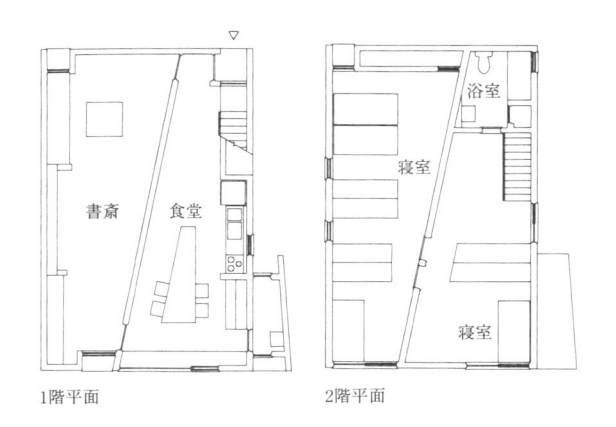

住吉の長屋／安藤忠雄　1976

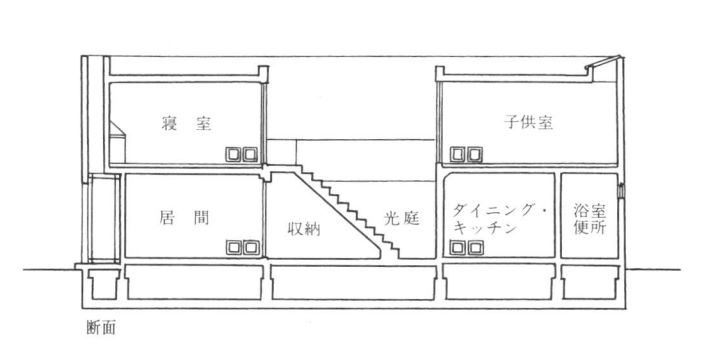

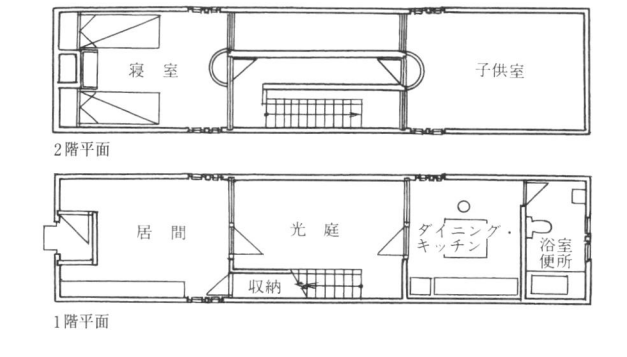

断面

2階平面

1階平面

15-1 国内編

1階平面 / 2階平面

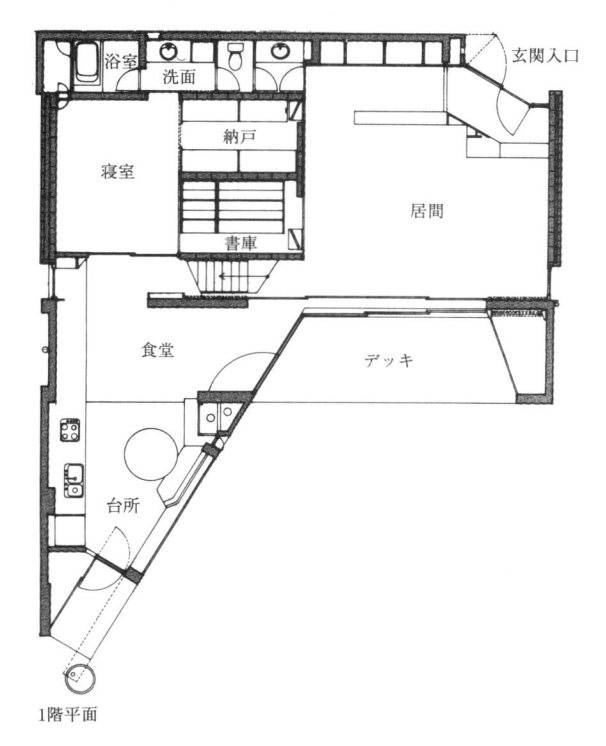

浴室 洗面 玄関入口
寝室 納戸 居間
書庫
食堂 デッキ
台所

予備室 納戸 屋根裏部屋
サウナ 水浴室

私たちの家／林昌二・林雅子　1978

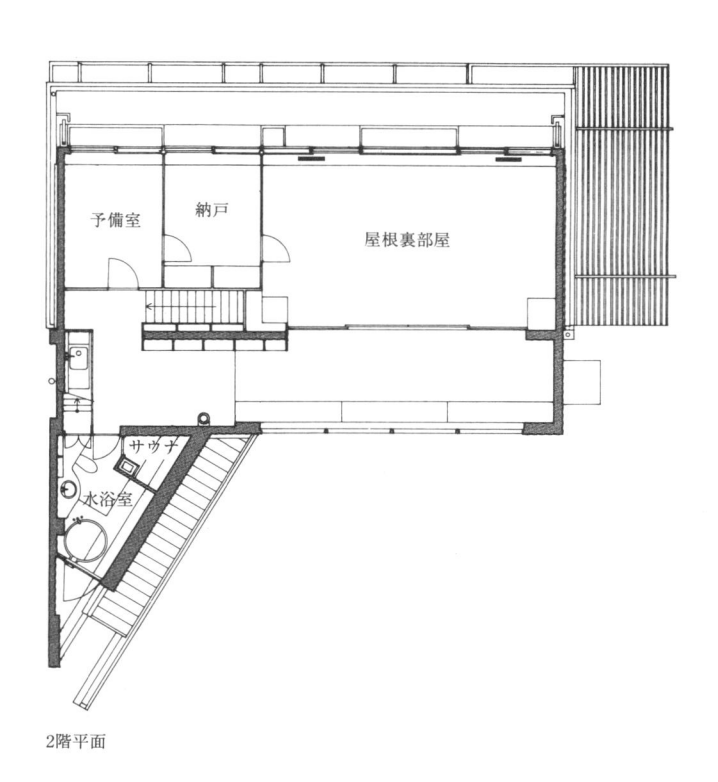

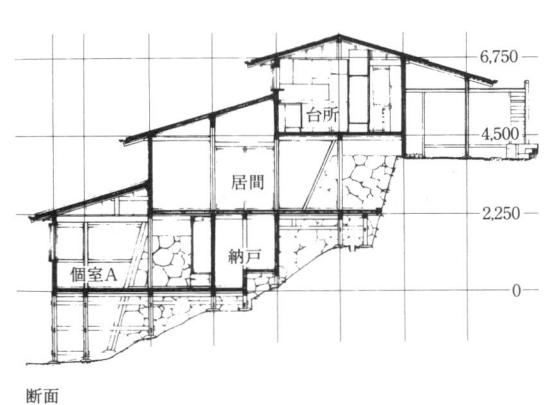

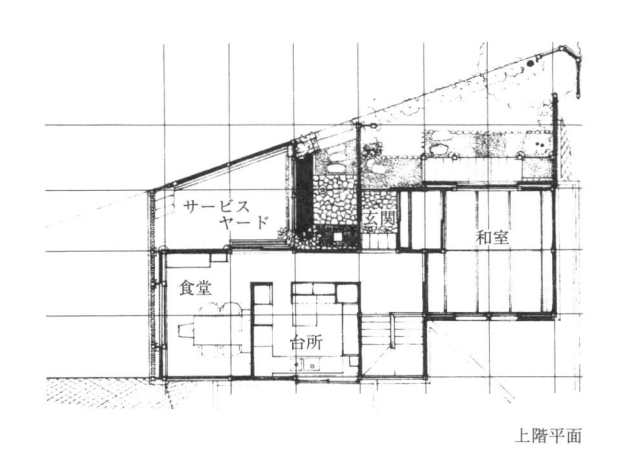

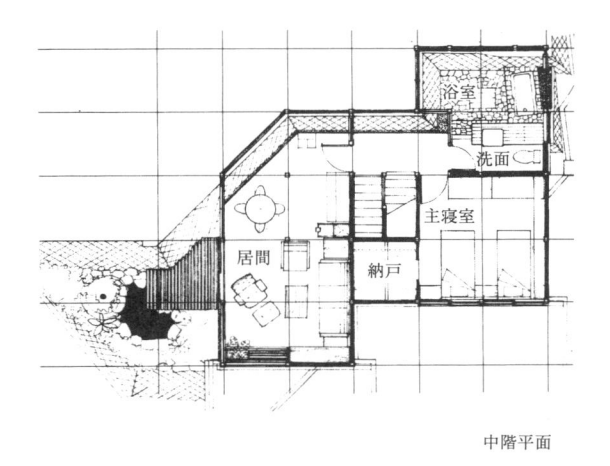

上階平面
サービスヤード 玄関 和室
食堂 台所

中階平面
浴室 洗面 主寝室 納戸 居間

断面
台所 6,750
居間 4,500
個室A 納戸 2,250
0

肆木の家／広瀬鎌二　1980

119

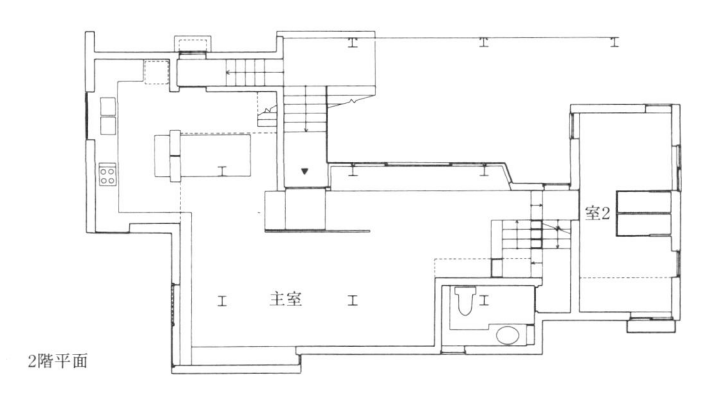

15-1　国内編

2階平面

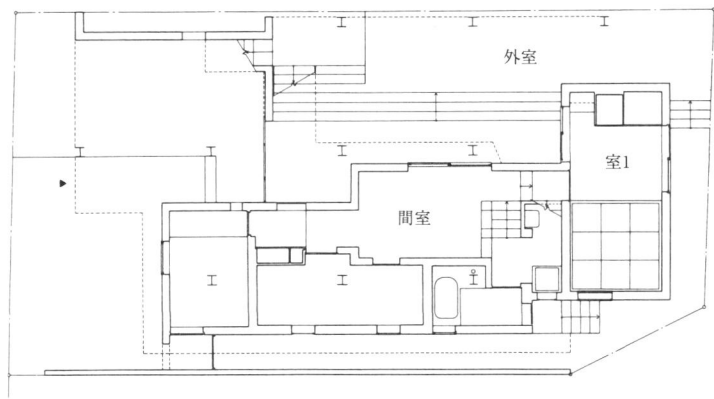

室2
主室

1階平面

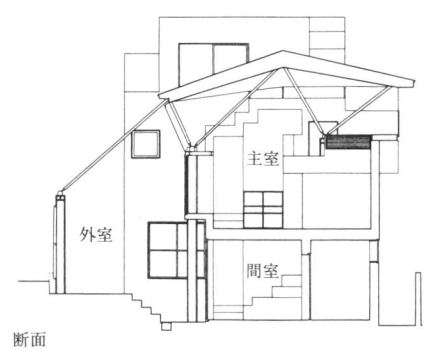

外室
室1
間室

断面

外室
主室
間室

HOUSE・F／坂本一成　1988

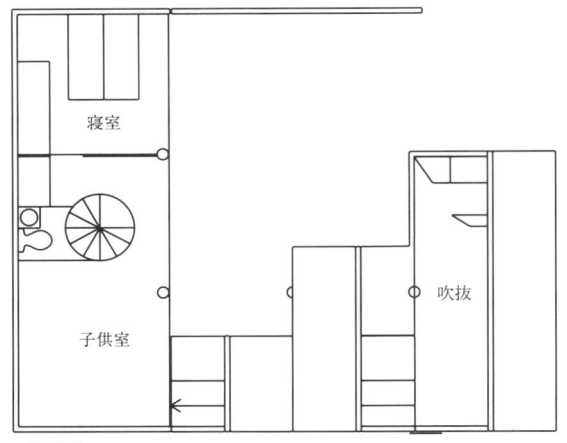

2階平面

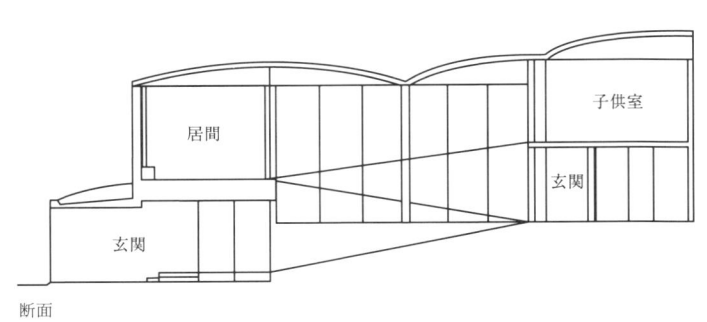

寝室
子供室
吹抜

1階平面

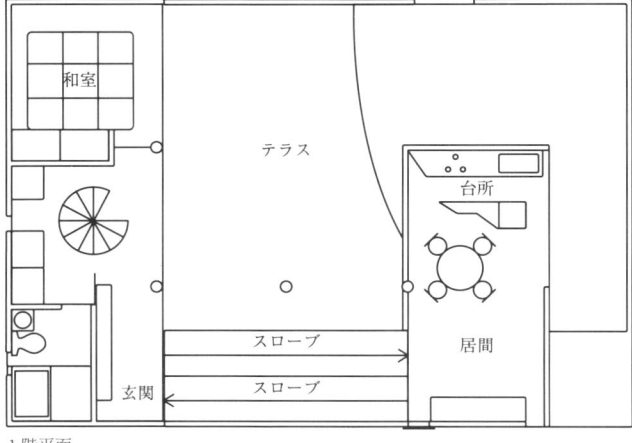

和室
テラス
台所
スロープ
スロープ
居間
玄関

断面

居間
子供室
玄関
玄関

阿品の家／村上　徹　1991

15-1 国内編

1階平面

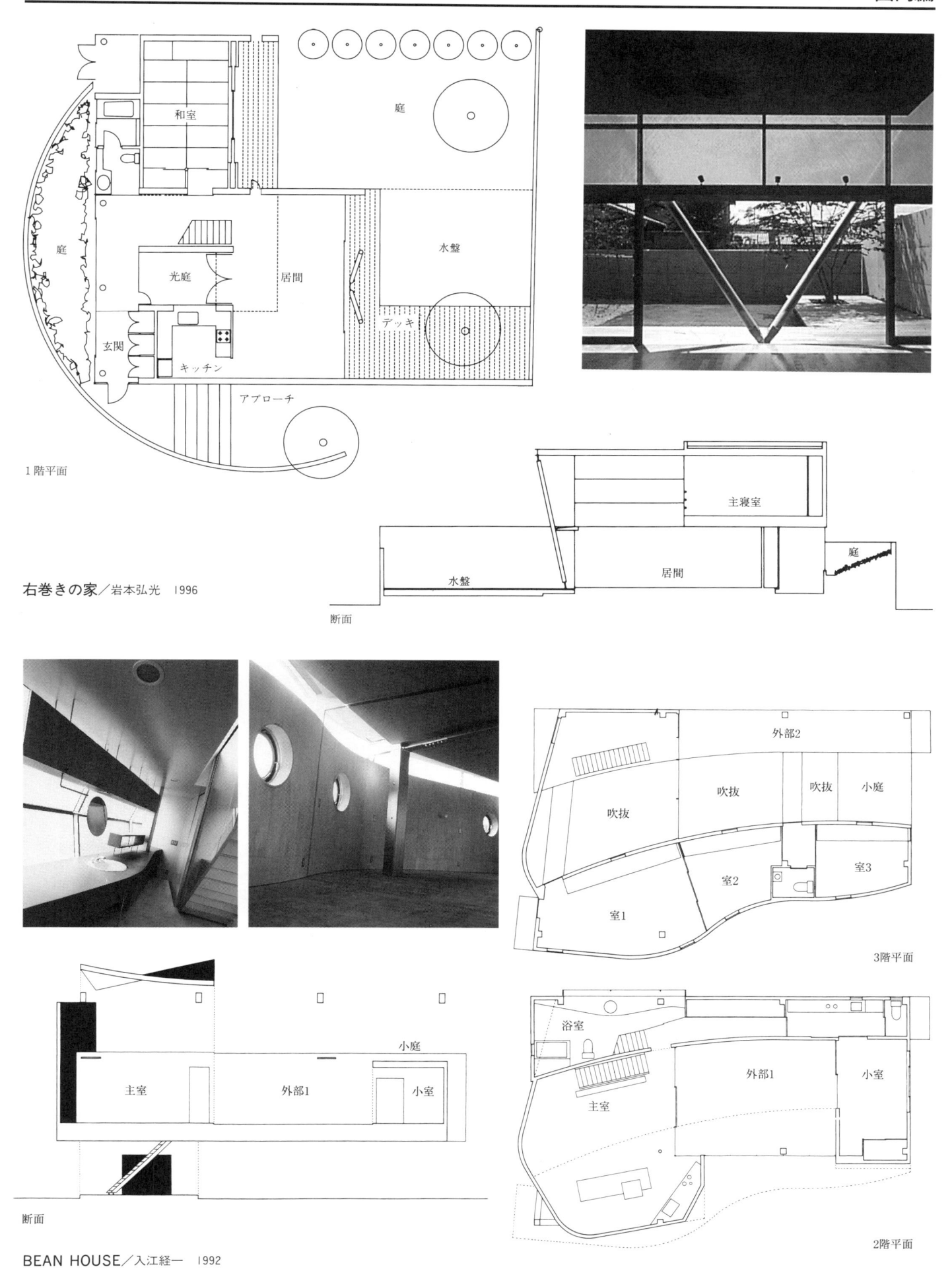

和室
庭
光庭
居間
水盤
庭
デッキ
玄関
キッチン
アプローチ

主寝室
水盤
居間
庭
断面

右巻きの家／岩本弘光　1996

外部2
吹抜
吹抜
吹抜
小庭
室1
室2
室3

3階平面

主室
外部1
小室
小庭
断面

浴室
主室
外部1
小室

2階平面

BEAN HOUSE／入江経一　1992

121

15-1 国内編

断面

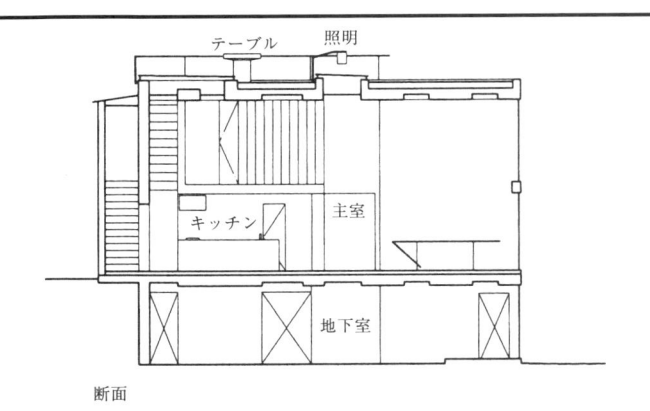

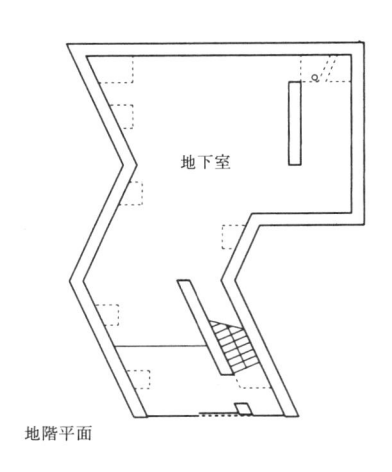

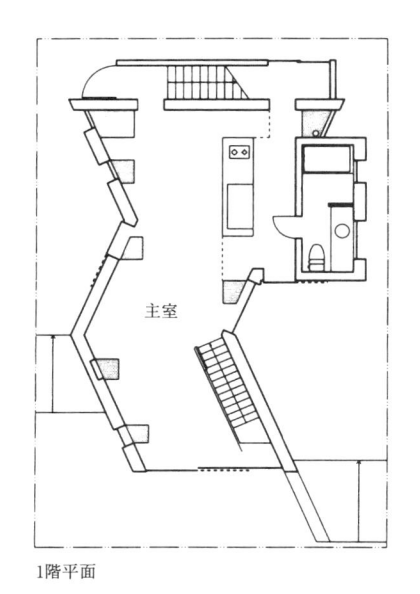

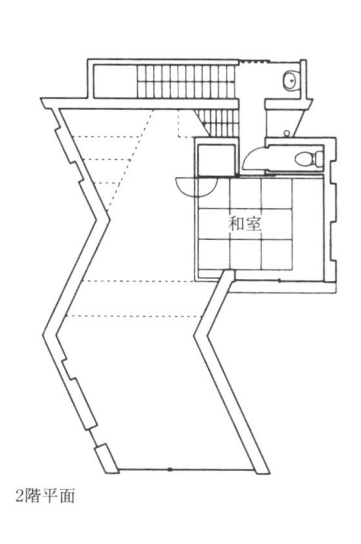

テーブル 照明
キッチン 主室
地下室

地階平面
地下室

1階平面
主室

2階平面
和室

HOUSE・TM／小嶋一浩 ⊂ シーラカンス　1994

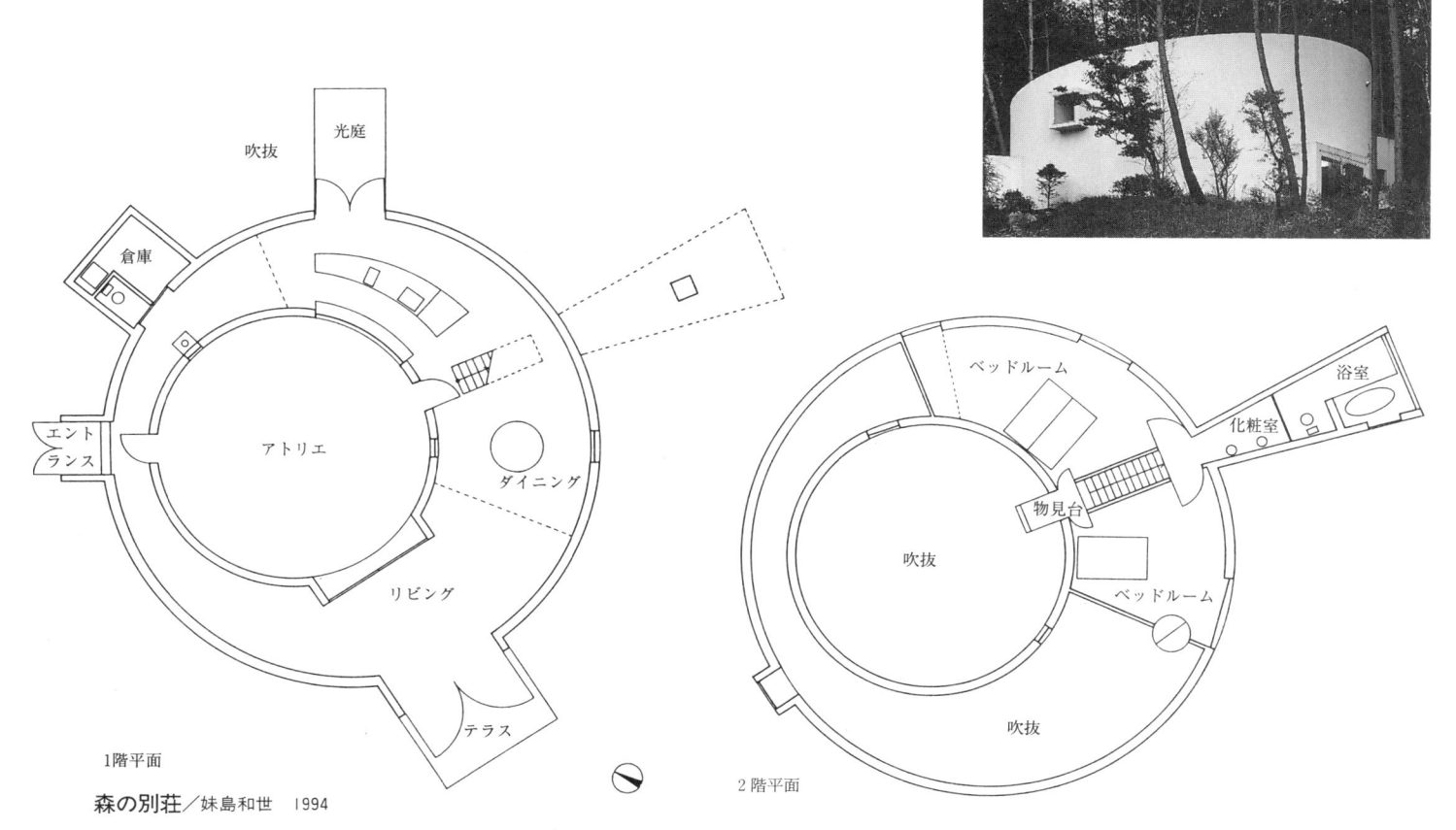

1階平面
吹抜　光庭
倉庫
エントランス
アトリエ
ダイニング
リビング
テラス

2階平面
ベッドルーム
浴室
化粧室
物見台
吹抜
ベッドルーム
吹抜

森の別荘／妹島和世　1994

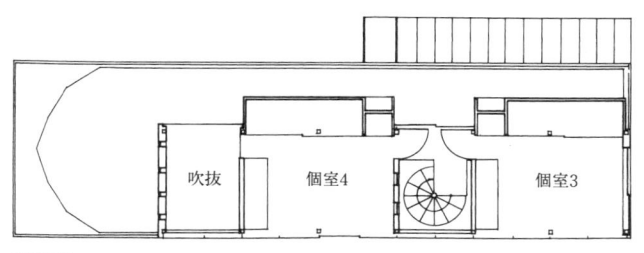

15-1 国内編

3階平面

個室4 / 吹抜 / 個室3

2階平面

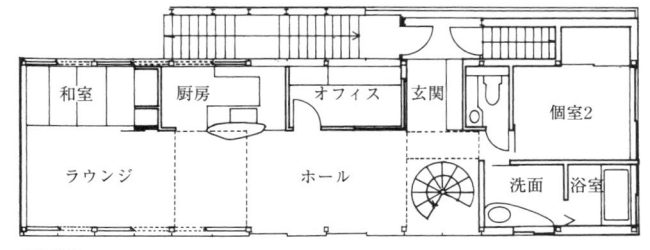

和室 / 厨房 / オフィス / 玄関 / 個室2
ラウンジ / ホール / 洗面 / 浴室

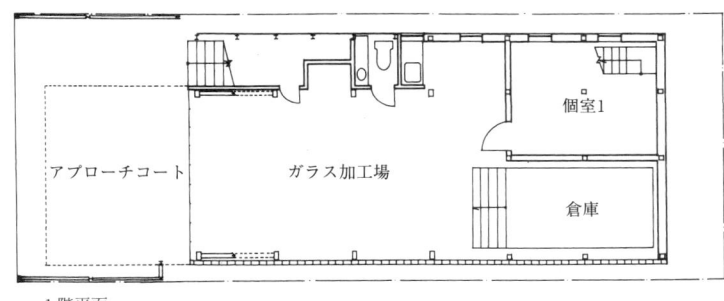

1階平面

アプローチコート / ガラス加工場 / 個室1 / 倉庫

断面

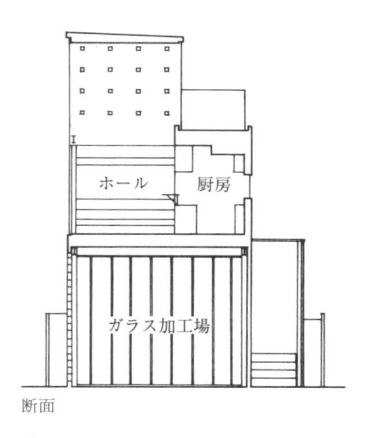

ホール / 厨房 / ガラス加工場

ガラス屋の家／今村雅樹　1996

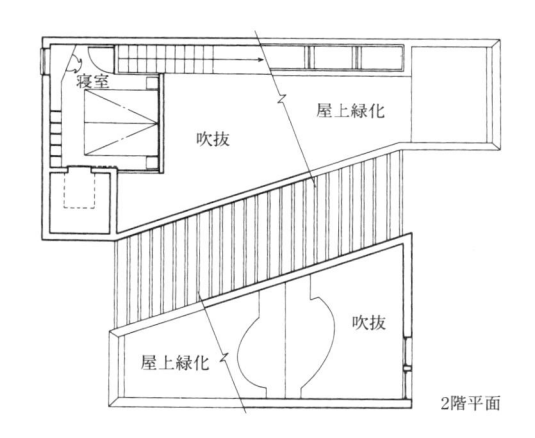

2階平面

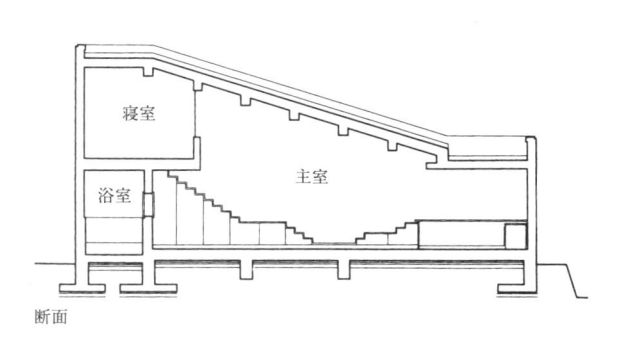

寝室 / 吹抜 / 屋上緑化 / 吹抜 / 屋上緑化

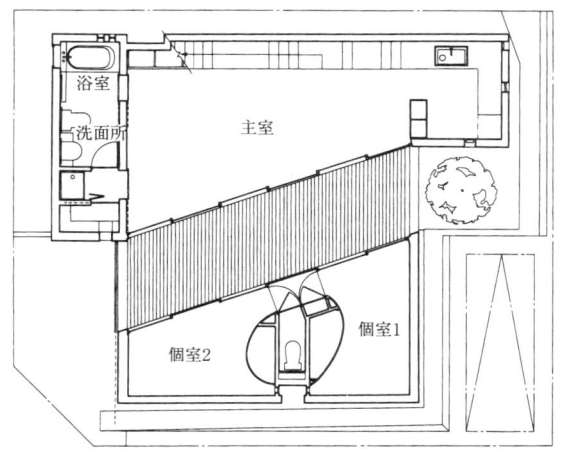

1階平面

浴室 / 洗面所 / 主室 / 個室2 / 個室1

断面

寝室 / 浴室 / 主室

余白の家／横河　健　1996

123

15-2 海外編

断面

1階平面

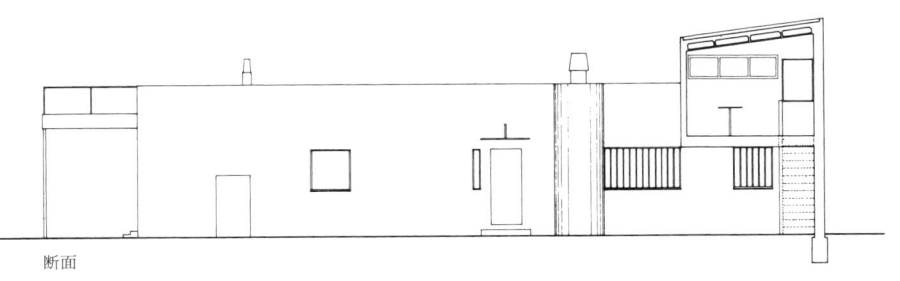

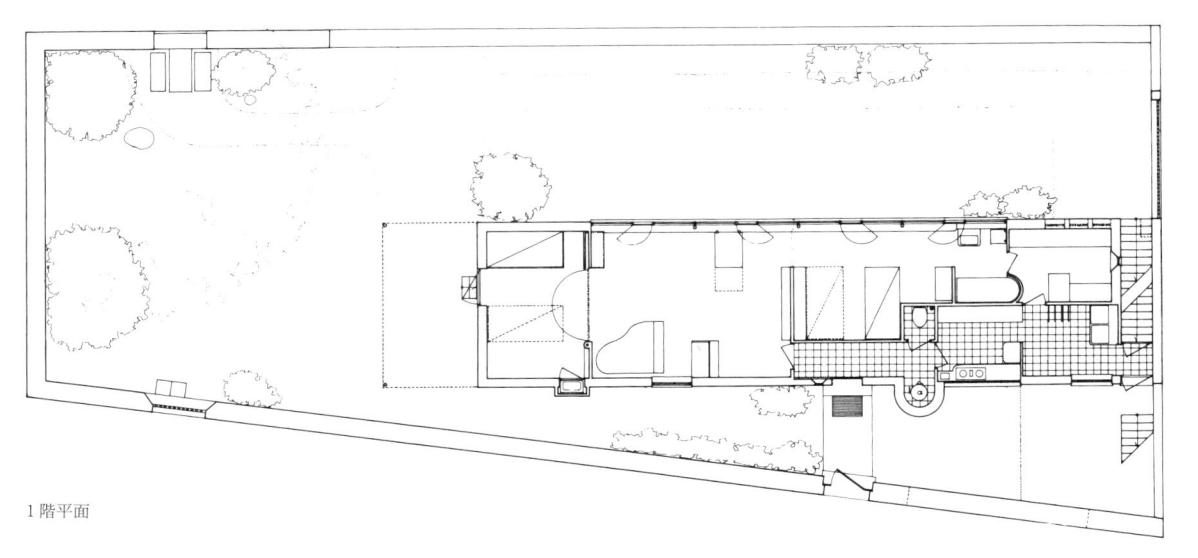

両親の小さな家／ル・コルビュジエ 1925

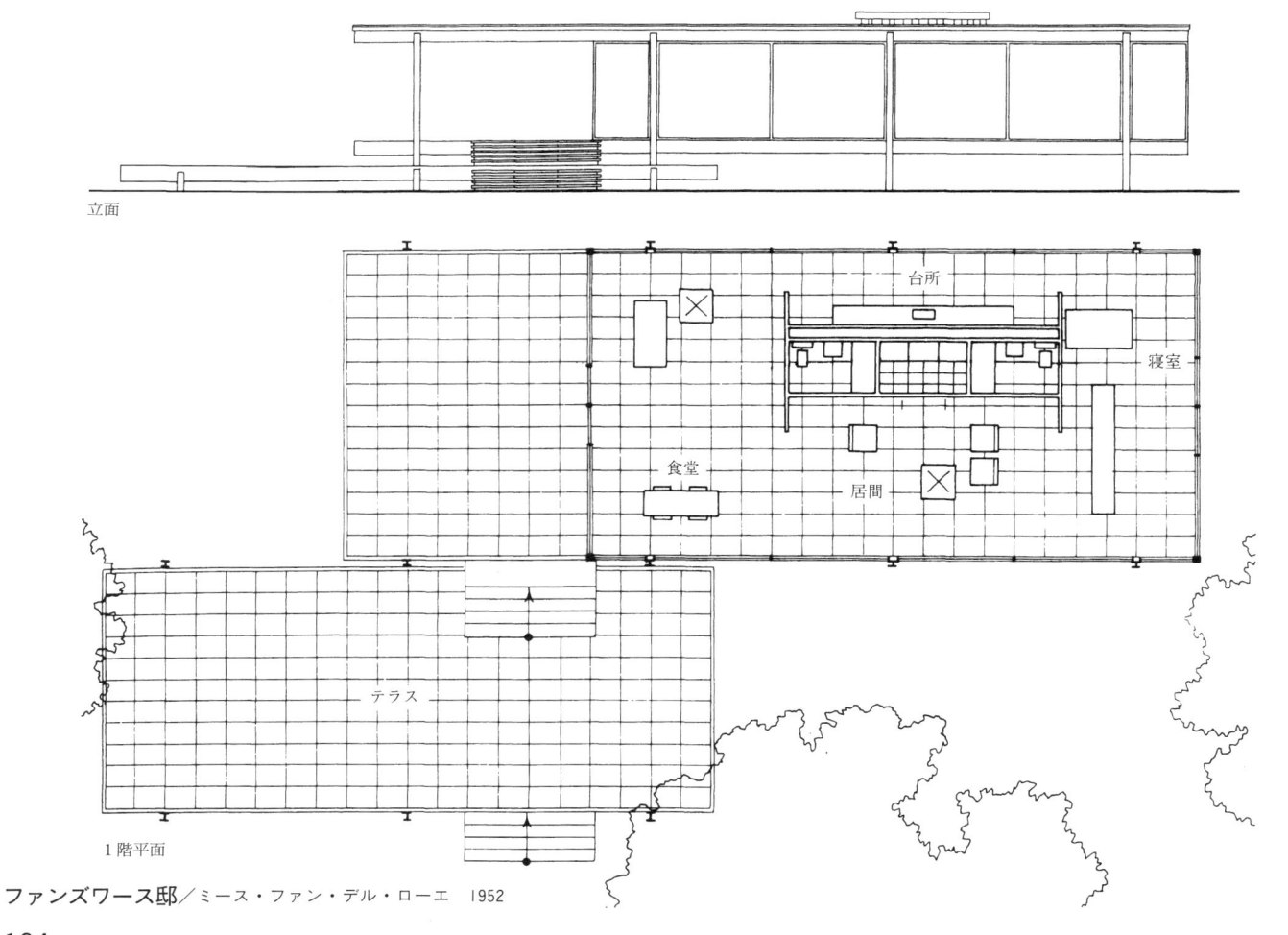

立面

1階平面

ファンズワース邸／ミース・ファン・デル・ローエ 1952

15-2 海外編

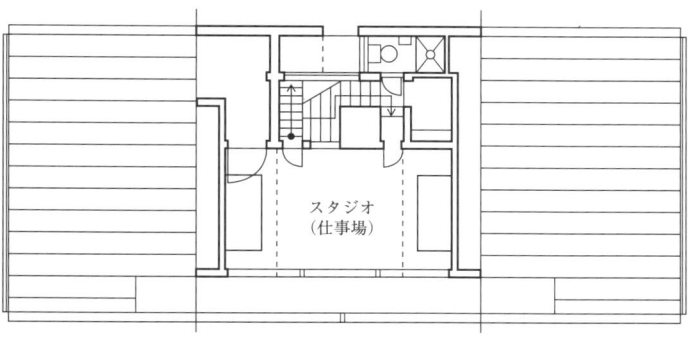

2階平面

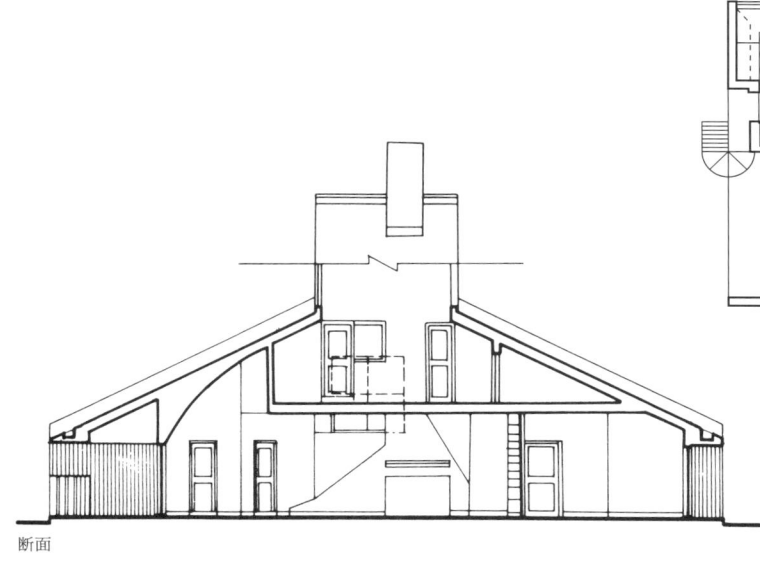

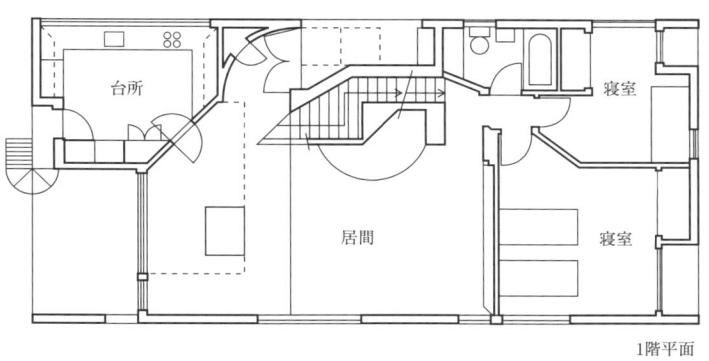

1階平面

断面

母の家／ロバート・ヴェンチューリ　1962

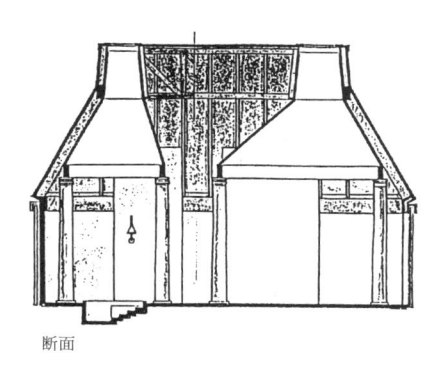

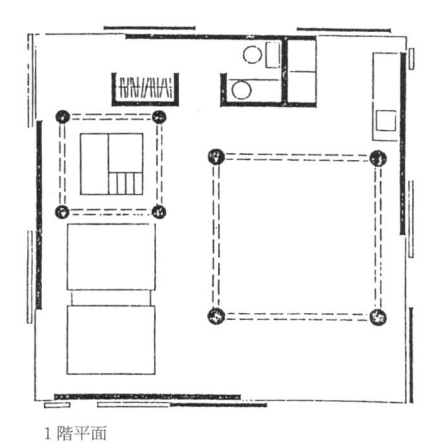

断面

1階平面

ムーア邸／チャールズ・ムーア　1962

125

15-2　海外編

1階平面

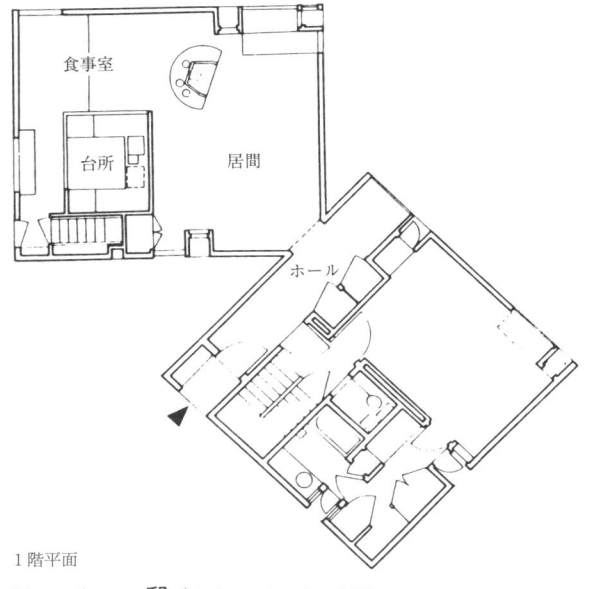

フィッシャー邸／ルイス・カーン　1960

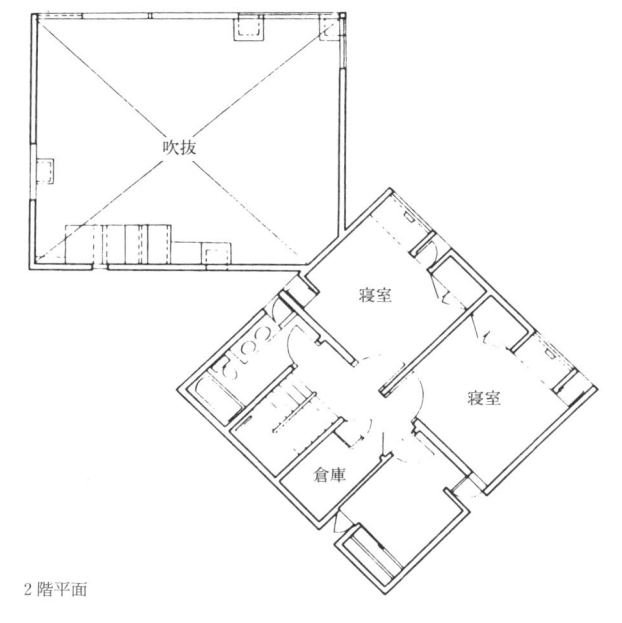

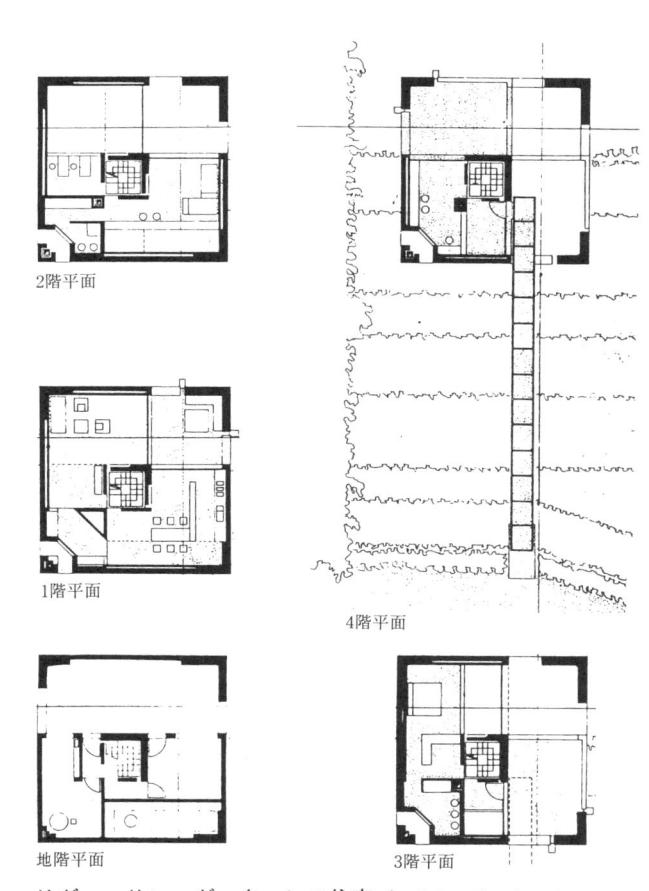

2階平面

2階平面

1階平面

地階平面

4階平面

3階平面

リヴァ・サン・ヴィターレの住宅／マリオ・ボッタ　1972

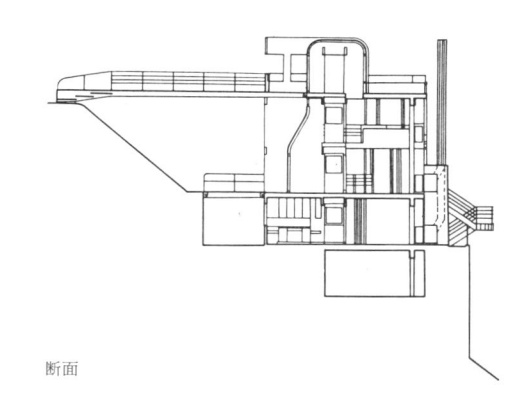

15-2 海外編

断面

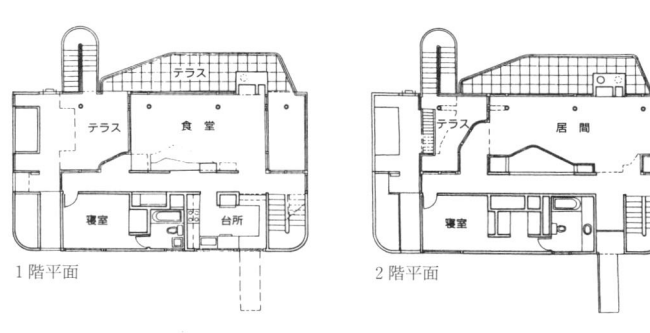

1階平面 2階平面 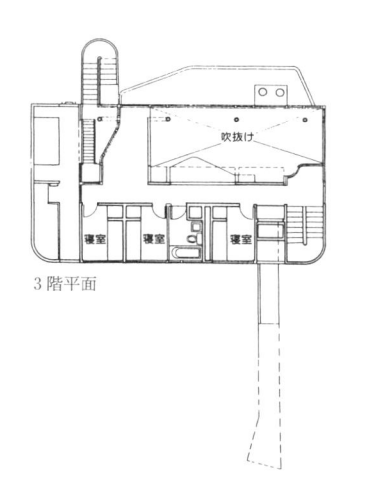 3階平面 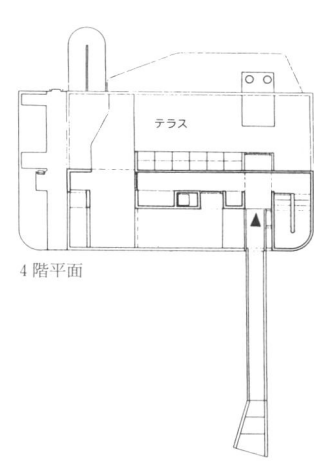 4階平面

ダグラス邸／リチャード・マイヤー　1974

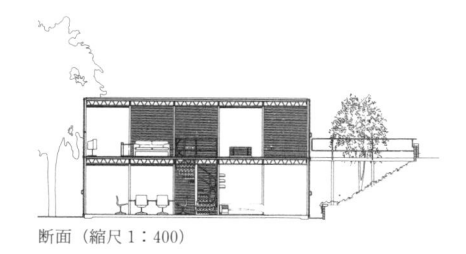

断面（縮尺1：400）

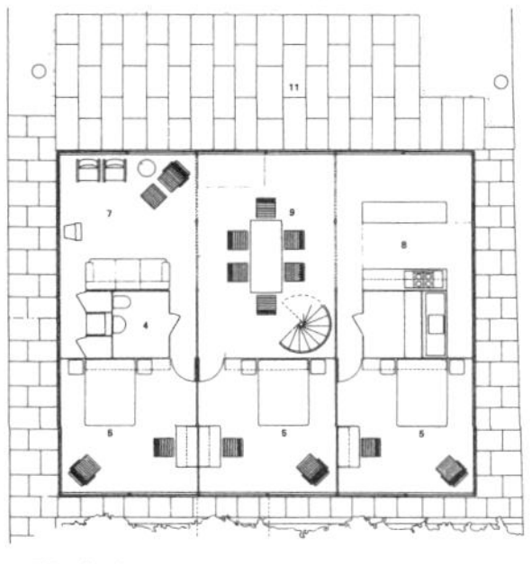

1階平面 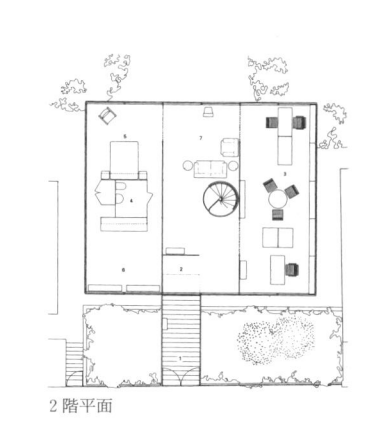　　2階平面

ホプキンス邸／マイケル・ホプキンス　1976

127

写真撮影者・提供者

高瀬良夫　(GA photographers) 48 右上・下，49 左上・中
堀内広治　48 左中
上田　宏　(GA photographers) 49 左下
新建築写真部　49 右上，53 上，59 上，74 上・中，75，76 下，77 中・下，80 下，81，85，87，90 上，91，92 下，93 下，94 上，95 下，97 右上・下，100 下，106 中，107 中・下，118 上・中，123 上
鈴木　悠　53 中
大橋富夫　58，69 右，93 上，117 下，120 上，121 上
小林研二　59 下
和木　通（彰国社）61，90 下，100 上，106 下，117 上
彰国社写真部　101，106 上，118 下，120 下，121 下，122，123 下
栗原宏光　66 上
川上信司　66 下
奥村浩司　67 上
平井広行　67 下，92 上，107 上，123 上
平山忠治　68 左，116 上左・右
村井　修　68 右，74 下
村沢文雄　69
井上搖子　76 上
宮本隆司　77 上
畑　亮　84
多比良敏夫　95 上，116 中・下
岩為　94 下
岡本茂男　119
Alo Zonetta　126 下

図版出典

稲葉和也・中山繁信：日本人のすまい，彰国社，1983　〔6 右，7〕
Alvar Aalto, Phaidon, 1995　〔38 右下〕
Das frühe Bauhaus und Johannes Itten, Verlag Gerd Hatje, 1994　〔47 右下〕
分離派建築会作品第三，岩波書店，1924　〔48 左下〕
EL Croquis 60 herzog & de meuron, EL Croquis Editorial, 1993　〔48 右中〕
Heinrich klotz：Vision der Moderne, Prestel-Verlag, 1986　〔51 上・中〕
建築構造システム研究会編：図解テキスト建築構造，彰国社，1997　〔102 右〕

編著者略歴

勝又英明（かつまた ひであき）

1955 年	東京都に生まれる
1982 年	武蔵工業大学大学院修士課程修了
同　年	（株）アール・アイ・エー勤務（〜1988 年）
1993 年	武蔵工業大学大学院博士課程修了
	武蔵工業大学工学部助手，講師，助教授などを経て
2007 年	武蔵工業大学工学部建築学科教授
	（2009年　武蔵工業大学より東京都市大学へ名称変更）
	現在に至る
	博士（工学）

宮下　勇（みやした いさむ）

1944 年	山梨県に生まれる
1968 年	武蔵野美術大学造形学部建築学科卒業
同　年	竹山実建築綜合研究所勤務（〜1979 年）
1980 年	ゆいでく（有）・設計室設立
	北海道工業大学工学部建築工学科非常勤講師などを経て
1995 年	武蔵野美術大学造形学部建築学科教授
	現在、武蔵野美術大学名誉教授

本杉省三（もとすぎ しょうぞう）

1950 年	神奈川県に生まれる
1974 年	日本大学大学院修士課程修了
1981 年	ドイツ学術交流会奨学生(DAAD)としてベルリン自由大学演劇研究所，ベルリン・ドイツオペラおよびシャウビューネ劇場で研究・実習（〜1983）
	日本大学理工学部助手，講師，助教授などを経て
1999 年	日本大学理工学部建築学科教授
	現在，日本大学理工学部特任教授
	工学博士

建築設計教室　新訂二版

1973 年 6 月 10 日	第 1 版 発 行
1998 年 10 月 10 日	新訂第 1 版 発 行
2001 年 4 月 10 日	新訂第 2 版 発 行
2017 年 3 月 10 日	新訂第 2 版 第 8 刷

著作権者との協定により検印省略

編著者	建 築 設 計 教 育 研 究 会
発行者	下　出　雅　徳
発行所	株式会社　彰　国　社

162-0067 東京都新宿区富久町8-21
電話 03-3359-3231（大代表）
振替口座　00160-2-173401

自然科学書協会会員
工学書協会会員

Printed in Japan

©建築設計教育研究会　2001 年　　装丁：長谷川純雄　　製版・印刷：真興社　　製本：誠幸堂

ISBN 4-395-00706-6　C 3052　　http://www.shokokusha.co.jp

本書の内容の一部あるいは全部を、無断で複写（コピー）、複製、および磁気または光記録媒体等への入力を禁止します。許諾については小社あてご照会ください。